생존자들

생존자들

전쟁의 한복판에서 살아 돌아온 인간들의 역사

들어가며

제2차 세계대전은 인류 역사상 벌어진 가장 거대하고 잔인한 전쟁이었다.

수많은 사람들이 죽어간 것은 과거의 여느 전쟁과 같았지만 그 규모와 잔인성에 있어서는 타의 추종을 불허했다. 더불어 교전국 간에 상반되는 이념과 사상이란 요소가 추가되어 과거 어느 전쟁보다 복잡한 양상으로 전개되었다. 많은 사람들이 '특정 집단과 국가의 적'이라는 단순한 이유만으로 체포되거나 살해당했다. 또한 신념, 인종, 개인의 취향이 달랐다는 이유만으로 고난을 겪거나 죽어야 했던 수백만 명의 끔찍한 이야기들이 존재한다. 이렇게 다수의 사람들이 힘없이 죽어가는 한편 극한의 상황에서도 놀라운 정신력과 의지를 바탕으로 기적처럼 살아남은 사람들도 있다. 이 책은 이렇게 '기적같이 생존한 사람들'의 놀랍고도 전율할 만한 생존 이야기를 담고 있다. 각자 살아남은 배경이나 상황은 전부 다르지만 이들의 생존은 하나하나가 거대한 역사적 사건의 배경을 다루고 있다. 이들은 하나의 중요한 공통점을 가지고 있었다. 삶에 대한 강한 의지를 가지고

'자기 자신'을 사랑하고 존중했으며, 어떠한 상황에서도 결코 포기하지 않고 의연하게 대처했다는 점이다. 유감스럽지만 이것은 전범이나 악인임에도 불구하고 온갖 수단을 사용하여 끝까지 살아남은 이들에게도 마찬가지로 적용된다. 악인들은 현세의 삶에 대한 집착이 훨씬 더 강한 것처럼 느껴졌는데 아마도 자신의 악행에 따른 사후의 심판을 두려워했을 것이다.

우리는 이들의 극한 생존기를 통해 인간이 인간에게 얼마나 잔인하고 흉포해질 수 있는지 알게 될 것이다. 동시에 인간이란 존재가 자신에 대한 도전과 핍박에 얼마나 강한 존재인지, 또한 얼마나 위대한 존재인지 역시 알 수 있을 것이다.

인간은 다른 무엇보다도 위대하다.

목차

1부
매스 서바이버

거대한 사건의 한가운데 내동댕이쳐진 보통 사람들과 세계 최고의 재능을 가진 예술가들의 생존기이다. 독일과 소련의 수많은 민간인들이 사상 최악의 살육전에서 단지 적국의 사람이라는 이유로 죽음을 강요받았다. 또한 자신들이 표현하는 예술이 나치의 기준에 맞지 않는다는 이유만으로 탄압받고 도망쳐야 했던 이들도 있다. 이들 중 수많은 이들이 죽어갔지만 동시에 결국 살아남아 오늘날 우리들의 삶에도 영향을 미치는 생존자들이 있다.

1장
삶과 죽음을 넘나들었던 900일의 악몽,
레닌그라드 시민들

레닌그라드 포위전 당시 극한의 굶주림과 추위를 극복하며 생존한 시민들 (1941~1944)

1-1. 배급받은 빵을 들고 서 있는 굶주린 레닌그라드 시민

　　1942년 8월 9일 밤, 소련 제2의 도시 레닌그라드에서는 다소 기묘한 일이 벌어졌다. 1924년에 사망한 블라디미르 레닌의 이름을 따라 개명된 이 혁명의 도시(1차 대전 이전에는 상트페테르부르크, 대전 이후에는 페트로그라드로 불렸다)는 당시 침공한 독일군의 공격을 사방에서 받으며 사투를 벌이고 있었다. 도시 곳곳에는 예고 없는 독일군의 포탄 공세가 이어졌고 식량 배급이 줄어든 시민들은 매일매일 죽음과 마주하며 생존을 위한 극한의 투쟁을 벌이고 있었다. 이날은

평소와는 다르게 레닌그라드에 포위된 소련군이 독일군을 향해 대대적인 포격을 가했다. 곧이어 독일군과 마주한 전선과 시내 곳곳의 라우드 스피커 및 라디오에서 동일한 음악이 흘러나왔다. 놀랍게도 이 음악은 당시 흔히 나오던 군가가 아니었다. 스피커와 라디오에서 나오는 음악은 오케스트라가 라이브로 연주하는 웅장한 교향곡이었는데, 연주 장소는 바로 레닌그라드의 중심부에 있는 '그랜드 필하모닉홀'이었다. 연주회장엔 당 간부부터 군인 및 일반 시민들까지 1천여 명의 사람들로 가득 차 있었다. 동그란 안경을 쓴 창백한 지휘자가 지휘봉을 잡자 청중들은 숨죽이며 연주에 집중했다. 오케스트라 단원 대부분이 극도로 여위어 보였는데, 객석의 관중들이 연주가 끝까지 이어질 수 있을지 불안해할 정도였다(사실 관중들도 여위기는 마찬가지였다). 연주곡은 드럼 소리를 배경으로 반복되는 멜로디가 인상적이었으며 한 시간 이상 계속되었다. 연주가 종료되자 일부 오케스트라 단원들은 탈진하여 머리를 푹 숙이고 있었다. 당시 연주의 수준은 그다지 높지 않았다고 전해진다. 하지만 연주가 실수 없이 마무리되었을 때, 연주의 수준은 전혀 중요치 않았다. 모든 청중이 기립했고 한 시간 이상 우레와 같은 박수를 보냈다. 많은 사람들의 눈에서 뜨거운 눈물이 흘러내렸고 감동에 겨워 서로 부둥켜안기도 했다. 이날의 교향곡은 소련의 유명 음악가인 드미트리 쇼스타코비치Dmitri Shostakovich가 작곡한 것이었는데, 독일군과의 투쟁을 이어가는 레닌그라드 시민들에게 헌정하는 곡이었다. 이 연주를 통해 레닌그라드 시민들은 자신들이, 그리고 자신들의 도시가 다시 부활하고 있다는 사실을 확인했다. 더불어 그들의 불굴의 정신력과 무한한 투지를 독일군과 전세계에 당당히 보여줬다.

하지만 도시의 모든 고통이 끝나기까지는 아직 더 많은 시간이 필요했다.

위기의 도시

1-2. 독일군의 침공에 대비해 시 외곽에서 참호를 파고 있는 레닌그라드 시민들

1941년 6월 22일 작전명 '바르바로사'를 통해 소련을 기습한 히틀러의 300만 군대는 세 개 방면으로 나누어 소련을 유린하기 시작했다. 대부분 독일군들이 지난 여름 서유럽에서 거둔 승리가 다시 한번 재현되리라는 것을 굳게 믿고 있었다. 침공군의 주력인 중부집단군은 수도인 모스크바, 남부집단군은 우크라이나의 키이우 그리고 북부집단군은 '유럽으로 향한 창문'인 레닌그라드를 목표로 진군했다. 특히 독일군 장군 중에서도 덕장이자 용장으로 유명했던 빌헬

름 폰 레프Wilhelm Ritter von Leeb 원수 휘하의 북부집단군이 가장 큰 성과를 보였다. 북부집단군은 독일에게 우호적인 발트 3국(에스토니아, 라트비아, 리투아니아)을 순식간에 점령했고, 계속 북상하여 7월 중순부터 이미 레닌그라드 외곽까지 압박하게 된다. 더불어 2년 전 겨울전쟁에서 국토의 10%를 소련에 강제 병합당한 핀란드군이 복수의 칼을 갈며 북쪽에서 레닌그라드 방향으로 남하하고 있었다. 이런 와중에 독일군의 기나긴 보급선이 한계치에 다다르게 되었고 북부집단군은 잠시 진격을 멈추었다. 레닌그라드의 소련군은 이 틈을 이용해 시의 방어 시설을 결사적으로 강화했고, 이중으로 된 강력한 방어망을 구축했다. 더불어 시 당국은 시내의 많은 민간인들을 외부의 안전지대로 대피시키려 했다. 하지만 오히려 인근 지역에서 레닌그라드로 몰려드는 피난민들의 숫자 역시 꾸준히 증가했고, 결국 300만 명가량의 소련 시민들이 시에 남게 된다.

당시 레닌그라드는 소련군의 북서군관구 소속으로 스탈린의 절친한 술친구인 클리멘트 보로실로프Kliment Voroshilov가 방어를 책임지고 있었다. 애주가였던 그는 스탈린과 상스러운 대화를 나눌 정도로 친한 사이였지만 결정적으로 군사적인 측면에서는 무능한 인간이었다(스탈린에게 욕을 하거나 싸움을 하고도 살아남을 수 있는 거의 유일한 사람이었다!). 스탈린도 이러한 옛 친구의 상황을 두고 볼 수 없었는지 2년 전 극동의 노몬한에서 일본군을 격파한 바 있는 용장 게오르기 주코프Georgy Zhukov를 9월 초에 레닌그라드로 급파한다. 주코프가 레닌그라드에 도착했을 때에 레닌그라드는 이미 북쪽의 핀란드군과 남쪽의 독일군에 포위된 상황이었다. 레닌그라드가 생존하기 위해서는 양쪽에서 밀고 오는 추축국의 군대를 방어하고, 300만 명 이상의 시민과 100만 명 이상의 병사들을 먹여 살릴 식량이 필요했다. 시 우측에 위치한 라도가 호수를 통한 수상 보급은 독일 전투기 및 급강하폭격기의 공격 탓에 야밤에나 소량으로 가능한 수준이었다. 설상가상으로 고립된 시에 있던 식량 창고가 독일군의 폭격을 받으며 전소해 버리는 사건이 발생하자 시 당국의 고민은 깊어지게 된다. 이러한 상황에서 독일군은 포격의 수위를 높였고 사람들은 패배주의를 넘어 공황 상태에 빠지고 말았다. 산전수전 다 겪은 강인한 주코프로서도 참으로 난감한 상황이었다. 하지만 최고의 지휘관이었던 그는 지극히 냉정하게 행동한다. 주코프는 쓰러져가는 '혁명의 도시'를 구하기 위해 탈영병이나 패배주의자 등을 즉결 처분하는 극약 처방을 단행했다. 이후 도시의 운명을 결정지을 몇 가지 상황이 발생하게 된다. 정작 이러한 상황은 주코프도 몰랐던 것이었는데, 이 결정이 소련이 아닌 적으로부터 나온 것이기 때문이었다.

저주받을 운명에 처하다

개전 후 민스크, 스몰렌스크, 우만 그리고 키이우까지 소련의 대도시들을 점령한 히틀러는 1941년 10월에 수도 모스크바 공략을 목전에 두고 있었다. 하지만 일련의 공격을 통해 독일군의 전략도 많이 약화되었는데, 이를 보강하기 위해 북부집단군 소속의 제4기갑집단을 모스크바 공략에 동원했다. 즉 북부집단군에는 레닌그라드 공략을 위한 '결정적인 주먹'이 없어진 셈이었다. 이러한 상황에서 동맹국인 핀란드는 레닌그라드로의 공격을 중단한다. 2년 전 소련에 빼앗겼던 자국 영토를 이미 충분히 수복했다고 판단했기 때문이다(이러한 '전략적 선택'이 훗날 핀란드가 소련에 의해 다시 연합군으로 받아들여지고 전후 소련으로부터 크게 보복당하지 않을 수 있던 이유가 된다). 이제 현실적으로 레닌그라드를 공략하기에는 다소 어려운 상황이 되면서 독일은 레닌그라드를 굴복시킬 새로운 방법을 모색했다. 그것은 포위를 지속함으로써 레닌그라드의 저항 의지를 꺾고 궁극적으로는 도시 스스로 항복하게 만드는 것이었다. 이전에 소련의 각 도시에서 벌어졌던 포위전을 생각하면 나름 타당한 방법이었다. 하지만 이전의 소련 도시들과 달랐던 점은 레닌그라드의 규모가 훨씬 크고 더 많은 인구가 거주한다는 점이었다. 다시 말해 소련으로서는 부양해야 할 자국민이 많기에 포위된 상태에서 적절한 식량을 공급하지 못한다면 다수의 시민들이 굶어 죽을 수 있다는 것을 의미했다. 히틀러는 자신이 '인간 이하'로 여기는 러시아인 몇 명이 죽는 것에 아무런 가책도 느끼지 않았다. 이른바 '예술과 혁명의 도시'에서 끔찍한 일이 벌어지려 하고 있었다.

레닌그라드는 7월부터 본격적인 배급제를 실시했는데, 이 당시만 해도 하루 인당 400그램 정도였던 빵 배급량은 이후 점진적으로 줄어들기 시작한다. 시민들은 이 배급마저도 대략 5시간 넘도록 줄을 서야만 받을 수 있었는데, 독일군은 종종 배급 행렬 주변을 포격했다. 하지만 시민들은 포격에도 아랑곳하지 않고 꿋꿋이 빵 배급을 기다렸다. 여기에 더해 10월 말부터 기온이 영하로 급속히 떨어지자 시민들은 밖에서 장시간 서 있으며 더욱 큰 고통을 겪어야 했다 (이것은 당시 방한복을 제대로 보급받지 못한 독일군도 마찬가지였다). 식량 상황은 점점 나빠졌고, 11월이 되자 배급량은 하루 인당 125그램까지 떨어졌다. 인간이 기본적인 활동을 하는 데 턱없이 부족한 양이었는데, 이마저도 군인과 노동자, 비노동자 사이에 차이가 있었다. 이때부터 레닌그라드에서는 본격적으로 아사자가 나오기 시작해 하루 5천 명 이상의 사람들이 죽어갔다. 이런 상황이 지속되자 길에 시체가 나뒹굴어도 사람들은 별로 신경 쓰지 않게 되었다. 당시 소련은 수도인 모스크바로 쳐들어오는 독일군을 막기 위해 모든 힘을 집중하고 있었고 상대적으로 소외된 레닌그라드는 이대로 굴복할 것처럼 보였다.

1-3. 독일군의 포격으로 파괴된 전차를 끌고 있는 레닌그라드 시민들

생존을 위한 몸부림

1-4. 아사한 소녀 타티아나 사비체바와 그녀의 메모

굶주림에 지친 시 당국과 시민들은 살기 위해 수단과 방법을 가리지 않았다. 우선 파괴된 바다예프 식량 창고에서 나온 설탕과 밀가루를 최대한 긁어모으기 위해 노력했고 지금까지는 식재료라고 생각해 본 적 없던 것들이 식탁에 등장하기 시작했다. 레닌그라드 대학교의 식물학 교수는 다양한 식물 중 식용이 가능한 것을 구분하여 사람들에게 공유했다. 배급된 빵에는 상당량의 톱밥이 갈려서 밀가루와 혼합되었다. 많은 공원과 마당이 채소 경작을 위한 텃밭으로 활용되었다. 지금까지는 식용 대상이 아니었던 가축의 내장 등은 끓여서 역한 냄새를 제거한 후 식용으로 썼다. 심지어 가죽 제품의 일부를 가지고 수프를 끓였다는 괴담 같은 얘기가 시중에 돌기 시작했다. 이후에 사람들의 타겟이 된 것은 애완동물들이었는데, 거리의 개와 고양이가 하나둘 사라지기 시작했다. 다음 타겟은 공원의 비둘기나 쥐와 같은 작은 조류나 설치류였다. 곤충들 역시 단백질 공급 대상이 되었다. 이것마저 충분치 않았던 사람들은 타인의 배급권을 빼앗았는데 당국은 이를 살인에 버금가는 행위로 처벌했다.

배고픔의 고통이 더욱 커지자 급기야 믿을 수 없는, 동시에 믿고 싶지 않은 소문이 돌기 시작했다. 굶주림을 견디지 못한 일부 시민들이 인육을 먹는다는 소름 끼치는 얘기였다. 일부 사람들이 죽은 시체에서 일부 부위를 떼어가는 일이 실제로 발생했고 비밀리에 인육이 거래되고 있었다. 굶주림에 미쳐버린 사람들은 약탈의 대상을 죽은 시체로 만족하지 않았다. 병원에 간 아이 엄마들은 간호사들로부터 아이들을 병원에 데려갈 때 항상 옆에 꼭 데리고 있으라는 얘기를 들었다. 이 의아한 조언은 인육을 목적으로 하는 납치의 가능성 때문에 나온 것이었다. 이 모든 행위가 NKVD(내무인민위원회: KGB의 전신)에 적발되면 즉결 처형감이었고 소련 시절에는 '인육에 대한 언급' 자체가 철저히 금기시되었다. 하지만 소련이 해체된 1990년대 이후 기밀 해제된 문서를 통해 이러한 식인 행위는 사실로 확인되었다.

굶주림과 더불어 시민들을 괴롭히는 것은 추위와 위생 문제였다. 1941년 겨울엔 북쪽에 위치한 레닌그라드 시민들도 견디기 힘들 정도의 극심한 추위가 닥쳤다. 기온은 영하 35도까지 내려갔다. 전기 공급이 불안정한 상황에서 추위를 견디기 위해서는 무엇이든지 태워야 했다. 종이와 책들이 난로 속에 들어갔고 너도나도 땔감을 구하기 위해 주위를 배회하고 있었다. 그것마저 여의치 않은 사람들은 집 안의 집기를 부수기 시작했는데, 부엌의 서랍장들이 1순위였고 이후 다른 각종 가구들이 하나둘 쪼개어져 난로 속으로 들어갔다. 살인적인 추위는 당연히 상하수도 상태를 악화시켰고 배설물은 요령껏 버려야 했다. 이러한 상황에서 제대로 씻는다는 것은 상당한 사치였다. 죽은 이들의 시체는 추위와 묘지의 부족으로 매장할 수 없었다. 유족들은 집 안에 있는 커튼으로 시체를 미이라처럼 싸매고 외부로 끌고 가서 버렸다. 그것이 할 수 있는 전부였다.

일가족이 모두 죽는 경우도 다반사였는데, 이 중 가장 널리 알려진 것은 당시 불과 11살의 소녀였던 타티야나 사비체바Tatyana Savicheva의 사례였다. 레닌그라드 출생으로 불과 6살 때 아버지를 잃었던 타티야나는, 안네 프랑크Anne Frank가 암스테르담의 은신처에서 일기를 쓴 것처럼 레닌그라드 포위전 당시 상황을 노트에 남겼다. 이 어린 소녀는 자신의 공책 한쪽에 가족 6명의 죽음을 분 단위까지 나눠 순서대로 기록했다. 처음에는 언니가, 이후 할머니, 오빠, 삼촌들이 죽었고 마지막으로 1942년 5월 13일에 타티야나의 엄마가 죽었다. 이후 그녀는 다행히도 레닌그라드 밖으로 대피할 수 있었지만 오랜 영양실조에 따른 결핵으로 1944년 7월에 사망하게 된다. 타티야나의 일기는 뉘른베르크 전범 재판에서 증거로 채택되었다. 그녀의 일기의 마지막엔 "타냐(타티야나의 애칭) 혼자 남았다"라는 짧은 한 문장이 적혀 있었다.

11월 말이 되자 마침내 라도가 호수가 두껍게 얼기 시작해 화물트럭을 이용해 식량과 연료를 들여올 수 있었다. 동시에 많은 인원들을 레닌그라드 밖으로 탈출시킬 수 있었는데, 사람들은 이 길을 '생명의 길'이라고 불렀다. 하지만 독일군이 가만히 놓아둘 리 없었다. 라도가 호수의 보급 행렬은 안전을 이유로 느리게 움직였고, 독일군은 이를 노렸다. 독일 공군의 폭격 이후 호수의 얼음이 박살 나 트럭과 사람들이 빠지는 사례가 빈번히 발생했다. 도시에 남은 이도, 탈출을 시도한 이도 모두 자신의 목숨을 걸어야 했던 것이다.

1941년 겨울에서 이듬해 봄 사이가 레닌그라드 포위 기간 중 가장 힘든 시기였다. 이 모든 어려움과 위험 속에서도 레닌그라드 시민들은 굳건히 버티며 생존했고, 병사들은 밀리지 않고 전선을 지켰다. 이후 이들은 자신들만의 방식으로 싸우기 시작한다.

자신만의 방식으로 싸우다

1-5. 소방대 복장의 쇼스타코비치

레닌그라드, 즉 상트페테르부르크는 표트르 대제가 1703년에 도시를 건설한 이후로 유럽의 다양한 문물을 가장 먼저 받아들이는 대외적인 창구 역할을 했다. 사람들은 문화·예술적으로 대단히 수준이 높았고, 더불어 남들에게 굽히기 싫어하는 반골 기질도 지니고 있었다. 이러한 레닌그라드 출신 작곡가 드미트리 쇼스타코비치는 음악 신동으로 불리며 소련에서 상당한 지명도를 갖춘 음악가였다. 그는 자신의 고향 레닌그라드가 독일군에게 포위되자 대공감시원, 의용소방대원으로 활약하며 미약하나마 힘을 보탰다. 또한 자신의 재능으로 시민들의 사기를 고양시키고자 했는데, 이렇게 해서 하나의 교향곡을 작곡하게 된다. 하지만 1941년 10월, 작곡하는 과정에서 쇼스타코비치는 당국으로부터 시를 떠나라는 공식적인 명령을 받았다. 이후 그는 모스크바 동부에 위치한 임시 수도 쿠이비셰프로 옮기는데, 이곳에서 네 개의 악장으로 구성된 '7번 교향곡'을 완성했다. 7번 교향곡은 1942년 3월 5일에 쿠이비셰프에서 볼쇼이 오케스트라에 의해 초연되었는데, 이후 악보가 마이크로 필름에 옮겨졌고 이란의 테헤란을 거쳐 영국과 미국에도 보내졌다. 한 달 후 런던과 뉴욕에서도 연주된 그의 7번 교향곡은 순식간에 미국과 영국민들에게 독일에 대항하여 사투를 벌이고 있던 소련인들의 상징으로 각인된다. 그는 연합국들 사이에 '공동의 적'에 맞서 싸운다는 혈맹으로서의 동질감을 형성하는 데 크게 기여했다(이러한 기여에 따른 관심으로 쇼스타코비치는 1942년 7월 20일자 『타임』지 표지에 등장한다). 비록 이 교향곡에 별도의 제목은 붙지 않았지만 작곡자인 쇼스타코비치의 의도와 활동을 고려할 때 암묵적으로 '레닌그라드 교향곡'이란 부제가 붙었으며, 이후 소련 당국도 공식적으로 레닌그라드 교향곡으로 부르게 된다. 그런데 한 가지 문제는, 정작 이 교향곡의 배경이 되는 레닌그라드에서는 한 번도 연주된 적이 없다는 점이었다.

이 '불굴의 도시'는 여전히 히틀러의 군대에 포위되어 고통받고 있었다.

카를 엘리아스베르크Karl Eliasberg는 '레닌그라드 라디오 오케스트라'의 지휘자였다. 그 역시 다른 레닌그라드 시민들과 마찬가지로 1941년의 끔찍했던 겨울을 견뎌야 했고 그 과정에서 많은 지인들을 잃어 그의 오케스트라도 연주를 중단했다. 이듬해 봄이 되자 소련 당국은 레닌그라드 시민들의 사기를 고양시키기 위한 방안을 모색하기 시작한다. 그중 하나가 연주와 음악 방송의 재개였는데, 쇼스타코비치의 7번 교향곡이 최우선 순위였다. 엘리아스베르크는 즉시 교향곡을 연주할 단원들을 모집하기 시작했지만 곧 엄청난 난관에 부딪치고 말았다. 많은 단원들이 굶주림과 질병으로 목숨을 잃었거나 거의 아사 직전에 있었던 것이다. 그나마 모은 단원들이 15명이었는데, 얼마나 쇠약했는지 이들은 연습장 계단을 올라갈 힘도 없었다. 엘리아스베르크는 드럼을 쳤던 한 단원이 죽었다는 얘기를 듣고 이를 확인하기 위해 시체공시소에 갔다가 미세하게 움직이는 손을 보고 그를 즉시 병원으로 옮겼다. 그는 기적적으로 살아남았고 연주에 참여하게 된다. 이후 오케스트라는 군에 입대한 사람들 중에서도 단원을 차출했고, 무엇보다 매혹적인 보상이었던 '추가적인 음식'을 보장하며 연주자들을 모집했다. 최종적으로 30명이 모였고 이들은 1942년 3월부터 리허설에 들어갔다. 문제는 이 사람들에게조차 한 시간 이상 되는 긴 곡을 집중하며 연주하는 것이 체력적으로 엄청난 무리였단 점이다. 심지어 연습 중 사망하는 사례도 발생했다. 이들은 우여곡절을 겪으며 주 6일 이상 피나는 연습을 강행했다. 예술

과 문화를 사랑하는 오케스트라 단원이자 한 명의 레닌그라드 시민
으로서, 자신만의 방식대로 치르는 전쟁이었다. 모두가 죽을 각오를
하고 연주에 임했다.

소련군도 8월 9일의 연주를 위해 적극적으로 지원했는데, 우선
산발적으로 쏟아지는 독일군의 포격을 잠재워야 했다. 소련군 포병
사령관인 레오니트 고보로프Leonid Govorov 장군은 사전에 은밀히 특임
대를 파견해서 독일군의 포대 일부를 파괴했고, 연주 시작 전에는
휘하의 포병화력을 독일군 포대 방향으로 일제히 집중시켰다. 독일
군 포병이 오케스트라 연주를 방해하지 못하게 하기 위한 사전 예
방 조치였던 것이다. 전방의 독일군들은 소련군의 대대적인 포격에
이어 스피커로부터 흘러나오는 라이브 연주를 듣게 되었다. 이들은
처음에는 어이없어했지만 곧이어 전율을 느끼게 된다. 훗날 여러 독
일군들이 이때를 회상하며 "우리의 적이 예상보다 훨씬 강하며 우
리가 전쟁에 이길 수 없을지도 모른다"는 상당히 불길한 예감을 받
았다고 회상했다. 반면 영양실조로 죽어가는 레닌그라드 시민들에
게 이 순간은 마치 성경 속의 예수가 무덤에서 부활하는 것과 같은
기적의 순간이었다. 쇼스타코비치의 7번 교향곡은 그렇게 레닌그라
드 전장터의 전설이 된다.

최후의 승리와 해방

레닌그라드 교향곡이 연주될 즈음, 독일군은 최고의 전략가였

던 에리히 폰 만슈타인Erich von Manstein 원수를 투입하여 도시를 점령하고자 했다. 하지만 프랑스와 세바스토폴 요새의 정복자인 이 천하의 명장도 소련인들의 투지를 꺾을 수는 없었다. 독일군이 일부 전술적인 승리를 거두긴 했지만 점령을 거부하는 레닌그라드는 거대한 불침 전함처럼 꿈쩍도 하지 않았다. 해가 바뀌어 1943년이 되고 남쪽의 스탈린그라드에서 소련군이 결정적 승리를 거두고 있었지만 북쪽의 레닌그라드 전선 자체에는 큰 변화가 없었다. 소련군은 1월에 작전명 '이스크라(불꽃)'를 통해 독일군의 일부 포위망을 약화시켰지만 끝내 포위망 자체를 뚫을 수는 없었다. 이후 전장의 관심은 러시아 중부로 옮겨 갔는데 1943년 7월 쿠르스크 전투가 소련의 승리로 끝나면서 전장에서 소련의 우세가 확실해졌다. 소련군은 이후 독일군을 줄기차게 밀어붙이며 베를린을 향한 머나먼 여정에 시동을 걸기 시작한다. 이제 독일군은 더 이상 공격자가 아니었다. 레닌그라드에서도 포위망만 구축했을 뿐이지 오히려 소련군이 넘어오지 못하도록 방어에만 치중해야 했다.

다시 시간이 흘러 1944년이 되자 이제 레닌그라드도 오랜 굴레를 벗어던질 시간을 앞두게 된다. 다른 전선에서 아군이 다 밀려나는 상황에 독일 북부집단군도 마냥 레닌그라드를 고수할 수만은 없었다. 결국 만반의 준비를 갖춘 소련군이 움직이기 시작했다. 1월 14일 2개의 소련 전선군이 서진을 개시했고 레닌그라드 자체의 부대들과 함께 독일군 방어선을 뚫기 위해 협공을 시작했다. 그곳에 주둔하던 독일군 18군 사령관인 게오르크 린데만Georg Lindemann 장군은 이미 대세가 기울었음을 잘 알고 있었고 부하들의 희생을 줄이기 위해 히틀러의 반대에도 불구하고 후방으로 철수하라고 명령한다. 그리고 1944년 1월 27일, 마침내 협공하는 소련군이 연결되며 레닌그라드는 오랫동안 고대하던 해방의 날을 맞이하게 되었다.

900여 일의 시련을 겪으며 레닌그라드가 입은 피해는 이루 말할 수 없었다. 전쟁 전 거주했던 300만 명의 시민들 중 거의 3분의 1인 100만 명 이상의 사람들이 독일군의 포위 기간 동안 목숨을 잃었다. 군사적 포위에 의한 사망자로는 인류 역사상 가장 많은 수를 기록했다. 레닌그라드는 극한의 상황 속에 너무나도 무서운 희생을 치렀지만 다시 불사조와 같이 살아남았다. 생존과 승리에 대한 레닌그라드 시민들의 불굴의 의지 외에는 이 부활을 달리 설명할 길이 없다. 훗날 제3제국을 무너뜨린 승리의 씨앗은 이미 1941년 가을에 레닌그라드에서 뿌려졌던 것이다.

1-6. 포위된 레닌그라드를 해방시킨 후 기뻐하는 소련군들

2장
제3제국의 타이타닉,
빌헬름 구스틀로프호의 생존자들

빌헬름 구스틀로프호 사건에서 살아남은 독일 민간인과 군인들 (1945년 1월)

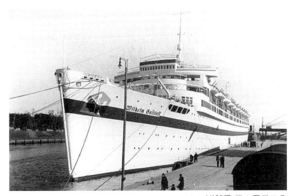

2-1. 빌헬름 구스틀로프호

발트해의 겨울 밤 공기는 매우 차가웠다. 특히 1945년 1월 30일 밤에는 더욱 그러했는데, 당시 온도는 최저 영하 18도 정도로 대단히 쌀쌀했고 바다 곳곳에 작은 얼음 덩어리들이 떠다녔다. 독일군에 징발된 병원선 빌헬름 구스틀로프호 함교에 있는 당직병들은 어두운 바다에 온 신경을 집중하며 부유하는 기뢰나 다른 선박, 장애물들이 없는지 살펴보고 있었다. 배에는 거의 만여 명의 독일인 피난민과 군인, 부상병 들이 타고 있었는데 복수심에 가득 찬 소련군을 피해 서부 독일 쪽으로 탈출하는 중이었다. 빌헬름 구스틀로프호는 이날 정오쯤 동프로이센의 고텐하펜(현재의 폴란드 그디니아)을 출발했는데 배에 있는 사람들은 잔인하고 무서운 소련군을 피했다는 사실 하나만으로 안도의 한숨을 쉬고 있었다. 하지만 이런 안도감도 잠시, 배 안에 있는 수많은 부상병과 거의 모든 재산을 잃고 고향을 떠나는 피난민들은 그들 앞에 어떤 미래가 펼쳐질지 모른 채 강한 불안감 속에 휩싸였다. 특히 아무런 연고도 없이 무작정 서부 독일로 가야만 하는 피난민들이나 조상 대대로 내려오던 영지와 저택을 버리고 떠나는 프로이센의 융커(귀족) 출신들은 거의 망연자실한 상태였다. 이러한 사람들의 한숨과 울음이 배의 곳곳에 울려 퍼졌는데, 이들은 모든 선실은 물론 계단, 선박 내 연결 통로와 지독히도 추웠던 갑판에도 가득했다. 많은 사람들이 피곤에 지쳐 누워 있고 간간이 환자들의 기침소리가 들려왔다. 항해를 시작한 지 대략 8시간이 경과한 저녁 9시경, 엄청난 충격과 굉음이 잇따라 배를 덮쳤다. 곧이어 바닷물이 거친 물살로 해일같이 밀려 들어왔고 배가 점차 기울었다. 인류 역사상 최악의 해난 사고는 이렇게 시작했다.

독일인의 즐거움을 위해 탄생한 배

1933년 정권을 잡은 히틀러는 독일인의 다수를 차지하는 노동자 계층에 주목한다. 이들 중 일부가 여전히 히틀러와 나치에게 반감을 갖는 좌익 성향 노동자들이었는데, 집권 후 모든 노동조합이 해체되면서 나치와 노동자 계층과의 갈등이 더욱 심화되었다. 이러한 갈등과 노동자들의 반발을 완화하기 위해 나치는 일련의 계획에 착수한다. 이 과업은 사실상 나치의 노동 정책을 총괄하던 독일노동 전선Deutsche Arbeitsfront의 수장 로베르트 라이Robert Ley가 맡게 되었다. 그는 노동자들을 나치의 열렬한 지지자로 만들기 위한 종합적인 그림을 그렸고, 그중 핵심이 되는 계획이 1933년 11월부터 시작된 '즐거움을 통한 힘KDF: Kraft durch Freude' 프로그램이었다. 이름만 들어서는 자세한 내용을 알기 힘든 이 프로그램은 사실 상당히 방대한 계획이었는데, 독일 노동자 계층에 대한 획기적인 복지 정책을 담고 있었다. 무엇보다도 라이는 노동자들의 월급이 많지 않음을 잘 알고 있었기에 이들이 저렴한 비용으로 중산층 이상의 계층에서나 즐길 수 있는 다양한 문화와 스포츠, 여가를 누리게 하려 했다. 이 계획의 일환으로 각 도시와 직장에는 위생 시설이 개선되었고 다양한 콘서트, 전시회, 공연이 기획되었다. 노동자들은 퇴근 후 육상이나 체조는 물론 축구, 수영, 승마, 테니스(특히 승마와 테니스는 전통적으로 상류층의 스포츠로 인식되고 있었다) 등 다양한 스포츠를 즐길 수 있었고, 깔끔한 샤워 시설에서 하루의 피로를 풀 수 있었다. 또한 국민차 프로젝트를 추진하여 당시 독일에서는 비싼 사치품이었던 자동차를 장기 저축을 통해 모든 노동자들이 소유할 수 있게 한다는 놀라운 비전을 제시했다. 바야흐로 국민차 폴크스바겐Volkswagen의 탄생이었다. 또한 국민차들이 질주할 수 있는 아우토반이 '프랑크푸르트-다름슈타트' 구간을 시작으로 건설되기 시작한다(이 과정에서 실업률 감소라는 추가적인 효과가 있었다). 더 나아가 나치는 국민들의 휴가까지 관장하기 시작했다. 노동자들이 주말의 열차 여행이나 여름 휴가 때

먼 해외로 크루즈 여행을 갈 수 있게 된 것이다. 행선지는 포르투갈 령 마데이라 섬이나 먼 북쪽의 노르웨이 피오르드 같은 곳이었는데, 해외여행이 일반화되지 않던 1930년대에 이러한 휴가 프로그램은 독일인들에게 엄청난 인기를 얻게 된다. 사실상 고대 로마에서 실시한 '빵과 서커스' 정책을 현대판으로 옮긴 것이었다. 한편 크루즈 여행의 인기와 수요가 늘어남에 따라 이를 수행할 선박도 필요해졌다. 나치는 여러 척의 호화 유람선 건조를 계획했고, 이렇게 만들어진 배 중 한 척의 이름이 빌헬름 구스틀로프호였다.

2-2. '즐거움을 통한 힘' 프로그램을 선전하는 나치 포스터

북부 독일의 함부르크에서 건조된 빌헬름 구스틀로프호는 1937년 5월에 취항했는데, 길이 208미터에 높이 56미터, 만재 배수량 2만 5천 톤 이상의 엄청난 체구를 자랑했다. 동시에 날렵한 선체 모양으로 사람들이 탑승을 선망하는 대단히 아름다운 유람선이

었다. 원래 배의 이름은 총통의 이름을 따서 '아돌프 히틀러호'로 지으려 했다. 하지만 1936년 2월에 스위스의 열혈 나치 지도자 빌헬름 구스틀로프가 유대인 학생에 의해 암살되는 사건이 벌어지자, 그의 죽음을 애석해한 히틀러가 직접 빌헬름 구스틀로프호로 이름을 바꾸라고 지시한다. 배 안에는 쾌적한 객실, 레스토랑, 극장, 실내외 수영장과 각종 연회장, 놀이방과 도서관 등 온갖 편의시설이 갖추어져 있어서 난생처음 해외로 나가는 대부분의 승객들에게 다양한 즐거움을 선사했다. 선내 489개의 객실은 2인승과 4인승 두 종류였는데, 모든 독일인들이 평등하다는 취지로 같은 인승의 방은 동일한 사이즈로 만들어졌다. 노동자 계층에 어필하려는 나치의 영악한 제스처였다.

취항한 배의 초기 항해는 본래 목적과는 다소 동떨어진 것으로, 1938년 4월에 휴양지가 아닌 영국으로 항해에 나서게 되었다. 당시 독일은 오스트리아를 합병했고 이를 합법화하기 위해 양국 국민들의 투표를 추진하고 있었다. 이때 빌헬름 구스틀로프호는 영국 에섹스주 틸버리 인근 해안에서 5.6km 떨어진 공해상에 정박했다. 이후 2천 명 남짓한 영국 거주 독일인과 오스트리아인들이 소형 보트로 이동해 빌헬름 구스틀로프호 선상에서 투표에 참여했다. 초기에 정치적 목적으로 활용된 거대 유람선은 이후 본래의 역할을 수행하며 많은 독일 노동자들을 해외로 실어 나르게 된다. 평생 자기 고향이나 도시 외에는 벗어난 적이 없던 독일 노동자들이 유람선을 통한 해외여행이라는 달콤한 마약에 중독되기 시작했다. 이 여행 프로그램은 독일인들에게 나치에 대한 호감을 높이는 데 큰 역할을 했고,

그 중심에 빌헬름 구스틀로프호와 같은 8척의 호화 유람선들이 있었다.

전쟁에 동원되다

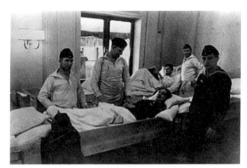

2-3. 빌헬름 구스틀로프호에서 독일로 이송 대기 중인
노르웨이 전투의 부상병들

스페인 내전이 끝나던 1939년 5월에 빌헬름 구스틀로프호는 다시 한번 본래의 목적과는 다른 임무에 투입된다. 당시 프랑코의 파시스트 정권을 지원하던 독일은 스페인에 주둔하던 자국의 '콘도르 군단'(주로 공군 위주로 구성되었으며, 이들의 폭격기가 피카소의 그림으로 유명한 게르니카를 폭격했다)을 철수시키게 되는데, 이때 빌헬름 구스틀로프호를 비롯한 KDF 프로그램의 유람선을 투입했다. 스페인 북서쪽의 비고항Port of Vigo을 출발한 배는 대서양을 돌아 독일의 모항인 함부르크로 돌아오게 되었다. 돌아온 배와 귀환병들은 함부르크 부두에서 헤르만 괴링 공군 총사령관 등이 참석한 개선 행사를 통해

열렬한 환영을 받았다. 이후 독일은 본격적인 전쟁의 길로 들어서게 되었고, 폴란드를 침공하기 직전인 1939년 8월부터는 모든 해외 유람선 프로그램을 중단했다. 이제 모든 독일인에게 과거의 좋았던 날들은 가버리고 6년간의 암울한 미래가 기다리고 있었다.

전쟁이 시작된 1939년 9월부터 빌헬름 구스틀로프호는 해군 소속이 되어 다른 KDF 유람선들과 함께 병원선으로 이용되었다. 독일의 전역이 넓어짐에 따라 폴란드, 노르웨이, 이탈리아 등의 지역을 순회하게 되었는데, 수많은 부상병들에게 해상 호텔 같은 역할을 했다. 내부의 훌륭한 시설과 바다 풍경은 전쟁에 지친 부상병들이 회복하기에 더없이 좋은 환경이었다. 1940년 11월 이후 빌헬름 구스틀로프호는 천여 명의 유보트 훈련생들을 위한 해상 병영으로 사용되었는데, 폴란드 북쪽의 고텐하펜에 닻을 내리고 전쟁의 나머지 기간을 정박해 있었다. 비록 해상 병영이라고 해도 평온한 발트해의 바다에 있던 빌헬름 구스틀로프호에게 전쟁은 먼 나라의 얘기였다. 하지만 1944년 하반기가 되자 상황이 바뀌기 시작했다. 승기를 잡은 소련군이 동쪽으로부터 물밀듯이 몰려왔고, 10월이 되자 동프로이센의 독일 국경에 도달하게 된다. 복수심에 불타던 소련군이 최초로 점령한 독일 영토는 네메스도르프(현재 러시아의 마야코프스코예)라는 마을이었는데 도망가지 못하고 남아 있던 사람들은 최악의 시간을 경험한다. 남자들은 문이나 마차에 산 채로 못이 박히고 여자들은 집단으로 성폭행당한 후에 아이들과 함께 살해되었다. 비록 독일군이 빠른 반격을 통해 소련군을 몰아냈고 다시 마을을 재점령했지만, 이들 앞에 펼쳐진 것은 수많은 시체가 널브러진 지옥 같은 광경이었다. 순식간에 학살의 소문이 퍼지게 되었고 나치 정권은 독일인들의 저항 의식을 높이기 위해 이를 대대적으로 선전에 이용한다. 이후 동프로이센의 독일인들은 극도의 공포에 질려 서쪽으로 탈출하려 했다. 다시 한번 빌헬름 구스틀로프호가 자신의 역할을 할 시기가 다가오고 있었다.

한니발 작전

2-4. 소련군을 피해 피난하는 동프로이센의 독일인들

1945년 초 소련군이 진격해 오자 독일군 수뇌부의 고민도 커지게 된다. 이미 전쟁의 대세는 결정된 것이나 다름없어서 더 이상 거침없이 몰려오는 붉은 군대를 막을 수 없음은 자명했다. 독일 육군이 수도 베를린의 코앞인 오데르-나이세 강 앞에서 방어선을 친다고 해도 문제는 동프로이센과 슐레지엔 일대의 후방에 남겨진 독일 민간인 260만 명이었다. 복수심에 찬 소련군의 잔인한 행위들이 아직 서쪽으로 탈출하지 못한 수많은 민간인들에게 닥치기 직전이었다. 무엇인가 결정적인 조치가 필요했다.

이 와중에 사태를 지극히 냉정하게 바라보는 한 사람이 있었으니, 바로 독일 해군의 수장 카를 되니츠Karl Dönitz 제독이었다. 전쟁 기간 중 독일 유보트 부대를 가장 효율적으로 운용하여 연합군 상선들을 괴롭혀 온 되니츠는 이제 자국 민간인들을 최대한 많이 살리는 것이 자신에게 남겨진 책무임을 깨닫게 된다. 그는 이 임무를 수행하기 위해 휘하의 모든 해군 함선과 선박을 동원하여 '한니발 작전(포에니 전쟁 때 로마에 진군했던 카르타고의 명장 한니발이 자국이 로마군에 역습당하자 급히 배를 모아 카르타고로 돌아온 역사적 사건)'이라 불리는 해상 철수 작전을 세웠다. 발트해의 가용한 모든 항구에서 서부 독일이나 독일군 점령하의 덴마크를 향해 피난민들과 군 병력을 해상으로 탈출시킨다는 계획이었다. 5년 전 영국군이 프랑스 됭케르크에서 도버 해협을 횡단하며 벌였던 해상 철수 작전의 독일판이었다. 문제는 30만 명이 철수한 됭케르크보다 몇 배나 많은 사람들을 이동시켜야 한다는 것이었고 그 거리도 훨씬 길었다. 압박하며 들어오는 소련 육군은 물론 공군과 잠수함 또는 부유하는 기뢰의 위협도 만만치 않았다. 되니츠는 1월 23일을 기점으로 작전을 개시했는데, 자국 함선과 유보트들이 사용할 마지막 비축유마저 다 동원하라고 명령했다. 한마디로 더 물러설 곳이 없는 배수진을 친 것이었다. 이때 많은 인원을 수용할 수 있는 빌헬름 구스틀로프호 같은 대형 유람선들이 가장 큰 기대를 받았다. 인류 역사상 최대의 해상 피난 작전이 시작되려 하고 있었다.

비무장 상태로 고텐하펜에 정박해 있던 빌헬름 구스틀로프호에도 3문의 대공포와 8문의 기관포가 설치되었다. 고텐하펜 일대에는 이미 수많은 독일 피난민들이 몰려오고 있었는데, 각자의 고향을 등지고 혹독한 겨울 추위와 소련군을 피해 사선을 넘은 사람들이었다. 지치고 배고픈 상태로 항구에 온 피난민들을 위해 하루에도 수십 척의 배들이 출발했고 다시 피난민들을 싣기 위해 돌아왔다. 시간이 흘러 마침내 빌헬름 구스틀로프호도 임무에 투입할 차례가 되었고, 그 운명의 날짜는 1945년 1월 30일이었다.

운명의 날

유보트 U-56호의 함장 출신인 빌헬름 찬Wilhelm Zahn 소령은 해군으로서 빌헬름 구스틀로프호의 공동 함장에 임명되었다. 한때 대서양을 누비며 연합군 함선들을 공격했던 그는 비록 어뢰 불발로 실패하긴 했지만 처칠이 승선했던 영국 전함 넬슨호를 직접 공격해서 거의 수장시킬 뻔했다. 이제 거대한 발트해의 유람선에 배치된 그는 기존의 함장이던 프리드리히 페테르젠Friedrich Petersen과 함께 배를 운항했는데, 해군 전문가 관점에서 배의 항로와 운항 제반에 대해 공동 의사결정을 했다. 문제는 처음부터 두 사람의 의견이 갈리기 시작했다는 것이었다. 유보트 함장으로서 찬은 먼 바다의 소련 잠수함의 위협을 잘 알고 있었고 이를 피해 수심이 얕은 연안으로 돌면서 항해하자고 주장했다. 하지만 페테르젠은 빠른 속도로 먼 바다로 나아가 신속히 이동하자고 주장한다. 결국 페테르젠의 주장대로 배는 1월 30일 정오경에 차가운 발트해를 향해 서서히 나아가기 시작했다. 배에는 7천 명 이상의 피난민들과 900명의 유보트 훈련생, 373명의 해군간호보조원과 162명의 부상병들을 합쳐 총 만여 명이 넘는 인원이 승선하고 있었다. 이는 배의 정상적인 승선 가능 인원 1,500명의 거의 7배에 달하는 숫자였다. 정확한 수는 아무도 알 수 없었는데, 출항 직전에 파악이 안 된 불특정 인원들이 몰려들며 승선 인원에 추가되었기 때문이다. 빌헬름 구스틀로프호는 출항한 후 야간의 적 잠수함 공격 위협에도 불구하고 주변에 있을지도 모를 독일군 선박과의 피아식별을 위해 녹색과 적색의 항해용 비상등을 켠 채 이동했다. 해군 소속의 어뢰정인 뢰베호가 유람선을 호위했지만 모든 것이 불안하기만 했다.

소련군 잠수함 S-13은 발트해의 차가운 1월 바다를 이동하고 있었다. 함장인 알렉산드르 마리네스코Alexander Ivanovich Marinesko는 모항인 핀란드 만의 항코로 돌아오라는 본부의 명령을 차일피일 미루며 먹잇감을 노리고 있었다. 출항 후 별다른 실적을 올리지 못한 데다 사실 그는 일련의 군기문란 행위로 인해 처벌 직전이었기 때문에 굳이 빨리 돌아가고 싶지 않았던 것이다. 원래 S급 잠수함은 독일의 설계도와 자재로 만들어진 잠수함이었다. 히틀러 집권 이전부터 독일은 베르사유 조약이 금지하고 있는 잠수함의 건조 장소를 알아보는 중이었는데, 기술이 부족하던 소련과 이해 관계가 맞아 떨어졌다. 독일이 전략적 제휴 측면에서 설계도를 공유했고 일부 부품을 넘겨주며 건조가 시작될 수 있었다.

폴란드 앞바다를 이동하던 1월 30일 저녁 7시경, 마리네스코의 잠수함은 녹색과 적색의 불빛을 목격하게 되었다. 독일 선박임을 직감한 마리네스코는 두어 시간 동안 배 주변을 돌면서 근접 관찰을 했고 마침내 결단을 내렸다. 저녁 9시경 S-13 잠수함으로부터 21인치(533mm) 구경의 어뢰 4발이 독일 선박을 향해 발사되었다. 어뢰가 발사된 이후 목표물에 도달하기까지 수분의 시간이 흘렀는데, 손에 땀을 쥐고 결과를 기다리던 소련 잠수함 승무원들에게는 그 시간이 마치 영원처럼 느껴졌다.

빌헬름 구스틀로프호의 갑판에 있던 사람들은 차가운 날씨 속에 옷을 있는 대로 껴입으며 추위를 달래고 있었다. 함교에 있던 선원들은 야간 항해 중 온 신경을 집중하며 주변을 살피고 있었는데 갑자기 배의 좌현에서 엄청난 충격과 폭발이 일어났다. 소련 잠수함에서 발사된 4발의 어뢰 중 3발이 명중했던 것이다. 이는 즉시 선박에 치명적인 영향을 미쳤다. 첫 번째 어뢰는 측면에 있던 비번의 선원들을 직격했다. 두 번째 어뢰는 해군여성간호원들의 선실에서 폭발했는데 이곳에서 휴식을 취하던 수백 명의 사람들이 즉사했다(이들의 피해가 가장 커서 373명 중 단 3명만 생존했다). 이곳에서 휴식을 취하던 수백 명의 사람들이 즉사하거나 중상을 입었다. 세 번째 어뢰는 배의 가운데에 있는 기관실 쪽을 타격했는데, 이 타격으로 절름발이가 된 빌헬름 구스틀로프호는 더 이상의 조타가 불가능했다. 이후 배에는 지옥도가 펼쳐졌다. 선내에 있던 모든 사람들이 엄청난 수압으로 쏟아지는 물줄기를 헤치며 밖으로 빠져나가려 했다. 신체를 마음대로 움직일 수 없었던 부상병들의 운명은 이미 정해진 것이나 다름없었다. 이들 중 다수는 차오르는 물속에서 아무런 탈출 시도도 하지 못한 채 비참한 죽음을 맞이했다. 정원을 훨씬 뛰어넘는 사람들을 수용하고 있었기 때문에 구명보트와 구명조끼 모두 턱없이 부족했는데, 그 와중에 어뢰 폭발의 영향으로 구명보트의 일부가 파괴되거나 바다로 유실되었다. 최종적으로 9정의 구명보트가 사용되었다. 어뢰 피격 후 1시간이 지난 상황에서 배는 급격히 기울기 시작했고 서서히 어두운 바닷속으로 가라앉았다. 많은 사람들이 살기 위해 무작정 바다로 뛰어들었다. 한겨울의 매서운 날씨를 이기기 위해 두꺼운 옷을 입고 있었던 사람들은 옷이 물을 빨아들여 제대로 수영할 수 없었고 하나둘 익사하기 시작했다. 운 좋게 바다에 떠 있다고 해도 당시 섭씨 4도 정도에 불과했던 얼음장 같은 수온이 사람들을 빠르게 죽이기 시작했다.

빌헬름 구스틀로프호를 호위했던 뢰베호와 인근의 모든 독일 선박들이 조난자들의 구조를 위해 달려왔다. 대부분 어뢰정과 소해정 또는 화물선이었는데, 총 9척의 배들이 겨우 현장을 벗어난 구명보트들을 수습하고 필사적으로 물에 떠 있던 사람들을 구조하기 시작했다. 독일 공식 기록에 의하면 최종적으로 1,252명의 사람들이 구조되었다. 이것은 승객의 9할인 9천 명 이상의 사람들이 차가운 발트해에 수장되었다는 의미였다. 과거 타이타닉호의 희생자수인 1,514명을 6배 이상 뛰어넘는 경악할 만한 숫자였다. 비록 사람들이 죽는 일이 다반사인 전시이긴 했지만, 이것은 인류 역사상 최악의 해난 사고로 기록되었다. 배의 함장이던 페테르젠과 찬 소령은 생존자에 포함되었다. 저녁 10시 10분경 빌헬름 구스틀로프호는 선체가 세 동강 나며 발트해 해저 60미터 아래로 가라앉게 되었다. 공격자인 소련 측도 자신들의 행위가 비난받을 소지가 있었다고 판단했는지 대외적으로는 독일 친위대 부대가 탄 수송선을 격침했다고만 짧게 발표했다.

2-5. 빌헬름 구스틀로프호를 격침한 소련 해군의 알렉산드르 마리네스코 함장

독일군 수뇌부는 배의 침몰과 그 희생자 숫자에 엄청난 충격을 받았다. 하지만 절체절명의 위기 속에 빠져 있는 피난민들을 외면할 수는 없는 노릇이었다. 한니발 작전은 계속되었으며 해군이나 유람선 승무원들 모두 죽음을 무릅쓰고 자신의 임무를 수행했다. 소련도 나름대로 이러한 상황을 방관하지 않았고 선박들에 대한 무차별 공세를 강화하게 된다. 2월 10일에는 또다른 여객선인 게네랄 폰 슈토이벤General von Steuben호가 소련 잠수함의 희생물이 되었는데, 공교롭게도 이 잠수함은 빌헬름 구스틀로프호를 침몰시켰던 S-13이었다.

4,500명의 독일 민간인과 군인이 희생되었다. 이러한 엄청난 희생에도 불구하고 한니발 작전은 계속되었고, 1945년 5월 종전까지 누계 200만 명 이상의 독일 민간인과 35만 명의 군인을 서부 독일의 안전지대로 이송했다. 불행히도 탈출하지 못하고 남아 있던 60만 명 이상의 독일인은 소련군에 의해 말로 형언하기 힘든 고초를 겪었고 이후 대부분 독일로 추방되었다.

독일인들에게 최상의 편의와 즐거움을 제공하기 위해 만들어진 배는 아이러니하게도 가장 많은 승객들과 함께 바닷속으로 침몰하고 말았다. 엄청난 비극이 벌어진 가운데에서도 신생아 한 명을 포함한 1,252명은 기적적으로 살아남았다. 생존자들 상당수가 동부 출신 피난민들Ostflüchtling(한국으로 치면 이북 출신 피난민)이었는데, 훗날 독일 사회에서 귀환 전쟁포로Kriegsgefangener, 생존 여성들Trümmerfrauen(원래 의미는 폐허를 치우는 여인들) 및 외국인 노동자Gastarbeiter와 함께 1950년대 경제 부흥을 이룬 한 축이 되었다.

3장
마르세유를 거쳐 자유를 얻다,
빌라 에르벨의 방랑자들

나치로부터 탈출한 유럽 최고의 지성인들과 예술가들 (1940~1941)

3-1. 빌라 에르벨의 방랑자들

1953년에 8월에 설립된 이스라엘의 야드바셈 기념관은 예루살
렘의 헤르츨 언덕에 위치해 있다. 홀로코스트Holocaus(나치에 의한 유대
인 대학살)를 기억하고 추모하는 엄숙한 장소이다. 야드바셈 기념관
에는 추모를 위한 다양한 조각과 기념물, 관련 문서 등이 있으며, 이
전시를 통해 과거 유대인의 비극을 되풀이하지 말자는 메시지를 강
하게 전하고 있다. 야드바셈 기념관은 고유 업무인 추모와 전시 외
에 또 하나의 중요한 사업을 진행하고 있는데, 그것은 바로 '의인 발

굴' 사업이다. 홀로코스트 기간 중 위험을 무릅쓰고 유대인들의 생명을 구한 '비유대인 사람들'을 발굴하고 포상하는 일을 말한다. 이렇게 선정된 사람들은 이른바 '열방의 의인들Righteous among the nations'이라 불리며 이스라엘 정부로부터 최고의 감사와 예우를 받게 된다. 이 칭호는 우리가 잘 아는 '쉰들러 리스트'의 오스카 쉰들러Oskar Schindler나 영국 필립 공의 어머니인 앨리스 대공비Alice von Battenberg(전쟁 당시 그리스에 머물며 유대인들을 지원), 리투아니아 주재 일본 부영사로서 많은 유대인들을 구한 스기하라 치우네杉原千畝 등 약 2,800여 명에게 수여되었다. 선정된 인원들의 국적을 보면 나치의 학살이 극심했던 폴란드와, 안네 프랑크처럼 많은 유대인들이 은신처에 숨었던 네덜란드 두 나라가 거의 절반을 차지한다. 이들은 모두 나치에게 발각되면 같은 운명을 겪을 것을 알면서도 자국 유대인들의 목숨을 구했던 의인들이다.

1994년에는 처음으로 한 미국인이 의인으로 선정되며 화제가 되었다. 당사자는 이미 1967년에 고인이 된 배리언 프라이Varian Fry라는 인물로서, 그의 의롭고 열정적인 행동은 물론 그가 구한 사람들의 '상당한 특수함'으로 인해 더욱 세간에 회자되었다. 도대체 그가 구한 사람들은 누구였을까? 이들의 사연을 알아보기 위해서는 1940년 여름의 남프랑스 코트다쥐르Cote D'azur(남프랑스의 옥빛 해변을 일컫는 프랑스어)로 가볼 필요가 있다.

마르세유, 방랑자들의 종착지

3-2. 독일군을 피해 피난 중인 프랑스인 민간인들(1940)

1940년 6월의 프랑스는 혼란의 극치였다. 독일군의 전광석화 같은 공격으로 프랑스군은 6주 만에 항복하고 말았고, 수백만 명에 이르는 전국의 피난민들이 극도의 쇼크 상태로 방랑하고 있었다. 시간이 지나면서 대부분의 프랑스인은 다시 집이나 고향으로 돌아가게 된다. 문제는 프랑스인이 아닌 외국인들, 그것도 나치를 피해온 사람들이었다. 이들의 대부분은 정치적으로는 사회주의자, 공산주의자였고 문화적으로는 나치가 혐오하는 모던하고 전위적인 예술을 시도하는 사람들이었다. 더불어 무조건 나치를 피해야 하는 많은 수의 유대인이 있었다. 당시 북프랑스와 대서양 연안은 나치에게 점령되었고, 중부와 남부 프랑스는 비시 프랑스라는 나치의 꼭두각시 정권의 통치 구역이었다. 나치를 피한 많은 피난민들이나 정치인, 문화·예술인들은 우선 비시 프랑스 지역으로 넘어갔고, 다음으로 유일하게 외국으로 갈 수 있는 통로인 남부 마르세유 항구로 몰려들었다. 이들은 이곳에서 프랑스령 북아프리카나 인근의 스페인, 포르투갈 또는 멀리 미국으로 가기 위해 온갖 방법들을 모색하고 있었다. 사람들이 가장 선호하는 곳은 당대의 최강대국이자 중립국이었던 미국이었는데, 마르세유에 소재한 미국영사관은 난민들의 쇄도하는 비자 요청으로 인해 직원들이 정신을 못 차리고 있었고 수많은 사람들이 하염없이 줄을 서서 기다리는 상황이었다. 하지만 사람들의 오랜 기다림에도 불구하고 미국은 대규모 난민 유입의 부정적 파장을 우려해 비자를 쉽게 발급하지 않으려 했다.

처음에 난민들은 마르세유 여기저기의 허름한 호텔에 묵었고, 비상금이 떨어져 가는 가운데 점차 자신의 귀중품들을 암시장에 내다 팔게 된다. 수중에 돈이 떨어진 난민들은 마르세유 해변에서 굶주림 속에 노숙을 하며 지내야 했고 일부는 매춘도 했다. 검은색 제복의 비시 프랑스 경찰이 단속이라도 하는 날에는 재수없게 잡혀서 임시수용소로 끌려가지 않기 위해 사력을 다해 도망쳤다. 비시 프랑스 경찰에 끌려가면 독일과 프랑스와의 종전 협약에 따라 독일에 넘겨질 수 있었다. 대부분의 난민들이 한 치 앞이 안 보이는 암울한 상황에서 미국이나 그 외 다른 나라로 가기 위해 겨우 버티고 있었다. 하지만 점차 육체적, 정신적인 한계에 다다랐고 자살하는 사람들도 나오기 시작했다. 훗날 의인으로 선정된 배리언 프라이가 마르세유에 온 것이 대략 이즈음인 1940년 8월이었다.

탈출의 기획

3-3. 반나치 예술가들의 탈출을 기획하고 지원한 배리언 프라이

1907년 미국 동부의 뉴욕에서 태어난 프라이는 월스트리트 금융가에서 근무했던 아버지 덕에 남부럽지 않은 유년 시절을 보냈다. 그는 하버드대를 졸업한 재원이었으며 저널리즘에 관심이 많았고 여러 언론사에서 근무했다. 프라이는 1935년부터 『리빙-에이지 *Living age*』라는 잡지의 특파원으로서 독일 베를린을 방문했는데, 유대인과 나치 반대인사들에 대한 나치의 만행을 보고 충격을 받았다 (일반 맥줏집에서 나치 돌격대에 의해 유대인 노인의 손등에 칼이 꽂히는 것을 목격했던 것이다!). 이때부터 그는 나치에 강한 적개심을 품었고 자신이 할 수 있는 일이 무엇인지 고민하기 시작했다. 그러던 중 프랑스가 나치에 항복했고 많은 난민들이 나치를 피해 도망치는 사태가

벌어진다. 특히 이들 중에는 프랑스에 오랫동안 거주하거나 이전부터 망명 상태였던 지식인과 예술가가 많았다. 프라이는 미국에서 이들을 돕기 위해 긴급구조위원회인 ERC(Emergency Rescue Committee)를 설립했고, 그가 구해야 할 수백 명의 명단을 가지고 마르세유로 달려왔다. 그의 수중에는 다리에 몰래 묶어서 숨겨 놓은 3천 달러가 전부였는데, 그가 하고자 하는 일의 중요도나 어려움에 비하면 그리 큰돈이 아니었다. 다행히도 얼마 지나지 않아 프라이는 활동에 필요한 '확실한 자금줄'과 접촉하게 된다.

메리 제인 골드Mary Jane Gold는 1909년에 시카고 재벌가문의 상속녀로서 금수저를 물고 태어났다. 난방 기기 사업에 성공한 집안의 엄청난 부로 인해 골드는 1930년대의 많은 시간을 젊은 미국인들이 동경해 마지않던 파리와 런던을 오가며 생활했다. 이러한 생활을 통해 그녀는 예술에 대한 사랑과 안목을 높였고 당대 최고의 예술가, 작가 들과 대단히 친밀한 교분을 나누게 된다. 그러던 중 독일군이 프랑스를 침공했고 모든 미국인은 즉시 프랑스를 떠나라는 미국대사관의 경고도 무시한 채 골드는 남프랑스의 마르세유로 옮겨갔다. 골드는 이곳을 근거지로 그녀와 친분이 있거나 도움을 필요로 하는 여러 지식인과 예술가를 돕기 시작한다. 집안의 막대한 재산이 큰 도움이 되었다. 골드는 거점으로 사용하던 스플렌디드 호텔에 여러 난민들이 투숙할 수 있도록 도와주었고, 음식과 증명서 등을 제공했다. 이렇게 두 명의 미국인이 마르세유에서 뭉치게 되는데, 이들은 난민들의 탈출을 위해 온 힘을 모은다. 프라이는 미국영사관에 긴급구조위원회의 대표로서 상주했으며 하루 평균 25통 이상의 편지와 수백 통의 전화를 받았고 100건 이상의 인터뷰를 진행했다고 한다. 골드는 온 마르세유를 다니면서 새로 유입된 난민들을 찾아 보살폈고 필요하다면 이들에게 즉각적인 금전적 도움을 주었다.

난민들의 주요 탈출 루트는 크게 두 가지였는데, 우선 미국이나 제3국으로 가는 화물선에 승선하는 방법이 있었다. 이를 위해 난민들은 도착하는 곳의 비자를 가지고 있어야 했고 비시 프랑스 당국의 의심을 받을 만한 사람들(특히 독일계 유대인)은 유대인 표식이 없는 위조 증명서를 소지했다. 화물선에 타려는 난민들은 대부분 여비가 부족했는데 이때 다시 한번 재력가인 골드가 엄청난 힘이 되었다. 난민들을 몰래 승선시켰던 항구의 보트 브로커들은 한몫 잡기 위해 막판에 값을 올리는 경우가 다반사였다. 인간의 추하고 비열한 모습이 가장 극적으로 부각되던 시기였다. 우여곡절 끝에 배에 오른 난민들은 대부분 밀항자 신세였기 때문에 선실이 아닌 화물칸이나 갑판 등에 자리를 배정받기도 했는데, 그런 것은 아무래도 좋았다. 중요한 것은 나치나 비시 프랑스 경찰의 추적으로부터 피했다는 사실이었고 이제 살아남을 수 있다는 희망이 생겼다는 점이었다. 대서양을 넘어 한 달여를 이동하는 과정에서 친절한 선장이나 선원들은 이들에게 보다 좋은 자리를 마련해 주었다. 난민들의 목적지는 대부분 뉴욕과 같은 미국 동부의 주요 항구들이나 쿠바 또는 프랑스령 마르티니크 등 카리브해의 주요 섬들이었다.

해상 루트와 더불어 난민들이 이용했던 루트는 피레네 산맥을 넘어 스페인으로 탈출하는 육상 루트였다. 사실 이 루트를 자신만의 노하우로 개척한 사람은 골드의 지원을 받아 탈출했던 독일계 유대인 알베르트 허슈만Albert Hirschman이었다. 독일 출신으로 프랑스와 이탈리아 등에서 경제학을 공부했던 허슈만은 스페인 국경 근처의 바이율쉬르메르까지 이동한 후 누이와 함께 험준한 피레네의 산길을 걸으며 밤새 이동한다. 언제 프랑스 경찰이나 국경수비대가 올지 모르는 상황에서 지역의 포도밭 농사꾼이나 양치기 몰이꾼으로 위장해 여정을 이어갔고 결국 국경을 넘어 스페인에 도달했다. 이후 허슈만은 같이 탈출한 누이를 먼저 미국으로 보내고 자신은 다시 마르세유로 돌아와 골드 일행과 합류했다. 그는 자신이 아는 이 '피레네 루트'를 지속적으로 왕복하며 다른 이들이 안전하게 탈출하도록 도왔다. 무척이나 힘든 여정이었지만 허슈만 덕분에 많은 이들이 국경을 넘었고 나치로부터 살아남을 수 있었다(그는 훗날 뉘르베르크 전범 재판에 독일어 통역으로 참여하며 나치의 단죄에 힘을 보탠다). 이 탈출 루트를 이용했던 가장 유명한 사람은 독일의 유대계 철학자이자 문학평론가였던 발터 벤야민Walter Benjamin이었다. 나치의 일급 수배자였던 그는 1940년 9월에 지친 몸을 이끌고 스페인의 국경 도시인 포르트보우로 넘어가는 데 성공했다. 하지만 벤야민은 정식 비자가 아닌 통과 비자Transit Visa를 소지하고 있었고 마침 프랑코 총통이 모든 통과 비자를 취소시켜 버리게 된다. 이러한 연유로 월경 직후 스페인 호텔에 억류 상태로 있었던 벤야민은 스페인 당국에 의해 다시 비시 프랑스로 송환될 것을 두려워했다. 그는 극도의 불안 속에서 엄청난 스트레스를 받았고 안타깝게도 다량의 모르핀을 복용하여 스스로 목숨을 끊게 된다. 그의 시신 옆 출판을 기다리던 원고뭉치들은 일련의 소란 속에 흔적도 없이 사라져 버렸다. 벤야민의 자살로 인한 영향이었는지 스페인 당국은 그와 함께 입국한 다른 난민 일행이 포르투갈로 갈 수 있도록 허락했다.

여러 문제들이 있긴 했지만 난민들의 탈출은 흔들림 없이 진행되고 있었다. 이러한 가운데 탈출 작전 전반이 큰 타격을 받았다. 비시 프랑스 경찰이 난민들의 주요 거점인 스플렌디드 호텔을 급습해 많은 난민들을 잡아간 것이다. 이 호텔은 난민들을 수용했을 뿐만 아니라 프라이의 임시 사무실이 위치해 있었다. 더불어 프라이는 항구에 가까운 이 호텔에서 부두와 배들의 상황을 지켜볼 수도 있었다. 바보가 아닌 이상 프랑스 경찰도 프라이와 골드의 이러한 동태를 눈치채고 이들의 일거수일투족을 감시하고는 있었다. 하지만 처음에는 모른 척 내버려두었던 이들의 행동이 점차 성공적으로 확대되면서 독일이 상당한 불만을 표출하는 지경에 이르렀던 것이다. 독일의 반협박을 받은 프랑스 당국은 지배자에게 무엇이든 성과를 보여줘야 했고, 결국 호텔을 급습했다. 일이 이렇게 되자 탈출 기획자들에게 마르세유 시내는 더 이상 안전하지 않게 되었다. 감시자들의 눈에서 벗어날 다른 곳이 필요했다. 프라이와 골드는 난민들을 위한 새로운 장소를 적극적으로 물색했고, 그러던 중 1940년 가을에 마르세유 동부 외곽의 한 장소를 발견하게 된다.

빌라 에르벨에 모인 사람들

3-4. 빌라 에르벨에서 각종 모임을 주도했던 앙드레 브르통과 재클린 람바 부부

빌라 에르벨Villa Air-Bel은 20세기 초에 지어진, 고풍스러운 느낌의 거대한 3층 저택이었다. 연한 밤색의 외벽에 녹색 창문이 있었고 야외 수영장과 함께 정원 밖에는 커다란 플라타너스 나무 두 그루가 마치 경비병인 양 서 있었다. 밖으로 나가면 아름다운 숲과 비포장 도로가 있었고 멀리 남프랑스의 그림 같은 풍경을 볼 수 있는 곳이었다. 더불어 빌라의 이름처럼 공기 또한 매우 깨끗하고 청량했다. 당시에는 인근에 건물이나 주거지도 많지 않아서 이곳은 프라이와 골드의 은밀하고 위험한 목적에 매우 적합한 장소였다. 이들은 이 저택을 임차했는데 이번에도 역시 부잣집 상속녀인 미스 골드의 금전 지원이 절대적이었다. 집 안으로 들어가면 격자 무늬의 체스판 같은 흑백 바닥이 보였고 좌우로 수십 명이 모일 수 있는 응접실과 식당이 있었다. 응접실에는 다양한 양식의 클래식한 의자나 소파가 놓여 있어 사람들이 안락하게 쉴 수 있었다. 2층으로 올라가면 침실

여러 개와 그리스 고전부터 현대문학까지 아우르는 다양한 책들을 소장한 넓은 도서관이 있었다. 3층은 전체가 침실로 되어 있었는데 피곤에 지친 난민들에게 최고의 피난처였다.

이곳으로 난민들이 하나둘 모이기 시작했다. 프라이와 골드가 데려온 이들은 유럽, 아니 세계 최고의 지성을 갖춘 사람들로, 작가이자 예술가였고 다수가 유대인이었다. 식당에서는 독일 출신의 유대계 정치학자 한나 아렌트Hannah Arendt(훗날 예루살렘으로 잡혀온 친위대 학살자 아돌프 아이히만Adolf Eichmann의 재판을 보며 '악의 평범성'에 대한 책을 저술한다)가 그녀의 글을 독일어에서 영어로 번역하고 있었고, 야외 수영장에서는 독일인 화가 막스 에른스트Max Ernst가 나체로 수영을 즐기곤 했다. 초현실주의의 창시자 격인 프랑스 시인 앙드레 브르통André Breton은 2층 서재에서 사색과 독서를 즐겼다. 역시 초현실주의와 다다이즘을 주도했던 화가이자 조각가 마르셀 뒤샹Marcel Duchamp이나 스페인 화가 오스카 도밍게스Oscar Dominguez의 모습도 보였고, 쿠바 출신의 중국계 화가인 위프레도 람Wifredo Lam도 사람들과 정원을 거닐기를 좋아했다. 더불어 훗날 『슬픈 열대Tristes Tropiques』로 세계적 명성을 얻게 되는 프랑스 인류학자 클로드 레비스트로스Claude Lévi-Strauss나 베스트셀러 작가 하인리히 만Heinrich Mann과 프란츠 베르펠Franz Werfel이 담소를 나누기도 했다. 강렬한 색채로 유명했던 러시아 출신 유대인 화가 마르크 샤갈Marc Chagal은 인근 자택에 거주하고 있었는데 부인과 함께 종종 이곳을 방문하곤 했다. 당대 최고의 지성인이자 예술가가 모두 한자리에 모였던 것이다. 이들은 비록 난민 신세였지만 자신들의 존엄을 잃지 않았고 신세를 비관하지도 않았다. 더불어 뉴욕 구겐하임 미술관 집안의 페기 구겐하임Peggy Guggenheim(집안이 유대계였다)이 직접 여기에 와서 이들과 합류했다. 그녀는 예술가들을 구하고 이들의 걸작들을 최대한 많이 미국으로 가져가기 위해 방문한 것인데, 이곳에서 화가 막스 에른스트와 사랑에 빠지기도 했다.

대개 매주 일요일이면 앙드레 브르통과 그의 부인 재클린이 주도하는 모임이 열리곤 했다. 단순히 잡담을 하며 차나 마시는 모임이 아니었고, 세계 최고의 지성인들의 '지적 유희장'이자 '토론장'이었다. 이 모임에서는 현장에서 시와 대사가 탄생했고 노래가 즉흥적으로 흘러나왔다. 전쟁만 아니었다면 마치 심포지움이나 뮤지컬 공연장에 온 것 같은 분위기였을 것이다. 이들은 서로의 컨디션과 사기를 올리기 위해 때때로 파티를 열기도 했는데 저마다 자신만의 개성이 가득한 즉흥 복장을 만들어 참여하곤 했다. 특히 화가들이 초현실주의적인 복장으로 등장했고 다른 사람들이 의상을 만드는 데 함께했다. 술과 담배 연기가 이들의 지적 대화와 웃음소리에 어우러지면서 '초현실주의 파티'의 긴 밤이 순식간에 지나갔다. 그렇게 사람들은 빌라 에르벨에서 비자가 나오기를 기다리며 나름대로 유쾌하고 즐거운 시간을 보냈고, 긴장을 풀면서 자신들의 정신과 육체를 온전히 보전할 수 있었다. 빌라 에르벨은 절망의 시대에 진정한 유머와 사랑이 넘치는 곳이었다. 이곳에서 함께 머물던 러시아 출신의 혁명가이자 시인 빅토르 세르주Victor Serge는 빌라 에르벨 저택을 '비자를 기다리는 성Château Espère Visa'이라고 장난스럽게 불렀다.

하지만 이러한 유희의 시간도 끝을 향하고 있었다. 비시 프랑스 경찰이 프라이와 골드를 주시하는 가운데 빌라 에르벨의 존재와 목적을 알게 되었고, 호시탐탐 급습할 기회를 노리고 있었다. 하루빨리 이 저명한 VIP 난민들을 프랑스 밖으로 탈출시켜야 했는데, 그 시간은 생각보다 빨리 오게 되었다.

마르세유를 떠나다

3-5. 빌라 에르벨의 방랑자 중 한 명인 화가 마르크 사갈

1940년 12월 초 비시 정부의 페탱 원수가 마르세유를 방문하는 가운데 프랑스 경찰은 비상이 걸렸다. 도시 내의 난민이나 불순분자 등 비시 정부의 위험 요소를 제거해야 했던 것이다. 이러한 제거의 일환으로 프랑스 경찰은 빌라 에르벨을 급습했고, 모든 남성 난민들을 항구 앞에 있는 배에 단기간 수용했다. 프라이나 골드 등의 격렬한 항의와 노력으로 이들은 곧 석방되지만 이러한 일이 다시 발생하

지 않는다고 누구도 장담하지 못했다. 오히려 조만간 빠른 시일 내에 비자가 없는 모든 난민들이 체포될 것이라는 소문이 무성했다. 이러한 가운데 해가 바뀌었고 프라이는 한 가지 희소식을 듣게 되는데, 화물선 한 척이 1941년 3월 24일에 마르세유에서 출항한다는 것이었다. 더구나 그 배의 선장은 프라이의 오래전 지인으로, 난민 300명 정도를 위해 자리를 만들어주겠다고 약속했다. 단, 난민들 모두 적법한 비자를 가져야 한다는 조건이 있었다. 종합적인 비자 발급 상황을 고려했을 때 한 달여 남은 시간에 300명을 위한 비자를 얻는다는 것은 불가능해 보였다. 이때 또다른 조력자가 나타나게 된다.

하이럼 빙엄 4세Hiram Bingham IV는 2년 전인 1939년부터 마르세유의 미국 입국 비자 담당 부영사로 근무하기 시작했다. 빙엄은 직업 외교관으로서 중국 베이징, 영국 런던, 폴란드 바르샤바 등에서 근무했는데 마르세유에 배치된 후 난민들의 딱한 처지에 깊은 동정을 느끼고 있었다. 하지만 아무리 발급을 해도 비자 신청 대기자는 전혀 줄어들지 않았고, 비시 프랑스와의 중립 관계를 중요시해 난민에 대해 소극적으로 나서는 미 국무부의 태도를 보며 그는 상당한 좌절감을 맛보게 된다. 그의 아버지는 코네티컷 주지사이자 상원의원이었던 하이럼 빙엄 3세로, 모험심 가득한 미국인 탐험가로서 페루에 있는 마추피추 유적을 최초로 발굴한 전설적인 인물이었다. 열정적인 아버지를 닮았던 빙엄은 좌절하지 않고 프라이와 협력하여 난민들의 탈출을 적극적으로 지원하기 시작한다. 우선 빙엄은 무국적자들에게 미국 비자는 물론 더욱 유용한 '난센 여권Nansen passport'(노르웨이 탐험가이자 활동가인 난센의 이름을 따서 만든 무국적자용 여권)을 발급해 주기도 했다. 결정적으로 프라이가 300명에 대한 비자를 요청했을 때 빙엄은 아버지의 모험가적인 기질이 다시 발현되었는지 상당히 무모한 시도를 한다. 프라이와 함께 미국 총영사나 본국 국무부 허락도 없이 본인의 서명만으로 비자를 뿌린 것이다! 그렇게 비자가 하나둘 완성되어 갔지만 여전히 발급 숫자는 충분치 않았다. 특히 정치가 출신 중 좌익·공산주의 계열 인물들의 미국 비자 발급이 쉽지 않았는데, 빙엄이나 골드 등이 인맥을 동원하여 다른 중남미 국가들의 영사관에 사정한 끝에 비자를 받아낸다. 이렇게 피를 말리는 비자 발급 전쟁을 통해 마침내 300명의 빌라 에르벨 및 추가 난민들의 비자 발급이 완료되었고 이들은 3월 24일에 화물선 '카피탄 폴 르메를Capitaine Paul-Lemerle'에 탑승하게 된다. 앙드레 브르통, 레비스트로스, 위프라도 람 등 빌라 에르벨의 핵심 투숙객들이 함께 있었는데, 이 배에 탔던 사람들만으로 한 나라의 정신세계를 충분히 변화시킬 수 있을 만큼 최고의 지성인들이었다. 배는 한 달여의 항해를 거쳐 카리브해의 마르티니크에 도착했고 이후 최종적으로 뉴욕에 이르렀다. 이 난민들의 도착으로 세계 지성의 축이 유럽에서 미국으로 옮겨가는 역사적인 변화가 일어났다.

이렇게 대부분의 지식인과 예술가를 탈출시키기는 했지만 아직 남은 한 사람이 있었다. 바로 자신을 프랑스인이라 여기던 '색채의 마술사' 마르크 샤갈이었다. 그는 3월 말에 떠나지 않고 버텼으나 프랑스 경찰이 자신의 집을 수색하고 나서야 심각한 위기감을 느끼며 프라이를 찾아왔다. 프라이는 샤갈 부부의 비자를 얻기는 했지만 문제는 더 이상 떠날 배가 없다는 것이었다. 고심 끝에 프라이는 다시 한번 일탈을 하게 된다. 미국영사관에 있는 외교관 번호판의 차량을 몰래 빌려서(사실상 훔쳐서) 스페인 국경을 넘으려 한 것이다. 한편 샤갈은 떠나기 직전의 긴박한 순간에 자신의 작품 없이는 갈 수 없다고 고집을 부렸다(사실 예술가로서는 당연한 고집이었다). 결국 샤갈의 집에서 많은 작품들을 가져온 후에야 스페인으로 출발할 수 있었다. 국경에서는 다행히도 외교관 번호판을 단 차를 크게 수색하지 않았다. 샤갈 일행은 무사히 스페인으로 입국할 수 있었고 이후 배편으로 미국에 도착했다. 독일군이 소련을 침공한 바로 다음날인 1941년 6월 23일이었다.

이제 프랑스에 남은 것은 프라이, 골드와 빙엄 정도였는데, 프라이와 골드는 1941년 9월 비시 정부로부터 프랑스를 떠나도록 명령받아 귀국하게 된다. 빙엄 역시 동년 가을에 국무부의 명령에 따라 귀국했다. 이들 마르세유 삼총사가 1940년과 1941년 사이에 긴급구조위원회를 통해 구한 사람들은 무려 2,200여 명에 달했다. 이들의 노력은 그다지 알려지지 않은 채 지나가는 듯했지만 전후 1945년에 프라이가 회고록 형태로 자신의 경험을 출판하면서 세상에 조금씩 알려지게 된다.

이들은 일면식도 없었던 타인을 위해 부와 열정 그리고 심지어 목숨까지도 송두리째 내던졌다. 그리고 이러한 헌신적 노력을 통해 생존한 사람들은 후대를 사는 우리에게 보다 차원이 높은 풍요로운 정신세계를 누릴 수 있게 해주었다. 그 모든 것이 1940년 여름에 마르세유의 의인들로부터 시작되었던 것이다.

2부
스스로 운명을
개척한 사람들

    굳이 나서지 않을 수도 있었지만 마치 운명처럼 다가오는 고난을 받아들이고 개척해 나간 사람들이다. 이들은 끝없는 고통과 핍박의 시간 속에서도 자신의 신념과 존엄을 지켰으며 결코 굴복하지 않았다. 그렇게 끝까지 신념을 지킨 대가는 자신이 돌아온 조국의 상황에 따라 달라졌다.

4장
강요된 패장에서 최후의 승리자로,
조너선 웨인라이트

미국의 군인 (1883~1953)

4-1. 포로 석방 후 맥아더와 함께한 웨인라이트 장군(우측)

1945년 9월 2일, 도쿄 만의 하늘은 다소 우중충했지만 바다는 태평양이라는 이름에 걸맞게 평온했다. 이날 도쿄 만에는 여러 척의 연합군 군함들이 정박해 있었는데 그중 함수에 63번이라는 번호가 달린 한 척의 큰 배가 눈에 띄었다. 이 배 위에는 수많은 사람들이 전함의 포탑에 앉거나 갑판에 부동자세로 서서 행사가 시작되기를 기다리고 있었다. 함수 쪽 갑판에는 테이블 하나가 놓여 있었고 베이지색 또는 카키색 군복을 입은 군인들이 이를 둘러싸고 있었다. 2차 세계대전의 마지막 장을 펼칠 시간이 다가오고 있었다. 이 배의 이름은 미주리호USS Missouri로서 미국의 전함 중 가장 거대한 아이오와급 전함이며, 이제 각국의 대표들이 모여 일본제국의 항복조인식을 시작하려는 참이었다.

　　오전 8시에 미 해군의 체스터 니미츠Chester W. Nimitz 제독을 시작으로 귀빈들이 들어왔다. 미국의 더글라스 맥아더Douglas Macarthur 원수가 연합군 최고사령관 자격으로 9시부터 약 23분간 실시된 행사를 진행했다. 일본에서는 1932년 상해의 홍커우 공원에서 윤봉길 의사의 폭탄에 의해 부상을 입고 다리를 절게 된 외무장관 시게미쓰 마모루重光葵가 대표로 나왔다. 맥아더는 행사의 주관자로서 인류 평화와 미래에 대해 연설했고 항복문서에 서명했다. 그가 테이블에서 서명하는 동안 두 명의 장군들이 부동자세로 맥아더의 뒤에 서 있었는데, 제복으로 보아 한 명은 영국군, 또 한 명은 미군 소속이었다. 미군 소속 장군은 상당히 말라서 마치 해골처럼 보였는데 서명을 끝낸 맥아더는 여러 펜들 중 두 개를 미군 장군과 영국군 장군에게 하나씩 건네 주었다. 그렇게 수천만 명의 목숨을 앗아간 2차 세계대전이 공식적으로 끝났다. 이 피날레를 장식한 두 명의 장군은 얼마전까지 일본군의 포로였다. 영국군 장군의 이름은 아서 퍼시벌Arthur Percival이었고, 앙상한 미군 장군의 이름은 조너선 웨인라이트Jonathan Wainright였다.

십자가를 짊어지다

4-2. 일본군의 공격 속에 말린타 터널에 갇혀 있던 시절의 맥아더 장군

　　1942년 1월 초 필리핀에 있던 맥아더 장군은 부정적인 전황으로 인해 대단히 복잡한 심경이었다. 일본군이 1941년 12월 7일 진주만 기습 직후에 필리핀의 카비테 해군기지와 클라크 공군기지를 공습했다. 이 공습에서 필리핀 내 미군 항공 전력의 절반 가량인 99대가 지상에서 피해를 입게 된다. 다음 날 일본군은 루손 섬 북부 몇 군데에 상륙했는데, 이는 미군을 끌어내기 위한 일종의 양동작전이었다. 일본군 주력은 12월 21일에 루손 섬 서쪽인 링가옌 만에 상륙했고 다음 날에는 동남쪽의 라몬 만에 교두보를 마련했다. 주력 부대가 섬의 양쪽에서 협공하여 수도인 마닐라를 점령하고 미군을 포위, 격멸하려는 의도였다. 이러한 일본군의 신속한 공격에 미군은 필리핀군과 맥아더 지휘하에 '미 극동지상군'을 구성해서 함께 적극적인 저항을 했지만, 일본군에 밀리며 서서히 후퇴하고 있었다. 급

박한 전황 속에 1월 2일에는 무방비도시로 선포된 마닐라가 일본군에 무혈 점령된다. 초기 루손 섬 북쪽의 해안을 위주로 방어 계획을 세웠던 맥아더는 일본군이 섬 양쪽에서 협공하자 서남쪽의 바탄 반도로 신속히 병력을 후퇴시킨다. 이곳의 빽빽한 정글과 팜팡가 강 등 자연지형은 진격하는 일본군에게 천연 장애물이 될 수 있었다. 또한 배후에는 해안 지역이 있어 이곳에서 몇 개월 버티고 있으면 미국 본토에서 대규모 증원군이 오리라는 게 맥아더의 생각이었다. 하지만 바탄으로 철수하는 과정에서 미군은 북부 해안 지역에 비축해 놓았던 보급품의 상당수를 포기해야 했다. 다시 말해 바탄에서 장기간 버틸 탄약이나 식량이 매우 부족하다는 뜻이었는데, 이 결정은 얼마 후에 치명적인 결과로 이어졌다.

일본군은 바탄의 미군 방어선을 무너뜨리기 위해 집요한 포격과 공습을 가했고, 미군은 속수무책이었다. 이러한 절망적인 상황에서 어떠한 해결책도 보이지 않는 듯했다. 미국 본토에서 부대를 구성해 파병하려면 적어도 몇 개월은 걸릴 것이었다. 지휘관 맥아더는 바탄 인근 코레히도르 섬 요새의 말린타 터널에 칩거하며 지냈는데, 부하들은 그를 '방구석 더글라스Doug-out Doug'라 부르며 조롱했다. 미국 육군 사상 최연소 진급 기록을 모두 갈아치웠던 전설적인 장군으로서는 일생일대의 굴욕적인 순간이었다. 그는 말린타 터널에서 버티다가 일본군이 들어오면 자살할 생각이었다. 이런 상황에서 그의 위상과 능력을 알고 있던 마셜 육군참모총장과 루스벨트 대통령 등이 개입했고, 맥아더에게 호주로의 즉각적인 철수 명령을 내린다. 1942년 3월 12일 어두운 밤, 미 해군 소속 PT 어뢰정이 천천히

시동을 걸며 코레히도르 섬을 빠져나갔다. 그 배에는 맥아더와 그의 가족, 참모들이 탑승했는데 호주에서 더 큰 임무를 수행하기 위해 필리핀을 탈출하는 것이었다. 이때 그는 그의 트레이드 마크가 된 말 한마디를 남긴다. 바로 "나는 반드시 돌아온다I shall return"라는 짧은 한 문장이었다. 맥아더는 코레히도르를 떠나며 한 미군 장성에게 지휘권을 넘기고 그와 짧게 포옹한 후 배에 오른다. 큰 키에 다소 마른 그 장군은 맥아더에게 자신은 절대 항복하지 않을 것이라 다짐했으며, 이렇게 59세의 조너선 웨인라이트 장군은 모든 십자가를 자신의 어깨에 짊어지게 되었다.

강요된 패배

조너선 웨인라이트 장군은 1883년 미국 워싱턴주에서 조상 대대로 군인이었던 집안에서 태어났다. 그의 증조할아버지부터 할아버지와 아버지까지 모두 군인이었다. 특히 아버지는 미국-스페인 전쟁에 참전하며 더글라스 맥아더의 아버지인 아서 맥아더 장군과 함께 복무하기도 했다. 훗날 웨인라이트와 맥아더의 관계를 생각하면 2대에 걸쳐 묘한 인연이 아닐 수 없다. 웨인라이트는 1906년에 웨스트포인트 육군사관학교를 수석 졸업했고 이 또한 맥아더와 마찬가지였다. 이후 기병 병과를 선택하여 그의 아버지와 마찬가지로 필리핀에서 복무했고, 1차 대전에는 사단 작전 참모로서 참전했다. 사관학교 출신의 최우수 인재였던 그는 착실히 승진했고 일본군의 위협이 커지던 1940년에는 소장으로 진급하여 필리핀에 부임했다. '필리핀의 제왕'이었던 맥아더는 재능 있는 장군인 웨인라이트를 대단히 신뢰하여 그에게 미군 방어 부대의 핵심인 '북부 루손군'을 맡기게 된다. 하지만 웨인라이트조차 압도적인 해공군을 바탕으로 쇄도하는 일본군을 막기에는 역부족이었다. 그는 최대한 지연전을 펼치며 일본군에게 타격을 준 후 바탄으로 철수했고, 이곳에서 떠나는 맥아더를 대신하여 지휘권을 이어받았다. 하지만 대세는 이미 기울어질 대로 기울어 있었다.

4-3. 일본 검열관 옆에서 항복 방송 중인 웨인라이트

바탄 수비대는 12만 명으로 7만 5천 명의 일본군과 비교하여 숫자는 많았지만 가장 큰 문제는 빈약한 보급이었다. 아무리 용감한 군대라도 식량과 탄약 없이 싸울 수는 없는 노릇이었다. 3월 이후에는 배급량이 평상시보다 절반 이하로 떨어졌고, 말라리아나 이질 같

은 질병 역시 만연했다. 일본군은 이러한 혼란 상황을 놓치지 않고 계속 포탄을 퍼부었다. 설상가상으로 맥아더가 야밤에 몰래 떠났다는 사실이 밝혀지자 미군 병사들은 분노했고 사기는 바닥에 떨어졌다. 특유의 털털함으로 장병들에게 인기가 많았던 웨인라이트는 '초인적인 설득'을 통해 하루하루 겨우 버티고 있었다.

일본군은 일본군대로 불안해했다. 홍콩, 말레이시아, 싱가포르, 버마(미얀마), 네덜란드령 동인도(인도네시아)를 순식간에 점령한 무적의 일본군이었지만 필리핀만큼은 쉽게 함락하지 못하고 있었다. 일본군 총사령관인 혼마 마사하루本間雅晴 장군은 초조함 속에 진군을 독려했고, 4월 3일에 증강된 병력과 300문 이상의 대구경 포를 동원해 최후의 대공세를 시작한다. 일본군의 포격은 오전 9시부터 오후 3시까지 무려 6시간이나 지속되었다. 미군은 핵심 방어선인 '오리온-바각Orion-Bagac 라인'에서 몰려오는 일본군을 결사적으로 막았지만 결국 방어선 측면이 뚫리게 되면서 모든 저항이 궤멸되었다. 현장의 미군 총지휘관인 에드워드 킹Edward King 소장은 코레히도르 섬에 있던 상관 웨인라이트에게 처절한 상황을 설명했고, 일본군에게 항복하게 된다. 총 7만 5천 명 이상의 미군과 필리핀군이 항복하며 포로가 되었는데, 미군 역사상 최악의 패배였다. 그러나 그들의 고난은 끝나지 않았다. 기진맥진했던 포로들은 식수도 식량도 제대로 보급받지 못한 채 북쪽의 오도넬 포로수용소까지 120킬로미터를 이동했다. 이 과정에서 일본군은 낙오하는 포로들은 가차없이 총검으로 살해했는데, 만 명 이상의 포로들이 행군 도중 학살당하거나 사망한 것으로 알려져 있다. 역사는 이를 '바탄 죽음의 행진Baatan Death

March'이라 불렀고 후에 관련자들은 도쿄 전범 재판에 섰다.

바탄의 항복 소식을 들은 웨인라이트는 사실상 모든 것이 끝났음을 알았다. 하지만 그는 미군 최고 지휘관이었고, 바탄에서 바다로 3킬로미터 이상 떨어진 코레히도르 요새 안에서 버틸 수 있는 데까지 조금 더 버텨보겠다고 생각했다. 한편 일본군 입장에서 마닐라 만의 입구에 위치한 코레히도르 요새는 당장 점령해야 할 눈엣가시였다. 이곳에는 아직 육군, 해군, 해병대로 구성된 1만 3천여 명의 미군이 있었고 다수의 대구경 포대가 일본군이 마닐라항을 사용하는 걸 방해하고 있었다. 일본군은 바탄이 항복하던 4월 9일부터 코레히도르 섬에 폭격을 가하기 시작했다. 이후 바탄으로부터의 포격과 하늘에서의 폭격이 하루도 빠지지 않고 반복되었고, 일본군은 마침내 5월 5일 새벽에 상륙부대를 보내 공격을 개시했다. 미군은 가용한 모든 화포를 동원해 격렬히 저항했고 급기야 일부 해변에선 양측 간에 육박전까지 벌어질 정도로 치열한 전투가 이어졌다.

말린타 터널의 연기 가득한 사령부에서 상황을 점검하던 웨인라이트는 터널에서 전투가 벌어질 경우 모든 부상병들과 간호사들(당시 60명 이상의 미 여군 간호사들이 있었다)이 학살당할 것을 우려했고 곧 최후의 결심을 내리게 된다. 웨인라이트는 루스벨트 대통령에게 자신들이 인간의 한계를 넘어 투쟁했으며 이제 부득이 항복할수밖에 없다는 메시지와 고별인사를 전달했다. 5월 6일 오후 1시 30분에 코레히도르의 미군은 백기를 내걸었고, 총 만 천여 명이 포로가 되었다. 최고사령관인 웨인라이트 중장 역시 그중 한 명이었다. 이렇게 그는 2차 세계대전 중 포로가 된 최고위 계급의 미군 장군이 된다. 웨인라이트는 이후 필리핀 내에서 일본군에게 끌려 다니며 잔여 병력의 투항을 독려하는 방송을 했고, 7월부터 본격적인 포로 생활에 들어간다. 일본군이 동남아 전역에서 가장 고전했던 필리핀 전투는 이렇게 끝을 맺었다. 전투 후 일본군 총사령관 혼마 마사하루는 필리핀에서의 졸전을 이유로 강제 예편당했다(그는 종전 후 '바탄 죽음의 행진'에 대한 책임을 물어 사형당한다).

비록 웨인라이트는 장군이라는 높은 신분이었지만 일본군이 포로를 대했던 사례들을 볼 때 앞으로 어떤 고난이 전개될지는 짐작도 할 수 없었다.

참을 수 없는 것을 참아내다

6월 9일 웨인라이트는 마닐라 북쪽에 있는 타를라크의 장교 수용소로 옮겨졌다. 장교 수용소라고 해서 대우가 달라지리라는 건 엄청난 착각이었다. 그는 최고위 미군 장군임에도 불구하고 지나가는 경비병에게 목례를 해야 했다. 긍지 높은 군인 가문 출신이자 현역 장군으로서 이는 절대로 받아들일 수 없는 일이었지만, 이를 거부하면 곧바로 구타를 당했다. 이곳에서 두 달간 일본군 포로수용소가 어떤 곳인지 체험한 웨인라이트는 본격적인 수용 생활을 위해 대만 동부의 카렌코(오늘날의 화렌)로 이감되었다. 화물선으로 이송되는 도중에 부하들과 화장실도 없이 짐승처럼 배 아래 갇혀서 배설물과 오물이 뒤섞인 채로 비참하게 견뎌야 했다. 대만 역시 이전의 필리편 수용소처럼 미군들에게 적의를 보이는 가학적인 경비병들로 가득했다. 구타도 간간이 발생하는 가운데 정말로 참을 수 없었던 것은 극심한 배고픔이었다. 작은 주먹밥 크기의 쌀밥은 항상 부족했는데 그나마 일부는 썩어 있었고 같이 나오는 국에는 약간의 소금에 멀건 물만 있을 뿐이었다. 웨인라이트를 비롯한 포로들 모두가 말라가기 시작했고, 그의 표현에 따르면 마치 '해골'처럼 변했다. 188cm의 훤칠한 키에 80kg 중반대의 체구를 유지했던 웨인라이트는 1942년 말까지 몸무게가 57kg까지 줄어 뼈만 남게 되었다. 웨인라이트 관점에서 볼 때 일본군은 포로에 관한 제네바 협약을 지킬 생각이 전혀 없는 것처럼 보였다. 이들은 겉으로는 자발적으로 일할 포로를 원한다고 했지만 지원자가 없으면 포로들의 배급을 줄였다. 사실상 강제노동이었다. 국제 적십자사를 통해 많은 소포와 음식이 수용소로 보내졌지만 대부분의 경우 포로들에게 전달되지 않았다. 심지어는 경비병들이 이를 가지고 장사를 할 때도 있었다. 일부 경비병이나 포로감시원(주로 한국인과 대만인이 동원되었다)들을 중심으로 암시장이 있었고, 약간이나마 음식이나 의약품 등이 거래되었지만 턱없이 부족했다. 이러한 상황 속에서 많은 사람들이 죽어 나갔던 것은 너무나 당연했다. 그가 아끼던 육군 대령 폴 벙커Paul Bunker도 이러한 상황에서 굶주림과 각기병에 따른 합병증으로 비참하게 사망했고, 웨인라이트는 그의 임종을 지키며 눈물을 흘렸다. 포로들 사이에는 일본군에 대한 증오와 적대감을 원동력 삼아 삶의 의지를 다지는 사람들이 많았는데, 웨인라이트 역시 마찬가지였다.

4-4. 수용소의 일본군과 함께 사진을 찍은 웨인라이트(앞 열 좌측에서 세 번째)

1943년 4월에 웨인라이트와 다른 117명의 고위급 포로들은 일본 남쪽 가고시마 인근의 수용소로 옮겨진다. 다행스러웠던 것은 이곳에 도착한 후 얼마간은 구타가 없었다는 사실이다. 하지만 식량 배급은 큰 변화가 없었고 포로들은 여전히 굶주렸다. 한 가지 특기할 만한 사실은 본국에 편지 쓰는 것이 허용되었다는 점이다. 물론 일본군 검열관이 내용을 세세하게 감독했지만 적어도 자신이 살아서 숨 쉬고 있다는 것을 전한다는 것만으로도 포로들의 기쁨은 컸다. 웨인라이트는 그의 부인 아델에게 자신의 체중 감소를 우회적으로 전하기 위해 다음과 같은 내용을 적었다. "여보! 나는 잘 지내고 있소. 내 몸무게는 우리가 결혼했을 때 수준으로 양호하오." 하지만 답장은 도착하지 않았다. 일본군이 외부 소식이 알려지는 것을 우려하여 의도적으로 숨겼던 것이다. 그런데 일본군은 의도치 않게 자신들의 상황을 드러냈으니, 수용소 내에서 공습 경보 훈련을 실시했던 것이다. 이는 일본 본토가 연합군 폭격기들의 공습을 받을 수도 있다는 것을 의미했고, 포로들은 연합군이 점점 일본으로 접근하고 있다는 것으로 해석하고 기뻐했다.

일본에서 두어 달을 보낸 후 다시 대만 동부의 수용소로 옮겨진 웨인라이트는 일본군의 선전선동 교육을 반복적으로 들어야 했다. 이곳은 사병 포로와 고위급 포로들이 서로 분리되었는데 사병 출신들은 구타와 육체노동부터 시작해 이루 말도 못 할 고생을 하고 있었다. 웨인라이트는 이러한 상황을 대단히 안타깝게 생각했다. 고위급 포로들은 육체노동은 면제되었지만 식사 배급량에서는 다른 포로들과 별반 차이가 없었다. 그러던 중 일본군 대령이 웨인라이트와 고위급 포로들을 야외 나들이에 초대한 적이 있었다. 웨인라이트는 2년 만에 처음인 이 대접이 무엇을 의미하는지 생각해 보았다. 그의 결론은 일본군이 전쟁의 경과에 대해 불안해하고 있다는 것이었다.

1944년 가을이 되자 웨인라이트는 다시 한번 수용소를 옮기게 된다. 이번 목적지는 극한 북쪽의 만주였다. 수용소는 고비 사막이 그리 멀지 않은 곳에 위치했는데, 이전과는 다른 고통이 포로들을 괴롭혔다. 이곳의 겨울 날씨는 영하 45도까지 내려가는 극한지였고 지금까지 열대 지방에서 생활했던 포로들에게는 또다른 차원의 고통이었다. 12월에는 마지막 목적지였던 봉천(오늘날의 셴양) 인근의 고위장교 전용 수용소로 옮기게 되었고, 포로 생활 중 세 번째 크리스마스를 보내면서 포로들은 상당한 우울감에 빠졌다. 2년 반 이상의 힘든 포로 생활을 견뎌 왔지만 언제 해방되리라는 어떠한 정보나 예측도 어렵다는 것이 포로들을 더욱 절망케 했다. 한 가지 다행이었던 점은 더 이상 쌀이 아니라 빵이 배급되었다는 것이다. 1945년 봄이 되었고 영하의 날씨 속에서도 수용소 내 공습 대피 훈련은 갈수록 잦아졌다. 연합군이 일본군을 쳐부수며 점점 다가오고 있다는 긍정적 신호임이 분명했다. 문제는 그 정확한 시기가 언제인가 하는 것이었다. 그리고 마침내 그날이 도적같이 오게 된다. 불과 몇 개월 후인 1945년 8월 19일의 일이었다.

최후의 승리자

4-5. 전함 미주리호에서 열린 항복조인식 중,
서명하는 맥아더 뒤에서 지켜보는 웨인라이트

일본의 천황 히로히토昭和天皇는 1945년 8월 15일 소위 '옥음방송'을 통해 일본이 연합군의 포츠담 선언을 수락했음을 밝혔다. 다소 난해한 표현으로 일반인은 이해하기 어려웠지만 이것이 뜻하는 것은 일본의 무조건 항복이었다. 이후 해당 내용이 도쿄의 대본영에서 각 사령부를 통해 수용소별로 전달되었지만, 지역이나 상황에 따라 포로들에게 소식을 바로 알리지는 않았다. 일본군 통역의 전달을 통해 소식을 들은 웨인라이트와 다른 포로들은 엄청난 환호성을 지르며 기뻐했다. 일본군은 떠나버렸고 수용소 창고에는 적십자에서 보낸 비스킷, 땅콩 버터, 고기 통조림, 캔디, 커피 등 식료품들이 쌓여 있었다. 포로들은 근 3년 만에 처음으로 제대로 된 식사를 하게 된다. 또한 미제 럭키 스트라이크 담배도 많았는데, 웨인라이트의 표현을 빌리자면 마치 '굴뚝에 연기를 피우듯이' 자국산 담배를 피웠다고 한다.

수용소에 소련군이 도착한 후 미군 OSS(전략사무국)에서 급파된 요원들이 그와 영국의 아서 퍼시벌 장군 등 다른 포로들을 인수해서 중경의 연합군 사령부로 이동시켰다. 이동 중이었던 8월 23일은 마침 웨인라이트의 생일이었고, 훗날 그는 그날이 자신의 인생에서 가장 행복했던 생일이라고 밝히고 있다. 한편으로 웨인라이트의 가슴 한구석에는 여전히 근심이 가득했다. 미군 역사상 최대의 패배를 당한 그를 본국에서는 어떻게 생각할 것인가? 웨인라이트는 포로 생활 중에도 이 생각만 하면 몹시 괴로웠다. 하지만 그를 호송하던 미군 장교의 말은 예상 밖이었다. 그 장교에 따르면 미국에서는 극도로 어려운 상황에서도 끝까지 저항한 웨인라이트를 모두들 영웅으로 생각한다고 전했던 것이다(실제로 필리핀의 미군은 연합군 중 가장 먼저 공격받았고 가장 마지막에 항복했다). 중경에 도착한 웨인라이트는 잠시 휴식을 취하고 곧 미군 점령군 사령부가 있던 도쿄로 날아갔다. 그는 9월 2일에 있을 일본의 공식적인 항복조인식에 참석해야 했던 것이다. 그리고 그전에 반드시 만나야 할 사람이 있었다.

도쿄의 제국 호텔은 연합군 최고사령관이자 일본 점령군 사령관이었던 맥아더의 거처였다. 맥아더는 '필리핀의 제왕'에서 이제

'일본의 제왕'으로 등극하려는 찰나였다. 8월 31일, 이 호텔의 입구에 한 깡마른 미군 장군이 서 있었으니, 그 장군은 바로 웨인라이트였다. 옛 전우 맥아더를 만나기 위해서 찾아온 것이었다. 웨인라이트는 맥아더가 필리핀을 떠날 때 절대 항복하지 않으리라고 다짐했지만 그것을 지키지 못해 마음의 짐을 가지고 있었다. 잠시 후 카키색 군복을 입고 나온 맥아더는 뼈만 앙상한 웨인라이트를 보자마자 뜨겁게 포옹했다. 코레히도르 요새의 선착장에서 헤어진 지 정확히 3년 5개월 만의 일이었다. 그 카리스마 있던 맥아더도 감정을 주체하지 못하고 눈물을 흘렸고 연신 의기소침해 있던 웨인라이트에게 한마디를 건넨다. "이봐! 자네는 다시 자네의 군대를 지휘하게 될 거야!"

9월 2일에 웨인라이트는 미주리호 함상에서 열린 일본의 항복 조인식에 참석했으며 그다음 날에는 퍼시벌 장군과 함께 필리핀 마닐라로 날아가 필리핀 주둔 일본군 사령관 야마시타 도모유키山下奉文의 항복을 받는다. 운명의 장난인지 3년 전에는 퍼시벌 장군이 싱가포르에서 야마시타에게 항복했었는데 이번에는 정반대 상황이 펼쳐진 것이다. 웨인라이트 역시 마찬가지 입장이었다. 이렇게 해서 태평양 전쟁이 모두 끝났고, 최후의 승리자가 된 웨인라이트는 그 모든 순간을 함께했다.

이제 남은 일은 가족이 있는 고국으로 돌아가는 것이었다. 9월 5일 웨인라이트는 육군 대장으로 진급한다. 또한 9월 13일에는 뉴욕에서 전쟁 영웅에 대한 예우로서 카퍼레이드를 실시했다. 이제는 웨인라이트도 확실히 알 수 있었으니, 미국인들은 그를 진정한 영웅으로 대하고 있었다. 하이라이트는 그가 미군 최고의 훈장인 '명예 훈장'을 받은 것이었다. 훈장 수여는 9월 19일에 이루어졌고 그 공적서에는 웨인라이트를 "코레히도르의 지극히 어려운 상황에서도 탁월한 용기와 리더십을 보여 병사들을 이끈 용장"으로 설명하고 있다.

이후 웨인라이트는 미 본토 텍사스에 있는 제4군을 지휘하게 된다. 그의 부대는 전투부대가 아닌 사실상 후방의 예비군이었지만 중요한 것은 그가 다시 한번 자신의 군대를 지휘하게 되었다는 점이다. 스스로 십자가를 지고 고난을 감내했던 순교자에 대한 조국의 배려가 담긴 인사 조치였다.

일본의 항복조인식이 열린 지 정확히 8년 후인 1953년 9월 2일에 웨인라이트는 70세를 일기로 세상을 떠났다. 참을 수 없는 것을 참고 견뎌내며 최후의 승리자가 된 불굴의 사나이는 그렇게 미국인들의 가슴에 새겨지며 영원히 각인되었다.

5장
지옥을 알리기 위해 지옥으로 들어가다,
비톨트 필레츠키

폴란드의 군인 (1901~1948)

5-1. 폴란드 육군 정복 차림의 비톨트 필레츠키

매년 1월 27일이 되면 폴란드 남부의 오시비엥침Oświęcim에는 전 세계의 많은 사람들이 모이곤 한다. 이날 이곳에 오는 사람들은 한결같이 엄숙하고 무거운 표정을 하고 있는데, 단순히 여가를 즐기기 위해 모인 관광객들이 아니기 때문이다. 방문자들은 '한 행사'에 참여하기 위해 온 것이며, 이 행사는 인류 역사상 가장 잔학했던 '한 사건'을 추모하고 기억하기 위해서다. 사실 이 폴란드의 도시는 오시비엥침이라는 폴란드식 이름보다는 아우슈비츠Auschwitz라는 독일어 지명으로 세상에 더 잘 알려져 있으니, 바로 이곳이 나치가 세웠던 인류 역사상 최악의 살인 공장이었던 것이다. 유럽 각지에서 붙잡혀 온 수많은 유대인, 집시, 동성연애자 또는 공산주의자 들은 인종, 정치관, 성 정체성이 다르다는 이유로 아우슈비츠에 끌려와서 구금되었고 구타와 고문을 당하거나 가스실에서 학살당했다. 매년 이곳에 모이는 사람들 대부분이 대학살의 생존자이거나 그들의 후손들이다. 1945년 1월 27일 소련군이 수용소를 해방했을 때, 거의 죽어가던 몇천 명만이 간신히 생존할 수 있었다. 독일군과의 전투에서 온갖 험한 상황들을 겪으며 단련되었던 소련군들조차 수감자들의 극도로 비참한 모습에 몸을 떨 수밖에 없었다. 심지어 여러 생존자들이 해방 이후에도 수용 기간의 괴로운 기억을 떨치지 못하고 자살할 정도였다. 아우슈비츠는 문자 그대로 인간이 만든 '현세의 지옥'이었던 것이다.

그런데 이 지옥 같은 곳을 자발적으로 들어갔다가 탈출한 한 사람이 있었다. 이 용감하다 못해 무모했던 인물은 폴란드 출신의 군인으로, 그의 믿기지 않는 체험을 통해 베일에 쌓여 있던 아우슈비츠 수용소의 참상이 외부로 알려지게 되었고 전후 나치 관련자들의 범죄를 처단하는 단초가 되었다. 그의 놀라운 이야기만큼 그 삶에도 굴곡이 많았는데, 마치 폴란드라는 나라의 뒤틀린 현대사를 압축해놓은 것과 같았다. 지금부터 이 '굴곡진 운명을 가졌던 사나이'의 인생 행로를 함께 걸어보자.

부활한 조국

5-2. 다가오는 소비에트 군대에 맞서 방어 중인 폴란드군(1920)

폴란드라는 나라는 과거 16~17세기에 인근 리투아니아와 '연합 왕국'을 구성해 동유럽 일대의 패권을 차지한 적도 있었던 지역의 맹주였다. 하지만 18세기 말부터 귀족들의 내부 분열로 인해 국력이 쇠약해졌고, 주변 강대국인 프로이센(독일), 오스트리아, 러시아에 의해 세 차례에 걸쳐 분할되는 비극을 겪게 된다. 이 과정에서 그 구성원인 폴란드인들 역시 사방으로 흩어졌다. 비록 이들은 주권이 없는 망국민이었지만 고유의 언어를 사용했고 '독립된 조국'을 염원하며 때를 기다리고 있었다. 비톨트 필레츠키Witold Pilecki는 1901년에 러시아 제국의 북쪽에 있던 카렐리아(현재의 핀란드 인근)의 올로네츠에서 태어났다. 비록 러시아 제국의 영토에서 태어났지만 부모 모두 폴란드인이었고 산림 감시원이었던 아버지로부터 유소년기부터 폴란드 민족주의를 배우며 성장했다. 그의 부모는 필레츠키가 성장함에 따라 폴란드어로 교육할 수 있는 환경을 원해 리투아니아의 빌뉴스로 유학을 보냈는데, 이곳에는 북쪽의 카렐리아보다 많은 폴란드인들이 거주하고 있었다. 필레츠키는 자연스럽게 현지 폴란드 청소년들과 어울렸고, 반反러시아 성향을 가진 학생들의 보이스카우트 모임에도 참여하게 된다. 비록 유소년들이고 러시아 제국의 지배를 받고 있었지만 이들은 기본적으로 폴란드인들이었고 강한 민족주의 의식을 공유하고 있었다. 필레츠키는 1차 대전 중에도 계속 학업을 이어갔지만 1917년에 러시아에서 혁명이 일어나며 모든 상황이 급진전되기 시작한다. 10월 혁명으로 주도권을 잡은 볼셰비키(소비에트 러시아)는 백군과 내전을 벌이는 가운데 자신들의 무력한 상황을 절감했다. 그들은 우선 독일과의 전쟁을 종식시키며 러시아 내 자신들의 권력을 확고히 하려 했다. 이 바람은 동부전선을 종식시킨 후 서부전선으로 병력과 자원을 옮기려는 독일의 의도와도 맞아 떨어지게 된다. 이러한 양측의 이해관계 속에 독일과 볼셰비키는 1918년 3월 '브레스트-리토프스크 조약'을 맺었으며 발트 3국, 우크라이나, 폴란드 등을 독일에게 내어주게 된다. 이후 독일군은 이 지역을 신속하게 점령했으며 이 와중에 이곳에 흩어져 거주하던 폴란드인들이 점차 동요하기 시작했고, 급기야 120년 만에 독립국을 건설하자는 목소리가 봇물처럼 터져 나왔다. 필레츠키가 이전에 가입했던 폴란드 학생들의 보이스카우트는 점차 자위단 형태인 준군사조직으로 확대되었고, 지역 내 폴란드인들의 안전과 생명을 지키고자 노력했다. 이러한 가운데 1918년 11월에는 독일이 항복했고 고향으로 돌아가는 독일군 뒤에는 세력을 키운 볼셰비키가 붉은 군대를 앞세워 서쪽으로 혁명을 전파하려 하고 있었다. 필레츠키를 비롯한 많은 폴란드인들은 다음 차례가 자신들임을 직감했고 폴란드 지원군에 참여하게 된다. 폴란드인들 입장에서 볼셰비키들은 그저 러시아인들이자 자신들을 점령하러 오는 적군일 뿐이었던 것이다.

볼셰비키의 진군 속도는 대단히 빨라 1919년 1월 빌뉴스가 붉은 군대의 수중에 떨어졌다. 폴란드인들은 두려워하기도 했지만 120여 년 만의 독립 기회를 잃고 싶지 않았기에 죽을 각오로 싸우기 시작했다. 폴란드군은 붉은 군대와 혈투를 벌이면서 초기에는 우크라이나 방면으로 진군하기도 했다. 하지만 농민들을 중심으로 점진적으로 세를 불리고 있는 붉은 군대를 막기에는 역부족이었고, 1920년 8월경에는 수도인 바르샤바가 점령될 위기에 처하게 된다. 필레츠키는 정예인 '울란 기병연대'의 일원으로 전투에 참여해 동료들과 함께 전의를 불태우며 용감하게 싸웠다. 8월 12일부터 약 2주간 진행되었던 전투에서 폴란드군은 아군의 결사항전과 붉은 군대의 지휘 실수 등이 겹치면서 기적적으로 승리했고, 수도와 조국을 지켜낸다. 이후 폴란드군의 재역공이 이어졌고 내부를 정리할 필요가 있었던 볼셰비키는 1921년 3월에 폴란드와의 종전에 합의하게 된다. 1683년 오스만-튀르키예 제국으로부터의 2차 빈 포위 이후 폴란드는 다시 한번 '소비에트 러시아'라는 외부 세력으로부터 유럽을 방어했고, 자신들의 나라를 부활시켰다. 이 부활의 중심에는 필레츠키를 포함한 젊은 폴란드 청년들의 역할이 대단히 컸다. 필레츠키는 두 차례에 걸쳐 무공 훈장을 수여받았으며 자랑스럽게 가족의 품으로 돌아왔다.

나치에 대항하다

5-3. 바르샤바에서 행진하는 독일군을 사열하는 히틀러(1939)

소비에트-폴란드 전쟁이 막을 내린 후 예비군 신분이 된 필레츠키는 우선 학업을 마치기로 결심한다. 1922년 포즈난 대학교의 농학부에서 학업을 시작했던 그는 예술과 문학에 더욱 관심이 많아 빌뉴스 대학으로 옮겨 예술 관련 공부를 이어간다. 하지만 아버지의 병환과 기울어가는 집안 사정 등으로 인해 1924년에 학업을 중도 포기할 수밖에 없었다. 필레츠키는 이듬해인 1925년에 기병연대에서 사관 자격으로 근무하기 시작했다. 1930년대에는 동부 리다Lida에 정착해 교사와 결혼하여 가족을 이루었고, 기병으로서 지역 승마학교에서 후진 양성 교육에 적극적으로 참여했다. 더불어 농장도 운영하며 지역 농업 발전을 위해서도 많은 노력을 기울이게 된다. 이제 막 탄생한 조국 폴란드와 마찬가지로 그의 삶도 안정적인 궤도로 접어들고 있었는데, 이 모든 것이 하루아침에 무너져 버리는 사건이 발생하고 말았다. 1939년 9월 1일의 일이었다.

나치의 입장에서 독일 본토와 동프로이센의 연결을 갈라 놓은 단치히(폴란드어로 그단스크) 자유시의 존재는 큰 스트레스이자 민족적 자존심의 문제였다. 나치는 1939년 이후 강하게 영토 주장을 하기 시작했고 1939년 8월이 되자 양측의 전쟁은 더 이상 피할 수 없는 것처럼 보였다. 38세로 예비역이었던 필레츠키는 8월 말에 폴란드 19사단 소속 기병대 지휘관으로 동원되었다. 모두가 예견했던 전쟁은 불과 며칠 후에 발발했으니, 슈투카Stuka 급강하 폭격기 및 1호와 2호 전차를 앞세운 독일군은 전격전을 통해 폴란드군을 괴멸시키며 진군했다. 필레츠키의 부대는 9월 6일에 서부에 위치한 피오트르코프에서 와해되었는데, 겨우 목숨을 부지한 필레츠키는 잔존 부대원들과 함께 남쪽으로 후퇴했다. 9월 17일에는 소련군이 동쪽에서 침공하며 폴란드로서는 국가 생존의 희망이 사라지는 듯보였다. 폴란드는 독일과 소련 양쪽 군대에 협공당하며 항복하게 되는데, 1918년 국가를 세운 지 불과 21년 만의 일이었다. 혼란의 와중에 필레츠키는 패전 이후 자신의 역할을 생각해 보았다. 그는 조국의 침략자들에게 끝까지 저항할 생각이었고 그 장소는 해외가 아닌 폴란드 국내가 될 것이었다. 그는 다른 병사들처럼 루마니아 등으로 탈출하지 않고 국내에서 저항 조직을 구성하려 했다. 아무도 예측할 수 없는 험난한 길이 그려졌다.

1939년 11월에 필레츠키는 동료 폴란드 장교들과 함께 '비밀 폴란드군TAP'을 창설했다. 필레츠키는 조직의 중부 지역을 담당했고 독일 점령군을 속이기 위해 화장품 창고 관리자로 위장했다. 시간이 지남에 따라 구舊폴란드군 출신들을 대상으로 조직이 점차 확대되었고 1940년 중반까지 1만 9천여 명의 폴란드인들이 가입하게 된다. 필레츠키는 조직의 참모장 역할을 하며 더 많은 인원을 모으기 위해 노력했고 연합군을 위한 정보를 수집하기 시작했다. 하지만 한 가지 문제가 발생했다. 조직의 수장인 브워다키에비치Jan Wlodarkiewicz 소령이 극단적인 카톨릭 신자에 극우파이자 반유대주의자였던 것이다. 그는 자신의 신념을 조직원들에게 강요했고, 독일군에 대항하기 위해 한 명 한 명이 아쉬웠던 필레츠키는 이러한 브워다키에비치의 태도를 도무지 이해할 수 없었다. 심지어 브워다키에비치는 폴란드의 정체성이 카톨릭에 기반해야 한다고 주장하며 이에 반대하는 자는 조직을 떠나라고 공공연히 언급했다. 필레츠키는 강하게 반발했고 양측의 견해는 좁혀지지 않았다. 이 와중에 필레츠키는 브워다키에비치에게 또다른 저항 조직인 '무장투쟁연합ZWZ'으로 합칠 것을 제안한다. 무장투쟁연합은 유대인을 포함한 모든 폴란드인을 대상으로 조직원을 모집했고, 구성원에 대해 보다 포용성이 있는 단체였다. 브워다키에비치는 양 단체의 통합을 지속적으로 반대했지만 돌연 1940년 8월에 이를 수용하려 한다. 단, 한 가지 제안이 있었다. 그 제안이란 최근에 운영을 시작해서 여러 저항단체의 많은 조직원들이 수감되어 있던 '아우슈비츠 수용소'에 필레츠키가 잠입하여 실상을 파악하라는 것이었다. 필레츠키에게 이 조건은 일종의 개인적인 보복으로 여겨지기도 했지만 결국 그는 흔쾌히 제안을 수락한다. 이렇게 필레츠키는 지옥으로 들어가게 되었다.

지옥의 입구로

5-4. 아우슈비츠 수용소의 중앙역 입구

아우슈비츠 수용소Konzentrationslager Auschwitz (독일어로는 줄여서 'KZ/
KL Auschwitz')는 폴란드의 크라쿠프에서 50km 떨어진 오시비엥침
에 위치해 있는데, 원래 폴란드군이 막사로 사용하던 곳이었다. 나
치는 이곳을 점령한 후 독일령 슐레지엔에 편입시키며 아우슈비츠
라는 독일식 이름으로 개명한다. 폴란드군 막사는 수용소로 개조
하여 사용되었으며 초기에는 폴란드 정치범들의 임시수용소였다.
1940년 5월부터 작센하우젠 수용소에서 30명의 독일인 범죄자들이
이송되면서부터 가학적인 '살인 수용소'로서 본격적으로 악명을 떨
치기 시작했다. 최종적으로 수용소는 3개의 구획(2호 수용소인 비르케
나우와 3호 수용소인 모노비츠)으로 확장되었는데 1940년에는 아우슈
비츠 1호 수용소만 가동하고 있었다. 아직 가스실은 설치되지 않았
지만 1940년 6월부터 폴란드 정치범들이 본격적으로 수감되며 아
우슈비츠는 수감자의 지옥이 되었다.

이곳에 잠입하기 위해 필레츠키는 사망한 것으로 추정되는 '토마시 세라핀스키Tomasz Serafiński'라는 사람의 신분증을 구했고, 바르샤바 거리를 마구 활보하던 중 1940년 9월에 독일군의 불심 검문에서 붙잡혔다. 당시 폴란드에서는 흔한 풍경이었다. 붙잡히기 위한 '노력의 결과'였는지 그는 의도하던 대로 다른 2천여 명의 폴란드인과 함께 이틀간의 임시 수용 절차를 거쳐 아우슈비츠로 이송된다. 임시 수용소에서 갖은 구타를 당한 후 아우슈비츠에 도착한 필레츠키는 삭발을 당했고 대부분 즉시 처형되던 유대인들과는 별도로 수용되었다. 그는 대략적인 수용소 상황을 파악한 후 바로 수용소 내 지하저항조직ZOW을 구성했다. 저항조직의 목적은 수감자들의 사기를 올리고 이들을 최대한 생존시켜 궁극적으로 탈출을 도모하는 것이었다. 특히 중요한 임무는 외부 조력자를 포섭하여 생존의 핵심인 음식과 의약품 등을 몰래 들여오는 공급망을 구축하는 것이었다. 조직은 몰래 라디오 부품을 입수했고 수신기까지 자체 제작해 전쟁 소식을 전파하고 내부 정보도 밖으로 알리기 위해 노력했다. 수신기는 상대적으로 감시의 눈이 소홀한 수용소 병원에 숨겨두었다. 조직의 구성원들은 5인의 점조직으로 되어 있어서 전체 규모는 필레츠키를 비롯한 극소수의 사람들만 알았다. 이들은 1940년 10월부터 외부로 정보를 빼돌리기 시작했고 11월에는 외부 저항조직과 연결되었다. 필레츠키는 수용소의 목적이 단순한 교화가 아니라 수감자들을 서서히 죽이기 위한 것임을 분명히 인지했다. 수감자들이 굶주림, 질병, 경비병의 구타와 생체실험 등으로 죽어가고 있었기 때문이다. 수감자들은 경비병에게 인사를 안 하는 사소한 실수로도 즉결 처형을 당할 수 있었고, 1942년부터는 가스실에서 대규모 학살이 본격적으로 자행되었다. 수용된 집시들은 조직적으로 불임시술을 받기도 했다. 나치의 탄압이 거세지자 저항 활동 참가자도 증가했는데, 1942년 봄이 되자 수용소 내 저항 인원은 천 명에 육박했고 수용자를 괴롭히던 카포Kapo(독일군이 수감자 중 일부를 선발하여 나머지 수감자들을 관리하게 한 사람들. 대개 독일군에 못지않게 가학적이었다)들도 그를 함부로 대하지 못했다. 게슈타포가 눈치를 채고 몇 차례 저항조직원들을 체포해서 처형했지만 결코 전체 조직을 파악할 수는 없었다. 필레츠키는 수용소 밖의 무장 지원을 활용해 수감자들의 봉기와 탈출을 계획했지만, 영국의 폴란드 망명정부나 폴란드 저항조직으로부터 도와주겠다는 어떠한 메시지도 받지 못했다. 사실 수감자들이 대규모로 탈출한다 해도 이후의 이동이나 생존은 또다른 문제였다. 필레츠키는 무력에 의한 대규모 봉기나 탈출은 거의 불가능에 가깝다는 것을 깨닫게 된다. 시간이 흘러 1943년 봄이 되자 필레츠키는 조만간 다른 수용소로 이감될 것을 눈치채고, 밖으로 나가기로 결심한다. 4월 말에 필레츠키는 수용소 외부의 제빵소에 야간 사역을 나가게 되었고, 이곳에서 다른 수용자와 함께 신속히 경비병을 제압한 후 통신선과 비상 사이렌을 끊고 도주했다. 동쪽 방향으로 몇 시간을 이동하다 보니 수용소가 있던 독일령 슐레지엔에서 벗어나 폴란드 내 독일군 일반 점령지구로 넘어갈 수 있었다. 이후 지역 성직자나 저항군에 동정적인 여러 민간인의 도움으로 100km에 이르는 탈출을 이어갈 수 있었다. 도중에 검문하는 독일군으로부터 총상을 입기도 했지만 천운으로 치명상이 아니었고 재빠른 판단과 행동으로 간신히 벗어날 수 있었다. 이후 필레츠키는 남부 폴란드의 보흐니아Bochnia에 있는 저항군의 안전 가옥에 도착했다. 필레츠키는 이렇게 2년 반 동안의 지옥 생활을 마치고 외부 세계로 나올 수 있었지만 그와 함께했던 많은 동료 수감자들은 그렇지 못했다. 지금부터 그가 할 일은 분명했으니, 아우슈비츠에서의 지옥 같은 생활을 정리하여 기록으로 남기는 것이었다.

계속된 저항

5-5. 바르샤바 봉기에 참여한 폴란드 국내군

안전 가옥에 머무는 동안 필레츠키는 수용소에서의 경험을 대략적인 요약본으로 정리한다. 그리고 1943년 8월에 바르샤바로 몰래 이동했고 이곳에서 본격적으로 수용소 보고서를 작성하기 시작했다. 보고서에는 수용소의 일상적인 모습, 경비병들의 가혹 행위, 저항조직의 구성 및 나치에 의한 생체실험 등이 적혀 있었다. 또한 유대인들에 대한 조직적인 학살 절차가 상세히 적혀 있었다. 유대인들이 아우슈비츠에 도착하면 수용소 의사가 살 사람과 죽을 사람을 선별했고, 죽을 사람들은 샤워를 한다는 구실로 가스실로 끌려갔다. 이후 이들의 시체는 하루 8천 명을 화장할 수 있었던 화장장으로 옮겨졌고 여기서 한 줌의 연기가 되어서야 수용소를 빠져나갈 수 있었다. 실상을 알게 된 폴란드 국내군(폴란드 지하저항운동가들이 하나로 뭉쳐 세운 폴란드 내 저항군 단체)과 영국의 폴란드 망명정부는 단편적인 소문으로만 접하고 있던 놀라운 사실들에 경악했다. 특히 학살과 관련한 부분은 도무지 믿기지 않아 내용이 크게 과장된 건 아닌지 의심을 품었다고 한다. 하지만 모든 것은 한 치의 과장도 없는 사실이었고 필레츠키 자신이 목숨을 걸고 수용소에 잠입해 증언한 첫 번째 기록물이었다. 이후 1943년 말과 1944년 중에 필레츠키와 유사한 경험을 한 다른 탈출자들의 증언이 지속적으로 보고되었고, 이를 통해 폴란드 망명정부는 1944년 11월에 아우슈비츠 리포트Auschwitz Protocols라는 종합 보고서를 작성할 수 있었다. 이러한 노력이 모여 전후 아우슈비츠 수용소장인 루돌프 회스Rudolf Höss 등 많은 학살 관련자들을 처단할 수 있었다.

이후 폴란드 국내군과 합류한 필레츠키는 주변에 숨어 있는 유대인들을 도우며 활동을 이어갔다. 한편 폴란드 국내군은 나치에 타격을 입힐 때를 기다리며 무기와 물자를 비축하고 있었고, 1944년 여름이 되자 소련군이 폴란드 인근 벨라루스를 점령하며 독일 중부 집단군을 괴멸시켰고 마침내 공격의 시기가 무르익었다. 1944년 8월 1일 수도 바르샤바에서 대대적인 반나치 봉기가 일어났다. 폴란드 국내군은 비록 독일군의 철모를 사용했지만 적백의 폴란드 국기색을 두른 피아식별띠를 매어 자신들이 폴란드 정규군임을 분명히 했다. 필레츠키 역시 국내군에 합류하여 적극적으로 전투에 참여했다. 초기에 폴란드군의 기습에 허점을 보였던 독일군은 다시 전열을 정비하여 반격에 나섰다. 독일군은 전차와 화염방사기까지 동원해 바르샤바 시내의 많은 건물들을 쓸어버렸는데 이때 거의 모든 바르샤바 구시가지 건물들이 파괴되고 말았다. 독일군의 반격이 시작되자 폴란드군은 점점 수세에 몰리게 되었고 무기, 탄약, 의약품 등 모든 것이 부족했다. 항공기 등을 통해 지원해 줄 수 있었던 소련군은 아무것도 하지 않았다. 소련은 자유 성향의 폴란드 국내군이 소련의 폴란드 점령 시 적으로 부상할 것을 우려했던 것이다. 필레츠키는 시의 북부와 중심가에서 부하들을 독려하며 사력을 다해 싸웠지만 의지만으로 독일군을 물리칠 수는 없었다. 10월 초에는 폴란드군의 모든 저항이 종식되었고 그는 폴란드 장교로서 포로가 된다. 독일 바이에른의 무르나우에 있는 폴란드 장교 수용소로 옮겨진 필레츠키는 이곳에서 수용 생활을 하다가 6개월 만인 1945년 4월 말에 미군 12기갑사단에 의해 해방된다. 하지만 자유의 몸이 된 기쁨도 잠시, 그에게는 또다른 중대한 임무가 기다리고 있었다. 그 성격상 과거의 임무와 크게 다르지 않았지만, 문제는 이 임무가 더욱 위험할 수 있다는 점이었다.

마지막 임무 그리고 복권

5-6. 바르샤바에서 재판 중인 필레츠키의 모습(1948)

유럽에서 공동의 적인 독일이 항복하면서 전쟁은 종식되었지
만 서방 연합국들과 소련에는 다른 형태의 갈등이 시작되고 있었다.
서로 이념이 다른 양 진영은 자신들의 이익을 위해 서서히 충돌하
기 시작했고, 동유럽의 군소국가인 폴란드 역시 이를 피해 가지 못
했다. 서방에는 영국에 있는 폴란드 망명정부가 존재했고 폴란드 본
토에는 소련군이 진주하여 공산주의자들을 중심으로 자신들의 대
리 정권을 세우려 했다. 폴란드 망명정부는 필레츠키에게 소련군이
점령한 폴란드 내 정보 수집 임무를 맡겼고 그는 1945년 12월에 몰
래 바르샤바로 들어오게 된다. 망명정부 입장에서는 과거 나치를 상
대로 같은 일을 했던 필레츠키만 한 적임자가 없었던 것이다. 그는
자신의 기존 수용소 출신 부하들과 조직원들을 규합하여 비밀정보
망을 구축했고 최대한 주목을 피하기 위해 평범한 노동자나 외판
원 등으로 위장했다. 처음 6개월간은 그럭저럭 정보를 수집하며 지

나갔다. 하지만 소련도 바보는 아닌지라 혈안이 되어 폴란드 망명
정부 측으로 들어가는 정보를 조사하고 있었다. 1946년 여름이 되
자 필레츠키는 정체가 탄로 났으니 즉시 탈출하라는 명령을 받게
된다. 하지만 필레츠키는 아직 폴란드를 위해 할 일이 많다고 판단
했고 단호히 명령을 거부했다. 소련의 체포망이 좁혀져 오는 가운데
해가 바뀌었고 나치가 항복한 지 정확히 2년 뒤인 1947년 5월 8일
에 필레츠키는 폴란드 보안 당국에 체포된다. 그는 체포된 후 극심
한 고문을 받았지만 자신의 정보망과 동료 조직원들의 이름을 밝히
라는 요구에 일절 답하지 않았다. 수개월간의 무차별적인 구타와 열
손가락의 손톱을 모두 빼는 등의 가학적인 고문을 통해 필레츠키의
육체는 쇠약해질 대로 쇠약해졌지만 그의 정신만은 아무도 꺾지 못
했다. 필레츠키는 모든 강압과 회유에 결연히 대항하고 있었다. 이
후 해를 넘겨 열리게 된 재판은 문자 그대로 보여주기 식의 '연극
재판'이었다. 필레츠키는 무단 월경, 무기 소지, 요인 암살과 제국주
의자들을 위한 간첩 혐의 등으로 기소되었다. 여러 아우슈비츠의 생
존자들이 그를 위해 탄원서를 냈지만 모두 기각당하고 말았다. 오히
려 아우슈비츠 생존자였던 당시 폴란드 수상 요제프 치란키에비치
Józef Cyrankiewicz 는 필레츠키를 '국가의 적'으로 규정하며 단호한 처벌을
촉구했다. 결국 필레츠키는 사형을 선고받았고 1948년 5월 25일에
목 뒤에 총을 맞는 방식으로 사형이 집행되었다(소련의 NKVD가 주
로 했던 방식인데 소련의 카틴 학살에서 2만 명의 폴란드 장교들이 이렇게 살
해되었다). 그렇게 필레츠키는 죽었고 그의 이름은 공산 폴란드에서
는 카틴 학살과 더불어 금기어가 되어 수십 년 동안 사람들의 뇌리

에서 강제로 잊혔다.

　시간이 흘러 1989년에 베를린 장벽이 무너지고 공산권이 몰락한 이후 모든 것이 바뀌기 시작했다. 폴란드에 자유 선거에 의한 민주 정부가 들어서게 되자 과거 공산 정권에서 부정되었던 폴란드 망명정부 인사들이 하나둘 복권되기 시작한 것이다. 망명정부의 핵심 인물이었던 브와디스와프 시코르스키Wladyslaw Sikorski나 필레츠키에게 정보 활동을 지시한 브와디스와프 안데르스Wladyslaw Anders 장군 등이 다시 폴란드의 애국자로 돌아왔다. 필레츠키 역시 전쟁 영웅으로서 모든 권리가 회복되었고 '부활 폴란드 훈장'을 추서받게 된다. 또한 폴란드의 여러 거리들이 그의 이름을 따라 다시 명명되었고 바르샤바와 크라쿠프 등 대도시에 그의 기념비가 세워지며 전쟁 중 가장 용감했던 폴란드 영웅이 다시 이름을 알리게 되었다.

　과거 필레츠키가 행했던 일련의 행동이나 작전들은 전설이라 부르기에 충분하다. 너무나도 용감했고 때로는 지나치게 무모했던 그의 행동들은 자신의 목숨이나 안위 따위는 전혀 신경 쓰지 않았던 초인의 행위였다. 그렇게 필레츠키는 폴란드인들에게 별이 되었으며, 가장 험난했던 시기에 가장 용감했던 폴란드인으로 기억되고 있다.

6장
검은 튤립의 전설을 쓴 사나이,
에리히 하르트만

독일의 전투기 조종사, 역사상 최고의 격추왕 (1922~1993)

6-1. 에리히 하르트만

독일 베를린의 남서쪽에는 과거 주독 영국 공군의 주둔지였던 가토 공항이 위치해 있다. 통일 후 영국군이 떠나버린 이곳은 현재 거대한 전시장으로 변신했는데 독일 공군의 역사와 다양한 비행기를 보여주는 독일연방 공군 박물관Luftwaffenmuseum으로 개장한 것이다. 이곳에는 1차 대전 때 활약한 포커와 융커스의 여러 기종은 물론 2차 대전 때 사용하던 피젤러 Fi 156 슈토르흐(에르빈 롬멜을 비롯한 많은 독일 장군들의 전용기였다)나 메서슈미트 Me-163(일명 코메트)과 같은 희귀 전시물들을 볼 수 있다. 또한, 냉전 시대에 활약한 여러 제트기와 각종 군용기들까지 보유하고 있는데, 총 150여 대의 비행기와 헬리콥터가 전시되어 있어 다양한 연령대의 관람객들을 끌어들이고 있다. 전시된 모든 기체들이 독일 공군 역사에서 나름의 의미를 가지고 있는 가운데 특히 항공 매니아들의 관심을 받는 전투기가 한 대 있다. 그 기체는 지금 기준으로는 다소 투박해 보이는 초기형 제트기인 세이버 Mk.6으로, 미국의 F-86을 캐나다에서 면허 생산하여 독일 공군에 공급한 것이다. 이 전투기는 전후 최초로 창설된 독일연방 공군의 기체였고 검은색 삼각형의 반복되는 패턴이 마치 튤립과 같이 기수 부분을 둘러싸고 있다. 이 독특한 검은 튤립 문양은 이 전투기의 운용 부대인 제71전투비행단Jagdgeschwader 71(일명 리히트호펜 비행단)의 초대 부대장과 관련이 있다. 그 지휘관의 이름은 바로 에리히 하르트만Erich Hartmann, 2차 세계대전 중 독일 공군 소속이었고 검은 튤립이란 별명으로 유명했으며 인류 역사상 최고의 격추왕이었다.

6-2. 독일연방 공군 박물관에 전시된 제71전투비행단 소속의 세이버 Mk.6. 기수에 왕관을 닮은 검은 튤립 문양을 그렸다.

창공을 사랑한 소년

1918년 11월에 1차 대전이 패배로 끝나자 많은 독일인의 삶은 절망과 불확실성에 직면했다. 독일 남서부의 바이스자흐에 거주하던 1차 대전 참전용사이자 의사 알프레트 하르트만Alfred Hartmann도 예외가 아니었다. 전후 수년간 독일은 좌익 혁명세력과 구체제를 유지하려는 우익 자유군단Freikorps(주로 제대군인으로 구성) 간의 폭력으로 몸살을 앓았고 많은 국민들이 불안을 느끼고 있었다. 독일에서의 삶에 많은 고민을 하던 하르트만은 자신과 가족의 보다 나은 미래를 위해 사촌이 외교관으로 주재하던 중국으로 이주를 결심한다. 자신이 먼저 중국 후난성의 창사로 건너갔고 조금 후에 그의 부인이 이제 막 걸음마를 뗀 두 아들 에리히와 알프레트를 데리고 중국으로 향했다. 아버지 하르트만은 이곳에서 의사 일을 하는 동시에 현지의 외국인 커뮤니티와 접촉하며 생활했는데, 독일과는 너무나도 다른 이곳의 생활에 가족들 모두 불만이었다. 설상가상으로 중국 내 국·공 내전이 악화된 1928년에 하르트만 일가는 결국 독일 귀국을 결심했고 남서부의 뵈블링엔에 정착한다. 장남 에리히가 6살 때의 일이다.

어린 에리히는 잘 몰랐지만 하르트만 일가가 독일로 귀국한 시점은 세계 대공황과 나치의 집권 등이 차례로 발생하며 미래에 벌어질 재앙이 싹트던 시기였다. 하르트만은 1932년에 김나지움에 진학했고 당시 모든 청소년들이 그러했듯 히틀러 소년단Hitler Jugend에 가입했다. 나치는 소년단 조직을 활용하여 미래의 병사들인 학생들에게 다양한 기초 군사 교육을 시켰다. 하르트만은 독일 최초의 여성 글라이더 조종사 중 한 명이었던 어머니 엘리자베스(그녀는 동네에 글라이더 비행 학교를 세우고 직접 교관으로 활약했다)의 영향을 받아 하늘을 나는 '비행'이란 행위와 친숙했고 관심도 많았다. 더불어 다른 또래 소년들처럼 1차 대전의 비행 영웅이었던 '붉은 남작' 만프레트 폰 리히트호펜Manfred von Richthofen에 매료되어 있었다. 이러한 배경에서 하르트만이 소년단에서 글라이더 조종을 택한 것은 지극히 당연한 수순이었다. 그는 순식간에 엄청난 열정으로 글라이더에 대한 모든 것을 마스터했으며 불과 14세였던 1936년에 소년단 내 글라이더 비행 교관이 된다. 하르트만은 여기서 멈추지 않고 바로 다음 해인 1937년에 동력엔진 비행기를 조종할 수 있는 면허를 취득했다. 미래의 격추왕이 이제 막 알에서 깨어나 본격적으로 부화하려는 순간이었다.

6-3. 글라이더 조종 훈련 중인 히틀러 소년단 단원

이후 전쟁이 발발했고, 하르트만은 전쟁이 본격적으로 확전되던 1940년 10월 공군에 입대하여 전투기 조종사로서의 길을 걷고자 했다. 그의 동생인 알프레트 역시 형과 마찬가지로 창공을 사랑했고 항공 병과를 택했으며 전쟁 중 Ju-87 슈투카 급강하폭격기의 후방 사수로 복무했다(그의 동생은 북아프리카 튀니지에서 연합군의 포로가 되었고 전쟁에서 살아남게 된다). 이렇게 두 형제는 하늘에 대한 관심과 애정을 바탕으로 공군에 입대했고 열심히 훈련에 참여했다. 하르트만은 동프로이센 노이쿠어렌의 비행학교에서 1년간의 기본 비행 훈련을 마친 후인 1941년 11월부터 독일 서부의 훈련장에서 고등 비행 훈련을 받았다. 그는 이곳에서 비행과 공중전에 필요한 온갖 기술을 연마했고 1942년 초에는 고등 비행 훈련 과정도 수료했다. 이후 전투기 조종사 후보생으로서 하르트만은 당시 독일 주력기인 메서슈미트 Bf-109를 몰게 되었는데, 이 작지만 다루기 까다로운 기체를 조종하며 일선으로 나가기 전 마지막 담금질을 한다. 이렇게 비행 훈련의 모든 기술을 연마한 하르트만은 1942년 10월에 동부전선의 52전투비행단Jagdgeschwader 52에 배치되었다. 당시 동부전선은 스탈린그라드 전투가 최고조에 달했던 중차대한 시기를 맞아 독일과 소련 모두 국가의 운명을 걸고 결사적으로 싸우고 있었다. 동료들로부터 특유의 앳된 외모로 그저 '아이Bubi'로만 불리던 20살의 하르트만에게 드디어 그 치명적인 실력을 보여줄 시간이 다가왔다.

검은 튤립의 전설

6-4. 자신의 애기에서 동료와 함께 포즈를 취한 하르트만(우측).
그의 전투기는 메서슈미트 Bf-109 G6형으로 강력한 신형DB 605 엔진을 장착했다.

하르트만 전입 당시, 52전투비행단은 러시아 남부 코카서스 산
맥 인근의 마이코프에 주둔하며 남부 러시아 깊숙이 진격한 빌헬름
폰 리스트Wilhelm von List 원수의 A 집단군(나치 독일 국방군 육군의 집단
군) 예하부대를 지원했다. 그의 첫 임무는 전투기가 아닌 슈투카 급
강하폭격기를 이동시키는 것이었는데 평소 익숙한 Bf-109와는 다
르게 성급한 착륙으로 기체를 비행장 가건물에 부딪치는 등 상당히
불안하게 출발했다. 당시 52전투비행단장은 유능한 지휘관인 디트
리히 흐라박Dietrich Hravak이었다. 그는 동안의 하르트만을 친절하게 대
해주었고 고참자로서 팀이 함께 살아남는 방법에 대해 조언해 주었
다. 그토록 고대하던 하르트만의 첫 전투기 출격은 10월 14일이었
는데 그는 경험 많은 고참인 에드문트 로스만Edmund Roßmann의 호위기

역할을 하게 되었다. 하르트만으로서는 한껏 기대에 부푼 첫 전투였지만 이날 그의 비행 모습은 거의 재앙에 가까웠다. 하르트만은 적기를 격추해야 한다는 강박관념에 사로잡혀 섣부르게 이동하다 동료들을 놓쳤고 팀워크를 살리지 못한 채 홀로 무모하게 적기에 달려들다가 거의 충돌할 뻔했다. 이 와중에 연료를 거의 소모한 하르트만은 아군 진영에 겨우 불시착했으니, 신참 조종사가 할 수 있는 온갖 미숙함의 종합판이었다. 하르트만의 모습에 화가 머리 끝까지 치민 로스만은 향후 그와의 출격을 거부했다. 기지에 복귀한 하르트만은 3일 동안 출격금지 처분을 받으며 지상 근무요원들의 잡일을 도왔다. 그 시간 동안 그는 자신의 실수가 무엇일까 곰곰이 되짚어보았고 최적의 공격 방식과 위치에 대해 고참 동료들의 의견을 구했다. 더불어 동료 비행사들과 수차례의 모의 훈련을 통해 생각했던 방식을 구현해 보고자 했다. 그는 결론적으로 '매복하여 숨어 있다가 적을 찾으면 신속하게 접근하여 치고 빠지는' 그만의 방법을 구상하게 되었고 곧 이를 실현에 옮기려 했다.

하르트만의 재물이 된 최초의 비행기는 단단한 기체를 가진 IL-2 슈투르모빅 지상 공격기였는데 첫 출격 이후 3주가 지난 11월 초에 격추시켰다. 이때에도 하르트만은 무모한 정면 공격을 통해 적기 파편에 충돌하기도 했으며 이후 연말까지는 큰 활약 없이 한 대를 더 격추하는 데 그쳤다. 하지만 중요한 것은 그가 자신만의 방식을 확립하며 무섭게 성장하고 있다는 점이었다. 그러는 사이 해가 바뀌었고 4월부터 52전투비행단은 아조프해 인근의 쿠반 교두보로 이동하여 철수하는 독일 17군을 지원했다. 이때부터 마치 봄에 꽃들이 개화하듯이 하르트만의 실적도 피어나기 시작했다. 그는 마치 숙련된 펜싱 선수와 같이 정교하게 치고 빠지는 방법을 완벽하게 수행했고 매달 10대 이상을 격추했다. 7월 초에 하르트만의 부대는 당시 주 전장이던 쿠르스크의 대격전을 지원하기 위해 중부 러시아로 이동했다. 제4항공함대 소속으로 남쪽에서 치고 올라오는 남부 집단군을 지원하게 되었는데 이제는 하루에 여러 대를 격추하는 것이 당연할 정도로 격추 속도에 가속도가 붙었다. 하르트만은 8월 초까지 총 60개 이상의 킬마크Kill mark (전투기 수직 꼬리날개에 표시된 격추표시)를 달성하며 52전투비행단의 새로운 스타로 떠올랐다. 비록 독일 육군은 소련군에 밀리며 쿠르스크에서 승리를 놓쳤지만 하르트만을 비롯한 독일 공군 에이스들은 하늘을 마음껏 유린하며 조종사들의 기량이나 전투기 수준에서 한 수 아래인 소련 공군을 문자 그대로 박살내고 있었다. 하지만 이러한 일방적인 승리 뒤에는 때때로 조종사들이 두려워하는 상황이 벌어지기도 했으며 하르트만에게도 예외가 아니었다.

1943년 8월 20일에 하르트만은 유명한 한스 울리히 루델Hans Ulich Rudel (최고의 슈투카 조종사로서 무려 소련 전차 500대 이상을 격파했다)의 슈투카 편대를 지원하라는 명령을 받고 출격한다. 하르트만을 포함한 8대의 독일기들은 40대가량의 소련 공군기들을 공격했는데 속력이 느린 슈투르모빅이나 야크기들이어서 쉽게 제압할 수 있었다. 하지만 하르트만이 너무 근접해서 공격한 나머지 격추한 적기의 파편이 그의 비행기를 타격해 이상이 발생했다. 급히 비상 착륙을 해야 하는 상황에서 하르트만은 빠른 판단력으로 아군 진영까지 복귀가 불가능함을 인지했고 소련군 후방의 해바라기 들판에 착륙했다. 얼마 후 그는 자신에게 다가오는 소련군 병사들을 보았고 임기응변으로 복부에 심한 부상을 입은 듯이 가장했다. 소련군은 부상당한 독일군 조종사를 군의관에 보여 주었는데 심지어 군의관조차도 하르트만의 연기에 속아 넘어갔다. 그는 들것에 누운 채 독일제 트럭에 실려 소련군 후방으로 끌려가고 있었다. 이때 마침 슈투카 한 대가 적시에 트럭에 접근하여 발포했고 경비병들이 혼비백산한 사이에 하르트만은 경비병을 밀어내고 트럭에서 탈출했다. 그는 인근에 있는 사람 키만 한 해바라기 밭으로 들어가 뒤에서 총을 쏘며 쫓아오는 소련군의 추격을 피해 미친듯이 뛰어갔다. 일단 소련군을 따돌린 하르트만은 해가 질 때까지 숲에서 기다리기로 했다. 그는 배짱 좋게 적진에서 잠도 자며 휴식을 취한 후 독일군이 있는 서쪽 방향으로 이동하기 시작했다. 은밀히 이동하는 도중 하르트만은 10여 명의 소련군 정찰대를 보게 되었고, 이들을 피해 가는 대신 역발상으로 이들을 조용히 따라가게 된다. 소련군 정찰대가 독일군 전선 쪽으로 움직이리라고 계산한 것이다! 그의 예상은 정확히 들어맞았고 잠시 후 총소리가 들리면서 그들은 독일군과 전투를 벌이기 시작했다. 그는 소련군이 황급히 후퇴하는 모습을 보았다. 숨어 있던 하르트만은 신속히 독일군 쪽으로 이동해서 독일어로 자신의 소속을 외치며 손을 번쩍 들었다. 하지만 방금 전의 전투로 정신이 없던 상황에서 그의 정체를 알 수 없었던 아군으로부터 다리에 총상을 입었다. 어이없는 부상을 입긴 했지만 하르트만은 결국 탈출했고 살아남았다. 그가 사흘 만에 부대로 복귀하던 날 부대원들은 생일이 아님에도 그를 위한 '생일 파티'를 열어 주었는데, 이는 생존해서 돌아온 조종사들을 위한 그들만의 환영 방식이었다.

하르트만은 전쟁 중 총 16번 비상 착륙했다. 다시 임무에 복귀한 하르트만은 9월 20일 마침내 100번째 적기를 격추하며 같은 기록을 달성한 54번째 독일군 조종사가 되었다. 10월 29일에 그는 그간의 공적으로 기사 철십자훈장을 받았고, 1943년 말까지 그의 킬마크는 159대에 달했다. 이즈음부터 그의 기수에는 검은색의 튤립 문양 마크가 그려진다. '검은 튤립'의 전설이 비로소 시작된 것이다. 동시에 소련군은 그를 '검은 악마'로 부르며 두려워했고 만 루블의 현상금까지 걸게 되었다. 하지만 그의 전성기는 아직 오기도 전이었다.

사상 최고의 파일럿

1944년이 되자 독일군은 사방에서 밀리기 시작했다. 동맹국 이탈리아는 이미 전년도 9월에 항복했고 소련군은 1월에 레닌그라드를 해방하며 900일간의 포위를 끝냈다. 반면에 하르트만을 비롯한 동부전선의 독일 공군은 그들의 기량을 마음껏 발휘하고 있었다. 이들은 실제로 독일이 패배하리라고 생각하지 않았고 부대 내의 사기 또한 매우 높았다. 하르트만을 포함한 대부분의 조종사들은 열렬한 독일 애국주의자였는데, 이 독일인으로서의 애국심이야말로 그들의 투지를 올리는 동기였다. 이들은 나치의 광신적이고 딱딱한 이데올로기에는 별로 관심이 없었다. 일례로 하르트만의 부대원들은 소련군 포로들을 나치 이데올로기에 따른 '열등 인간'이 아닌 하늘에서 진검승부를 했던 조종사로서 대했다. 포로들은 통상 수용소로 이동되기 전 잠시 동안의 억류 기간이 있었는데, 이때 조종사들과 함께 식사도 했고 같이 부대 시설을 둘러보기도 했다. 하르트만은 1944년 첫 두 달 동안에만 50기를 격추했으나 이후 격추율이 점점 떨어지기 시작했다. 그의 검은 튤립 모양을 알아본 소련군들이 그의 전투기를 피했던 것이다. 이후 하르트만은 때로는 전술적으로 튤립을 제거하기도 하고 그의 동료들 전투기에 튤립 마킹을 하는 등 적극적으로 적을 기만했다. 3월 2일에 하르트만과 게르하르트 바르크호른Gerhard Barkhorn(총 301대 격추로 하르트만에 이은 역대 2위 격추왕) 및 발터 크루핀스키Walter Krupinski(하르트만의 편대장) 등 52전투비행단의 에이스들이 독일 남부의 베르히테스가덴에 집합했다. 히틀러의 별장이 있는 이곳에서 히틀러에게 직접 훈장을 받기 위해서 모인 것이었다. 전날에 술을 진탕 마신 이들은 모두 제정신이 아니었고 이 모습을 보고 깜짝 놀란 히틀러의 부관도 마찬가지였다(히틀러는 술을 마시지 않았다). 이 상태로 겨우 행사를 마무리했는데 정신이 없었던 하르트만은 실수로 히틀러의 모자를 들고 나오기도 했다. 당시 최고의 용사였던 이들에겐 세상 무서운 것이 없었다. 3월 21일에 하르트만이 52전투비행단의 3,500번째 격추를 직접 달성하여 대원들이 한데 모여 성대하게 축하했다. 하르트만은 이 모든 것을 불과 1년 5개월 만에 여전히 소위 계급장을 달고 이루었다. 그의 경이적인 성공에 어떤 이들은 실적이 과장되었다고 비난하기도 했지만 함께 비행하며 전투에 참여하는 가운데 이러한 비난은 깨끗이 사라졌다.

6-5. 히틀러에게 직접 '다이아몬드 백엽검 기사철십자훈장'을 수훈하는 하르트만

1944년 5월에는 200대 격추를 달성했고 이후 하르트만의 부대는 루마니아의 플로에시티 유전 지대로 이동하여 이곳을 공격하려는 소련군과 미군 폭격기를 상대로 투입되었다. 6월에는 드디어 미군의 P-51 머스탱 전투기를 한 대 격추시켰는데 지금까지의 소련군 조종사나 기체와는 모든 면에서 수준이 달랐다. 그는 종전까지 7대의 미군 비행기를 격추시킨다. 이후 폴란드 남부로 이동하여 임무를 이어가 8월 24일에 일일 최고 격추 수인 11대를 기록하며 사상 최초로 대망의 300대 격추를 달성하게 된다. 하르트만은 동프로이센의 지휘소인 '늑대굴Wolfsschanze'에 불려가 히틀러에게 독일군 최고 훈장인 '다이아몬드 백엽검 기사철십자훈장'을 직접 수훈한다. 하르트만은 당시 22세로 독일군을 통틀어 최연소 수상자였다. 히틀러는 7월 20일에 자신을 향한 반란 모의 및 폭탄의 여파로 상태가 좋지 않아 보였고 "전쟁에서 지고 있다"와 같은, 예전 같으면 상상도 못 할 발언들을 쏟아냈다. 실제로 독일은 전쟁에서 지고 있었고 그 종말

시점이 얼마 남지 않은 것처럼 보였다. 사실 하르트만의 관심은 이때 얻은 휴가를 활용해서 약혼자와 결혼식을 올리는 데 쏠려 있었다. 그들은 가까운 지인 몇 명만 참석한 가운데 약식 결혼식을 올렸는데 훗날 상황이 좋아지면 교회에서 다시 결혼하기로 약속한다. 그 훗날이 언제가 될지는 둘 다 알지 못했다.

독일 공군의 아돌프 갈란트Adolf Galland 장군은 서부전선의 방공망이 붕괴되어 가자 동부전선의 하르트만을 비롯한 몇몇 엘리트 조종사들을 이동시켜 제트기를 이용한 미·영군 전투기 요격에 활용하려 했다. 서부전선으로 전출된다면 적어도 복수를 벼르며 다가오는 무자비한 소련군에게 포로가 될 가능성은 피할 수 있다는 얘기였다. 하지만 하르트만은 당시 모든 조종사들이 희망하는 이러한 제안에도 불구하고 자신의 분신과도 같은 52전투비행단을 결코 떠나려 하지 않았다. 최악의 경우에 소련군과 싸우다가 포로가 될 수도 있었지만 그는 이곳에서 편대장이라는 역할이 있었고 신참 조종사를 가르쳐야 한다는 강한 의무감을 느끼고 있었다. 1945년이 되자 이제 소련군은 독일 본토까지 진격하기 시작했다. 대위가 된 하르트만은 계속 적을 공격하며 킬마크를 늘렸지만 이미 전쟁은 끝난 것이나 다름없었다. 하르트만의 마지막 격추는 전쟁이 끝나던 5월 8일에 달성되었다. 체코슬로바키아의 브르노로 향하는 길에 소련군 야크기 8대를 발견했고 그중 한 대를 격추한 후 기지로 돌아왔다. 이로써 하르트만은 352번째 격추를 달성했지만 이제는 다가오는 소련군을 피해 떠나야 할 시간이었다. 부대장인 헤르만 그라프Hermann Graf의 지휘 아래 하르트만을 비롯한 부대원들은 25대의 멀쩡한 전투기와 막대한 탄약을 파괴한 후 신속히 서쪽으로 이동한다. 사실 하르트만은 비행기를 몰고 서방 연합군에 항복하라는 상부의 명령을 받았지만 결코 동료들을 떠나지 않았다. 52전투비행단은 여성과 어린이를 포함한 독일 피난민들까지 데리고 체코슬로바키아에 진주한 미군 90보병사단에 정식으로 항복했다. 조종사들 대부분이 자신들을 증오하는 소련군에게 잡혔을 때 예상되는 끔찍한 운명을 피하고 싶어 했던 것이다. 일주일간 제대로 된 음식도 먹지 못하고 임시 철조망 속에 갇혀 있는 사이에 여러 사람들이 탈출했다. 드디어 5월 14일에 미군이 하르트만 일행에게 이동을 명령했지만, 넓은 들판에서 그들을 기다리고 있던 것은 가장 두려워했고 피하고 싶어 했던 소련군이었다! 그리고 예상대로 끔찍한 일이 벌어졌다.

인내의 시험대에 서다

소련과의 얄타 협정에 따라 미군은 독일군이 미군에 항복해도 소련 측으로 넘기는 데 이미 합의했고, 이에 따라 하르트만의 52전투비행단이 소련군에 넘겨졌다. 독일군 포로 인수 당시 소련군은 상당수가 술에 취해 있었는데 이들은 즉시 여성들을 일행에서 분리했다. 독일군들은 여성들에게 일어날 일을 본능적으로 직감했고 이를 막으려 했지만 무장한 소련군 앞에서 할 수 있는 일이 없었다. 여성들은 백주 대낮에 집단으로 강간당했고 하르트만의 표현에 따르면 사자같이 용맹했던 창공의 사나이들은 무력하게 아이처럼 울고 있었다.

6-6. 베를린에서 소련군의 포로가 된 후 이동하는 독일군의 모습

하르트만은 독일 포로들로 가득 찬 화물열차에 태워졌고, 차량 밀도가 너무 높아 교대로 앉아야 할 정도였다. 이들을 태운 열차는 빈과 루마니아의 카르파티아 산맥을 넘고 우크라이나를 거쳐 모스크바 동쪽 키로프 인근의 수용소에 도착했다. 독일군 포로들에게 가혹한 중노동을 시키다가 결국은 죽게 만드는 노역장이었다. 수용소는 대개 난방도 되지 않는 긴 막사 몇 동과 이를 둘러싼 감시탑, 울타리로 이루어져 있었다. 소련군은 포로들의 정신을 꺾기 위해 인간으로서 존엄부터 무너뜨리려 했고, 수용소에 도착하자마자 독일 포로들은 머리를 비롯한 신체의 모든 체모를 깎이게 된다. 이들에게는 충분한 음식이 제공되지 않았고 고문이나 구타는 일상이었다. 모두 계급장을 제거한 상태에서 장교에 대한 권위와 독일군의 규율을 무너뜨리려 했다. 수감된 1,500명의 독일 포로들 중 오직 200명만이 그해 겨울까지 살아남았다(대전 전후에 소련군에 의한 전체 독일군 포로 300만 명 중 100만 명이 수용소에서 사망했다). 한편 소련 당국은 하르트만이란는 대어大漁의 이용 가능성을 염두에 두어 그에게는 다른 포

로들 수준의 구타나 고문을 가하지 않았다. 이후 그를 보다 북쪽에 위치한 그랴조베츠로 이감했고 몇 군데의 수용소를 더 거치는 과정에서 그에게 회유와 협박을 하기 시작했다. 그 내용은 간단했으니, 공산당에 입당하거나 자신들을 위해 간첩 행위를 할 것을 종용한 것이다. 하르트만이 이에 동의만 한다면 즉시 소련 점령 지구인 동독으로 보내주겠다고 제안했고, 동시에 거부할 경우 아내를 죽이거나 납치하겠다고 협박했다. 이러한 협박에 하르트만은 완강하게 버텼다. 자신을 심문하며 몽둥이로 구타하는 소련군 장교에게 오히려 앉아 있던 의자를 들고 반격하기도 했다. 반항의 대가는 분명했다. 하르트만은 1949년 12월에 소련 시민에 대한 잔학 행위 및 항공기 파괴 등의 죄목으로 징역 20년을 선고받게 된다. 하늘에서 적의 전투기들만 상대로 작전을 수행한 하르트만이 민간인에 대한 잔학 행위로 기소되었다는 것 자체가 이해할 수 없는 상황이었다.

하지만 이것이 끝이 아니었다. 그는 1951년 6월에 과거 브랸스크 일대에서 780명의 소련 민간인을 학살하고 인민을 위한 제빵 공장을 파괴한 혐의로 다시 기소되는데, 이번에는 5년이 추가된 25년의 중노동형을 선고받았다. 물론 짜맞추기 식의 날조된 혐의였으며 그는 전쟁 범죄를 저지른 적이 없었다. 혐의를 절대 인정할 수 없었던 하르트만은 중노동을 거부했고 다시 독방에 수용되었다. 강제 노역에 지쳤던 수용소 내 다른 포로들은 하르트만이 독방에 감금된 사실을 알고 격렬한 태업을 벌였다. 이는 곧 폭동으로 이어졌고 포로들은 그를 일시적으로 독방에서 구해냈다. 이제 더 이상 두려울 것이 없었던 하르트만은 자신의 의지를 보여주기 위해 독방에서 단식 투쟁을 벌이기도 했다. 수용소 측은 그의 중요성을 알았기에 강제로 급식을 실시했고 하르트만은 그렇게 5개월 이상 햇볕도 볼 수 없는 독방에 '살아 있는 송장' 상태로 수용되었다.

자신의 비행단장인 헤르만 그라프를 비롯해 여러 독일 포로들이 소련에 전향서를 쓰면서 일찌감치 독일로 돌아갔지만 하르트만은 끝까지 회유되지 않았다(훗날 하르트만에 의하면 그라프는 이해도 못하는 러시아어 서류에 속아서 전향서에 서명했다고 진술했다. 당사자들이 다죽은 지금 진실은 알 길이 없다). 골수 나치 당원도 아니었던 그가 전향하지 않고 버틴 이유는 다른 무엇도 아닌 바로 가족이었는데, 하르트만은 부인 우시와 부모님과의 감격스러운 재회를 생각하며 지옥 같은 하루하루를 견디고 있었다. 수용소에서는 몇 달에 한 번씩 스물다섯 단어 이내의 짧은 엽서 정도를 보낼 수 있었고, 이마저도 상황에 따라 의도적으로 발송이 거부되었다. 간간이 먼저 귀환하는 포로들을 통해 편지를 몰래 반출하기도 했다. 그는 결코 희망을 버리지 않았다.

이 모든 상황이 서서히 변하기 시작한 것은 1953년 3월 스탈린이 사망한 이후였다. 하르트만을 비롯한 포로들은 모르고 있었지만 이때부터 소련에 남아 있는 잔존 독일 포로들을 데려오기 위한 서독과 소련 간의 물밑 협상이 본격적으로 시작되었다.

귀향 그리고 영원한 도전

6-7. 1955년 소련에서 독일로 귀환한 마지막 포로 그룹

1955년 9월이 되자 수용소의 분위기가 눈에 띌 정도로 바뀌기 시작했다. 독일 포로들은 새로운 옷을 지급받았고 영화관에도 갈 수 있었다. 이제는 포로들 사이에서도 공공연히 석방이란 단어를 얘기하곤 했다. 10월에 하르트만과 다른 포로들은 수용소 인근의 로스토프로 가는 버스를 탔고, 그곳에서 마침내 독일로 돌아가는 열차에 오르게 된다. 기차가 서독 영토인 헤어레스하우젠에 잠시 정차했을 때 서독 국민들은 이들을 열광적으로 환영했다. 수많은 사람들이 돌아온 아들과 남편을 만나면서 기차역은 눈물 바다가 되었다. 하지만 하르트만에게 다른 것은 눈에 들어오지 않았다. 그는 재빨리 부인에게 이제 독일 땅을 밟았다는 감격스러운 전보를 쳤다. 그렇게 부부는 무려 10년 만에 재회하게 된다. 그동안 얼굴도 보지 못한 장남 페터가 세 살도 안 되어 사망했고 그의 아버지 역시 목숨을 잃었다.

하지만 살아남은 이들에게도 삶은 계속되어야 했다. 하르트만의 곁에는 그를 믿고 기다려준 부인과 아들의 석방을 위해 소련 외무상 몰로토프는 물론 스탈린에게 직접 편지를 썼던 용감한 어머니가 있었다. 전후 달라진 조국의 분위기에 어리둥절해하던 하르트만은 10년간의 지적 공백을 메우기 위해 잡지와 서적을 가리지 않고 닥치는 대로 읽고 또 읽었다. 무엇보다도 전시에 '훗날'로 미뤄두었던 부인과의 교회 결혼식도 올렸으니, 이제 진정한 가장으로서 새로운 직업도 얻어야 했다.

하르트만은 서독으로 이름이 바뀐 새로운 조국에서 할 수 있는 일을 신중히 생각해 보았지만 30대인 그의 나이와 커리어를 고려해 보았을 때 새로 탄생한 연방공군만 한 곳이 없었다. 이미 귄터 랄 Gunter Rall이나 게르하르트 바르크호른 같은 선배들이 포진해 있었고 이들 역시 최고의 에이스인 하르트만이 합류하기를 기대했다. 그렇게 하르트만은 다시 한번 조종사가 되기로 결심하고 신형 전투기에 적응하기 위해 미국에서 훈련을 받게 된다. 1959년 6월 6일, 서독 공군은 제트기만으로 구성된 최초의 전투기 부대를 창설했다. 부대 이름은 '71전투비행단 리히트호펜', 부대장으로 최고의 격추왕인 에리히 하르트만이 임명되었다. 하르트만은 3년간 비행단장으로 근무했는데 이후 공군의 신형 전투기 F-104 도입과 관련한 상부와의 충돌로 1970년 대령으로 예편하게 된다. 그는 해당 기체의 기술적인 이유를 들어 강하게 반대했지만 상부 인사들은 상당수가 이 전투기를 지지하고 있었다(후에 F-104를 조종한 독일 조종사 100명 이상이 사망하며 이 기체는 '과부 제조기'로 불리게 된다). 자신의 신념에 대해서는 결코 굽히지 않는 완고한 하르트만에게 남의 눈치를 살피거나 정치적인 행보를 보여야 하는 것은 체질적으로 맞지 않는 일이었다. 이후 민간에서 항공 관련 교육이나 자문을 해주던 하르트만은 1993년 9월에 슈투트가르트 인근의 바일 임 쇤부흐에서 71세의 나이로 세상을 떠나게 된다.

하르트만 사망 후 3년 이상이 지난 1997년 1월에 러시아 모스크바의 최고 군검찰관은 과거 구소련 시절의 '하르트만 사건'을 재검토했으며, 러시아 법에 따라 그에게 적용된 모든 혐의가 무죄라고 짧게 선고했다. 비록 짧은 선고였지만 재심이 나오기까지는 수많은 역사적 상황과 시간이 필요했다. 이로써 강렬한 불꽃처럼 살아왔던 사나이의 명예가 늦게나마 회복되었다. 그는 특유의 강직함으로 여러 고초도 겪었지만 어떠한 시련에도 결코 굽히지 않았다. 비록 그는 나치의 편에서 활약했던 인물이지만, 그의 삶 자체는 우리에게 '책임감'이라는 단어를 다시 한번 생각해 볼 수 있는 계기를 마련해 준다.

7장
가해자에게 할 수 있었던 최대의 복수,
알렉산드르 페체르스키

소련의 유대계 군인 (1909~1990)

7-1. 알렉산드르 페체르스키

2019년 6월 4일 전세계 주요 언론들은 한 인물의 사망 소식을 타전한다. 그 인물은 세묜 로젠펠트Simjon Rosenfeld라는 이스라엘의 한 노인으로, 향년 96세로 텔아비브 인근의 양로원에서 숨을 거둔 것이었다. 이스라엘 총리인 베냐민 네타냐후가 즉시 그의 죽음에 애도를 표했다. 이 노인이 누구이기에 고위 정치인 및 세계 언론의 관심을 받았던 것일까? 그가 특별한 이유는 홀로코스트와 연관이 있다. 우크라이나 출신의 유대인 로젠펠트는 2차 대전 중 나치에게 큰 타격을 준 한 사건의 주인공 중 한 명이었다. 로젠펠트는 유대계 소련군 포로로서 폴란드 소비보르 유대인 절멸수용소에 수감되어 있었는데, 동료 소련군 및 유대인 포로들과 함께 대규모 탈출을 감행하게 된다. 이때의 탈출 인원은 수용소 내 잔존 수감자의 절반 이상인 300명 정도였고, 이는 독일군이 관리한 모든 수용소에서 발생했던 것 중 최대 규모의 탈출 사건이었다. 로젠펠트는 이후 우크라이나 내 파르티잔 세력과 합류하여 대독 투쟁을 이어갔고 2019년 사망 당시 기준으로 그 사건의 마지막 생존자였다. 그는 홀로코스트에서 탄생한 진정한 영웅으로서 이스라엘 각계 각층에서 많은 추모를 받았다. 사실 이 탈출에는 로젠펠트 외에도 여러 명의 영웅들이 있었다. 그중에서도 지금부터 얘기하고자 하는 인물은 이 탈출의 모든 과정에 누구보다도 깊이 관여했고 과감하게 주도했던 또 한 명의 유대계 소련군 포로이다.

소비보르: 죽음을 생산하는 공장

1942년 1월 20일 베를린의 반제에서 벌어진 '특별한 회의' 이후 나치 독일은 유대인 문제에 대한 '최종적인 해결책Die endgültige Auflösung'을 결정한다. 그 해결책이란 유대 민족의 완전한 절멸이었다. 이것은 단순히 수사적인 표현이 아니었다. 실제로 한 민족 전체를 말살한다는 생각을 몇십 명의 관료와 군인 들이 모여서 기계적으로 결정한 것이다. 나치는 빠른 의사결정만큼 신속하게 행동하기 시작했으며, 유럽 각지의 유대인 거주 지구(게토)에 모아 놓은 수많은 유대인들을 동부 유럽(특히 폴란드)의 강제수용소로 이송했다. 이 과정에서 나치는 수용소들을 추가로 건설했고 그중 하나가 바로 폴란드 동부에 위치한 소비보르 강제수용소SS Sonderkommando Sobibor였다.

소비보르 수용소는 1942년 3월에서 4월간 짧은 기간에 건설되었다. 수용소의 목적이 유대인 수용이 아닌 살해였기 때문에 그다지 대규모 공사가 필요하지 않았다. 수용소는 크게 4개의 구획으로 나뉘어 있었다. 우선 외부를 연결하는 철도가 앞을 지나는 행정동과 병사들의 숙소가 있는 관리구역이 있었다. 이곳은 유대인들을 가득 채운 외부 열차들이 도착하는 곳으로, 수용소의 첫인상을 좌우하는 장소였다. 나치는 막 도착한 수용자들에게 자신들의 목적을 숨기기 위해 열차 정거장 및 관리구역을 마치 알프스 시골의 전원주택 단지인 양 아름답게 장식했다. 온갖 공포스러운 소문과 얘기를 듣고 수용소에 도착했던 유대인들은 생각보다 깨끗하고 정돈된 이곳 모습에 한숨 돌리게 되었는데, 불과 몇 시간 후에 자신들에게 닥칠 운명을 알 길이 없었다. 특히 폴란드 밖에서 장거리를 이동한 서유럽 유대인들은 화물열차가 아닌 일반 승객용 객차로 도착했기에 자신들의 처우가 나쁘지 않으리라는 희망을 가졌다.

소비보르 수용소의 역에 도착한 사람들은 곧장 선별 작업을 거쳤다. 의사, 목수, 화가, 재단사 등 수용소에서 쓸 만한 기술이나 능력을 가진 극소수의 사람들이 분리되었다(통상 5% 미만이었다). 대부분의 다른 사람들은 방역이라는 미명하에 성별이 구분되어 샤워장(제3구역)으로 끌려가게 된다. 샤워장 양옆엔 목재로 된 담장이 있어서 주변에서 사람들이 움직이는 모습을 볼 수 없었다. 이 방식은 예전에 T4계획(독일인 장애인이나 정신병 환자들을 대상으로 한 나치의 안락사 계획)에서 사용된 방법이었고, 소비보르의 친위대 관리자들 전원이 이 계획에 참여한 바 있었다. 샤워장으로 가는 길은 천국로 Himmelstrasse라고 불렸으니, 왜 이런 이름으로 불리는지는 곧 밝혀지게 된다.

7-2. 녹슬어 있는 소비보르 역의 표지

샤워장에 도착한 이들은 옷을 벗고 건물 안으로 들어갔는데, 이곳에서 남자 수용자들이 남녀 구분 없이 사람들의 머리를 깎았고 음모까지 제거했다. 여성들의 탄식과 수치심이 점점 커져갈 즈음 샤워실 문이 곧바로 잠겨 버렸다. 하지만 샤워실에서는 물이 아닌 일산화탄소 가스가 살포되었다(아우슈비츠는 치클론-B라는 다른 가스를 사용했다). 그나마 가스의 독성에 즉사한 사람은 다행이었다. 대부분의 희생자들이 호흡곤란을 겪고 다른 사람들의 온갖 비명을 들으며 고통스럽게 죽어갔다. 가스실에서는 10분 후면 모든 소리가 멈추었다. 죽어 있는 사람들의 몸은 피와 인간의 배설물들로 범벅이 되었고, 밖에서 대기하고 있던 존더코만도Sonderkomando(유대인 수감자로 구성된 시체처리반원)들이 마지막 처리를 도맡았다. 이들은 시체의 금이빨 등을 뽑아내고 매장지로 옮긴 후 화장하여 일련의 살인 과정을 마무리했다. 소비보르는 '죽음을 생산하는 공장'이었던 것이다.

이후 선택된 사람들은 수용동(제1구역)에 들어가게 된다. 막사 침대는 형편없었고 제대로 된 위생시설도 갖추어지지 않았다. 수용자들은 아침 6시부터 저녁 6시까지 일했다. 주로 수용소 주변의 숲에서 각종 벌목이나 건설 작업에 동원되었다. 대개 이러한 장소에는 가학적인 경비병들이나 유대인 카포들이 함께했고 구타와 가혹행위는 일상이었다. 일부 인원은 노동구역(제2구역)에 있는 각종 작업장에 가서 본인 고유의 업무를 하게 된다. 이곳에는 작업소와 수리소, 보관 창고 등이 있었고 외부로 작업을 나가는 사람들에 비하면 상대적으로 업무 강도는 수월한 편이었다. 그럼에도 모든 사람들에게 참을 수 없는 한 가지가 있었다. 바로 배고픔이었다. 아침에 200그램 남짓 되는 조그만 빵 한 조각에 도토리 등으로 만든 대용 커피를 먹고 중노동을 한 후 점심에는 건더기가 거의 없는 멀건 수프가 나왔다. 저녁도 비슷했거나 거르게 된다. 이런 환경에서 사람들은 대개 3개월 이내에 건강을 잃었고 이질이나 티푸스 같은 전염병에 수시로 시달렸다. 어차피 나치는 이들 모두를 죽일 생각이었으므로 이들의 생활, 건강, 시설 개선에 아무런 관심을 가지지 않았다. 그렇게 해서 병에 걸리거나 약해질 대로 약해진 사람들은 즉시 사살되거나 '샤워실'로 보내졌고 새로 오는 다른 유대인들이 그 자리를 대신했다. 막사 수용자들은 그저 살해되기 전에 잠시 머물다 가는 사람들이었고, 이들도 그 사실을 잘 알고 있었다. 무엇을 잘하거나 열심히 한다고 생존할 상황이 아니었던 것이다.

사람들은 저녁에 수용동에 들어오면 참혹한 현실을 잊기 위해 발버둥 쳤다. 여러 사람들이 이성 애인을 만들었다. 언제 죽을지 모르는 상황에서 잠시나마 육체적인 쾌락과 심리적인 안정을 얻고자 했던 것이다. 한편 현실 부정이라도 하듯이 생존 자체를 위해 실질적으로 노력하는 사람들도 있었다. 이들은 독일군 휘하에 있는 소련군 출신 전향 경비병들에게 시계나 보석 등 뇌물을 주고 외부 음식을 반입하는 등 살아남기 위해 모든 방법을 시도했다. 하지만 길어야 3개월이었다. 그 후면 이들도 모두 살해되었다. 수용소를 빠져나가는 길은 오직 화장터의 연기가 되는 방법 외에는 없는 것 같았다. 사방에 오직 죽음만이 가득했다.

타고난 리더의 등장

1942년을 거치며 '살인 공장'은 나치 입장에서 볼 때 폴란드의 다른 강제수용소와 마찬가지로 우수한 효율성을 보이며 가동되고 있었다. 이후 폴란드를 비롯한 네덜란드, 독일, 프랑스, 체코슬로바키아 등 다른 유럽 국가에서도 유대인들이 속속 도착하기 시작한다. 더불어 유대계 혈통을 가진 소련군 포로들도 다른 곳으로부터 이감, 수용되었는데 이들 중 알렉산드르 페체르스키Alexander Pechersky라는 인물이 있었다. 우크라이나 서부의 크레멘추크 출신인 페체르스키는 음악과 문학에 관심이 많던 청년이었다. 독일과의 전쟁이 벌어지자 그는 즉시 징집되었고, 독일군이 파죽지세로 몰려오던 와중에 소련군 초급 장교로서 나름 열심히 임무를 수행했다. 하지만 독일군의 힘은 너무나도 강력했고 1941년 10월 모스크바 공방전의 하나인 뱌지마 전투에서 독일군의 포로가 되고 말았다. 페체르스키는 몇 군데의 포로수용소를 전전하다가 민스크의 수용소에서 유대인임이 발각되었다. 신체검사를 받는 과정에서 독일군에게 할례(종교적 이유로 받는 포경수술)를 받은 사실이 들통난 것이다. 독일군이 페체르스키에게 유대인이냐고 물었을 때 그는 즉시 시인했고, 결국 1943년 9월에 소비보르의 유대인 강제수용소로 끌려오게 되었다.

비록 수용소에 왔지만 페체르스키는 처음부터 운이 좋은 편이었다. 같이 끌려온 2천여 명의 일반 유대인과 소련군 포로 중 그를 포함한 80명만이 수용동으로 가게 된 것이다. 나머지 1,900명 이상의 사람들은 가스실로 직행했다. 페체르스키를 비롯한 소련군 포로들은 군복을 그대로 착용하고 있었는데, 대부분 민간인 신분이었던 수용자들은 이들의 등장에 묘한 감정을 느꼈다. 독일군에 대항하기 위해 뭐든 해야만 했던 수용자들에게는 군대 경험을 갖춘 리더가 절실히 필요했는데, 지금 그들 앞에 마침 그 비슷한 누군가가 등장한 듯했기 때문이다. 하지만 아직 서로 신뢰를 쌓기에는 시간이 더 필요했다. 수용소 내 폴란드계 유대인과 서유럽 출신 유대인 간에도 불신이 대단히 컸는데, 심지어 페체르스키가 속한 소련군 포로 출신 유대인들은 기존 유대인들이 처음 접해보는 사람들이었다. 페체르스키를 비롯한 소련군 포로들 입장에서도 마찬가지였다. 이렇게 모든 것이 불확실했지만 이 불확실함을 깨는 데는 그리 오랜 시간이 걸리지 않았다.

7-3. 소비보르 수용자들에게 특히 가학적이었던 카를 프란첼

수용소에 온 첫날 밤, 페체르스키는 기존 수용자들의 얘기를 들으면서 소비보르 수용소의 역할을 알 수 있었고, 자신이 해야 할 일이 탈출임을 뼛속 깊이 자각했다. 사흘째가 되던 9월 21일에 그는 야외에 벌목 작업을 나가게 되었는데 이곳에서 기막힌 일이 벌어졌다. 그날의 독일인 감독자는 잔인하기로 악명 높았던 카를 프란첼 Karl Franzel이라는 인물이었다. 그는 수용자들의 작업을 감독하며 심심풀이 희생자가 될 누군가를 기다리고 있었다. 마침 한 유대인이 작

업 중 쓰러졌고 프란첼은 그를 마구 채찍질했다. 이 장면을 물끄러미 바라보던 인물이 있었다. 바로 페체르스키였다. 채찍질에 몰두해 있던 프란첼은 자신을 쳐다보는 시선을 느꼈고 페체르스키와 눈이 마주치게 된다. 자신을 쳐다보던 당당한 소련군 포로의 모습에 어처구니가 없었던 프란첼은 사실 페체르스키에게 기선제압을 당한 상황이었다. 그는 페체르스키에게 나무 그루터기 하나를 5분 내에 없애면 포상하겠다고 했고 페체르스키는 4분이 조금 지나서 그 일을 뚝딱 해냈다. 많은 사람들이 보고 있음을 감지한 프란첼은 그에게 포상으로 담배를 주려 했다. 그런데 이때 페체르스키의 대답이 걸작이었다. 그는 자신을 죽일 수도 있었던 프란첼에게 자신은 담배를 피우지 않는다고 사양했던 것이다! 이 모든 과정에서 페체르스키는 전혀 주눅들지 않았고 오히려 나치 감독관을 압도했다. 자리를 떠난 프란첼이 잠시 후 다시 돌아오며 빵과 버터를 가져다 주었다. 이때 페체르스키는 목숨이 두 개가 아니라면 감히 할 수 없는 발언을 했으니, 자신은 "배가 고프지 않다"며 당당하게 그 제안도 거절했던 것이다. 잠시 후 프란첼은 말없이 사라졌다. 이 소설 같은 영웅담은 수용소에 빠르게 전파되었고 많은 사람들이 놀라면서도 쉽게 믿지 않으려 했다. 하지만 목격자가 많았기에 페체르스키는 순식간에 '수용자들의 영웅'으로 부상한다. 그날 밤 군인 출신의 유능한 리더를 애타게 찾고 있던 폴란드계 유대인들이 그에게 접근하기 시작했다. 드디어 자신들이 기다리던 메시아가 나타난 것이다.

저항의 준비

7-4. 소비보르 봉기의 리더 중 한 명인 레온 펠핸들러

    일반인 수감자들의 다수가 폴란드계 유대인이었고 이들의 대표
는 레온 펠핸들러Leon Felhendler라는 인물이었다. 그는 수용소 물품분류
소에서 일하면서 나름의 네트워크를 만들 수 있었고 여분의 음식을
얻어서 목숨을 이어갔다. 그와 리더 그룹은 8월경 나치가 인근의 베
우제츠 강제수용소SS Sonderkommando Belzec를 폐쇄했다는 사실을 알게 되
었다. 베우제츠가 폐쇄된 후 소비보르로 옮겨져 살해된 유대인이 몰
래 남긴 쪽지를 통해 알게 된 것인데, 모두가 다음 차례는 소비보르
가 되리라 직감했다. 과감한 행동이 벌어져야 할 시기인 것은 분명
했지만 문제는 탈출을 지휘할 적당한 리더가 없었다.

    펠핸들러 등은 페체르스키와 통성명했다. 언어가 통하지 않아
러시아어 통역자를 사이에 두고 대화가 이루어졌다. 페체르스키는

스탈린그라드 전투 등 그가 알고 있던 전황을 공유해 주었고 빠른 시간 내에 소비보르를 탈출해야 한다는 점에 동의했다. 더불어 그가 생각하는 탈출 방식을 설명했다. 그는 한두 명이 아니라 가능한 한 많은 수용자들을 탈출시키고자 했고(어차피 남는 사람은 죽을 운명이었다), 이 과정에서 독일군과 경비병에 대한 적극적인 복수도 생각 중이었다. 결국 두 사람은 탈출, 아니 봉기의 방식에 합의를 보았고 날짜까지 점검하기 시작했다. 대략적인 계획은 이러했다. 우선 점호 전에 친위대 감독관들을 유인하여 대거 살해한다. 이후 오후 5시 점호 때 야외 작업이 있다는 거짓 명령을 내려 가스실 작업 인원은 빼고(물리적으로 거리가 멀었다) 모든 인원들이 다같이 수용소 밖으로 걸어서 나간다. 페체르스키는 친위대 감독관들만 없다면 경비병들이 지휘관 없이 우왕좌왕하리라 예상했던 것이다. 일견 말도 안 되는 미친 계획처럼 보였지만 앉아서 가만히 죽는 것보다는 나았고, 사실 더 좋은 대안도 없었다. 거사의 시기는 대략 10월 중순으로 잡았고 얼마 후 10월 14일로 결정되었다.

계획이 세워지자 핵심 인물들에게 각자의 역할이 배분되었고 모두 긴밀히 움직이기 시작했다. 우선 친위대 감독관들을 소리 없이 죽이려면 칼 같은 무기들이 필요했다. 이것은 수용소 내 작업장과 수리소에서 일하는 유대인들이 만들거나 조달해 주었다. 칼, 낫, 도끼 들은 독일군과 경비병의 눈을 피해 은밀히 보관되었고, 독일군과 경비병 막사에 접근할 수 있었던 사람들이 소형 총기와 수류탄 등을 몰래 반입했다. 페체르스키는 루카라 불리던 네덜란드 출신의 여성을 만난다는 핑계로 여성 수용동을 자주 방문했는데, 사실 이를 통해 거사를 준비하기 위한 모임을 가졌다. 드디어 운명의 날인 10월 14일이 밝았다. 자신들을 가둔 수용소를 스스로의 힘으로 해방시킬 순간이 도래한 것이다.

해방의 날이 오다

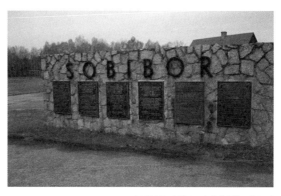

7-5. 소비보르 수용소 자리에 있는 추모비

1943년 10월 14일 소비보르 수용소의 일과는 평소와 다름없이 이어졌다. 점심시간 이후 수용자들은 독일군 감독관들을 한 명씩 부르기 시작했는데, 주로 제2구역 내 작업장에서 그들을 위한 물건들을 가져왔다고 둘러댔다. 이러한 물건들은 대개 가죽 제품이나 보석처럼 값비싼 사치품이었기에 나치 감독관들은 즐거운 상상을 하며 작업장 안으로 들어갔다. 첫 번째 목표는 외부 일로 부재 중인 수용소장을 대신해 대리 임무를 맡고 있던 요한 니만Johann Niemann이었다.

그를 제거하면 전반적인 수용소의 지휘 체계가 무너질 것으로 보았던 것이다. 니만은 가죽 재킷이 있다는 말을 듣고 작업장으로 왔는데 그를 기다리고 있던 것은 가죽 재킷이 아닌 복수의 도끼날이었다. 이렇게 봉기는 본격적으로 시작되었고 니만의 시체를 치운 수용자들은 그의 피스톨을 챙긴 후 다음 목표를 향해 움직였다. 오후 5시 점호 이전까지 독일군 감독관의 절반인 총 11명이 살해되었다. 이런 가운데 독일군과 경비병 숙소에 들어간 사람들은 숙소 정리를 하는 척하면서 소총과 탄약을 모포에 말아 가져왔다. 소총은 총을 다룰 줄 아는 소련군 포로들에게 전달되었고 작전은 계획대로 순조롭게 진행되는 듯했다.

돌아가는 상황을 종합해 본 페체르스키는 조만간 자신들의 행동이 발각되리라 생각했고 점점 조바심이 났다. 그는 오래 머뭇거리지 않았고 바로 본 게임에 들어갈 것을 결심한다. 페체르스키의 명령에 따라 유대인 나팔수는 5시 점호 시간보다 빠른 시간에 집합 나팔을 불었다. 돌아가는 상황을 모르던 수용동과 작업동의 유대인들은 이른 나팔 소리에 어리둥절해하며 건물에서 기어 나왔고, 서로 비슷한 상황에 있던 다른 수용자들을 만나게 된다. 이를 지켜보던 펠핸들러는 사람들을 모아 대오를 갖추게 하고 마치 아무 일도 없었다는 듯이 점호 장소로 행진을 이끌었다. 점호 장소에 모인 사람들은 거사가 진행 중이라는 귓속말을 순식간에 전파했다. 비독일인 경비병들조차 무슨 일이 벌어지는지 몰라 당황하는 그 순간 몇 명의 소련군 포로들이 일단의 경비병들을 사살하기 시작했다. 수용자들과 다른 경비병들은 그제서야 사태 파악을 하게 된다. 페체르스키는 혼란에 빠진 수용자들에게 모두 탈출할 것을 외쳤고 죽더라도 명예롭게 죽을 것을 부탁했다. 그의 말이 끝나기 무섭게 모든 수용자들이 출입문이나 철조망 쪽으로 뛰어가기 시작했다. 이때 한 감시탑의 기관총이 탈출하는 수용자들을 향해 불을 뿜기 시작했지만 총을 가진 수용자들이 응사하자 곧 침묵했다. 사방에서 뛰어가는 수용자들과 이들을 향해 뒤에서 사격하는 경비병들 그리고 뒤늦게 합류한 독일군 감독관들까지, 수용소 전체가 아수라장이었다. 순식간에 달려나가는 수백 명의 사람들이 철조망에 막혔지만, 철조망은 사람들의 힘을 견디지 못하고 무너졌다. 밖은 무서운 지뢰밭이었고 숲까지 연결되어 있었다. 하지만 사람들은 결코 멈추지 않았다. 비록 앞에서 지뢰가 터져 죽을지라도 쉬지 않고 달려갔으며 그렇게 300여 명의 사람들이 숲까지 도착할 수 있었다. 페체르스키와 펠핸들러도 포함되어 있었으며, 이들은 몇 개의 그룹으로 나뉘면서 계속 도망쳤다.

수용자들 절반 이상이 탈출한 후 남은 독일군 감독관들과 경비병들은 극도로 흥분했고 자신들의 분노를 쏟을 대상을 찾기 시작했다. 수용소에는 탈출하지 않은 수용자 175명이 있었는데 화장장 근처로 끌려간 후 전원 사살당한다. 탈출 과정에서도 150명 이상이 사망했고 대부분 지뢰와 기관총 사격의 희생자였다. 이후 독일군들은 병력을 증원했고 본격적인 추격을 시작했다. 이 과정에서 150명 이상의 탈출자들이 붙잡혔고 추가로 사살당했다. 하지만 아직도 생존하여 탈주 중인 120명 이상의 사람들이 있었다. 비록 탈출 과정에서 수많은 사람들이 살해당했지만 그간 도살장의 소처럼 당하고 살던 유대인들에게 소비보르의 봉기는 통쾌한 복수이자 승리였다. 동시에 독일군에게 이 사건은 엄청난 충격이었다. 분노한 친위대 수장 하인리히 힘러Heinrich Himmler는 10월 19일에 소비보르 수용소의 파괴를 명령했다. 이후 가공할 살인수용소는 흔적도 없이 사라져버렸고 그 자리에는 모든 과거를 덮어버리려는 듯이 나무가 심어졌다.

1942년 5월부터 1943년 10월까지 소비보르 수용소에서 약 20만 명으로 추정되는 유대인들이 나치에 의해 살해되었다.

불굴의 정신과 의지

7-6. 소비보르 수용소 탈출자 중 마지막 생존자였던 세몬 로젠펠트

소비보르를 탈출한 페체르스키는 이후 50명 이상의 사람들과 함께 움직이며 인근의 파르티잔(적의 배후에서 통신·교통 시설을 파괴하거나 무기나 물자를 탈취하고 인명을 살상하는 비정규군)을 찾아 이동한다. 이 과정에서 폴란드계 유대인들을 떠나 소련군 포로들로 이루어진 소수의 그룹으로 따로 움직였다(사실은 음식을 구해온다고 얘기하

고 돌아오지 않았다). 페체르스키는 소규모 무리로 움직여야 추격하는 독일군의 혼란을 가중시켜 생존 확률을 높일 수 있다고 생각했다. 최종적으로 세묜 로젠펠트를 포함한 9명의 소련군 포로와 함께 부그 강을 도하했고 벨라루스 지역에 숨어 지냈다. 이후 그의 그룹은 지역 내 유대인 파르티잔을 만나게 되었고 한동안 그들과 같이 행동하며 독일군과 싸웠다. 6개월 이상을 숨어 지내던 페체르스키는 1944년 봄에 마침내 소련군 본진에 합류할 수 있었다. 하지만 영웅 대접을 받을 줄 알았던 그는 스탈린의 부조리한 '명령 270호'(소련군은 최후의 순간까지 싸워야 하며 독일군에 항복한 자는 처벌한다는 내용) 때문에 죄수 부대에 배치받고 최전선에서 다시 싸우게 된다. 페체르스키는 1944년 8월 라트비아의 바우스카에서 싸우다가 지뢰를 밟고 다리에 부상을 입었다. 하지만 새옹지마였는지 치료를 받는 병원에서 미래의 부인이 될 간호사 올가를 만나게 되었고, 둘은 결혼하여 페체르스키의 집이 있는 돈 지역으로 이주한다.

전후 페체르스키는 지역의 극장에서 일하며 소비보르 탈출 때 알고 지내던 서유럽 거주 생존 유대인들과 연락을 주고받곤 했다. 문제는 이러한 서방 측 거주자와의 서신 교환이 냉전 시기 소련 당국의 의심을 샀다는 것이다. 그는 일시적으로 체포되다가 결국 직장에서 해고된다. 당시 진행 중이던 뉘른베르크 전범 재판에서는 소비보르 학살이 중요한 의제 중 하나로 다루어졌다. 법정은 페체르스키를 증인으로 요청했지만 소련 당국이 이를 거절했다. 시간이 흘러 스탈린이 사망한 1953년에서야 그는 예술교사로서 직업을 구할 수 있었고 마침내 정상적인 삶을 영위하게 되었다. 하지만 이후에도 소련 당국은 서방 측의 인터뷰나 재판 참석 요청에 대해 일관적으로 페체르스키의 출국을 막았다. 소련 당국이 마지막으로 그의 출국을 막은 것은 1987년이었다. 당시 미국 라스베이거스에서 열린 골든글로브 시상식에서 그의 소비보르 탈출을 다룬 영화가 출품되었고, 페체르스키 역할을 맡았던 네덜란드 출신 배우 륏허르 하우어르Rutger hauer가 남우조연상을 받았기 때문이다. 그는 끝내 해외로 갈 수 없었다.

이제 페체르스키는 노쇠해진 소련이란 나라만큼 늙어버렸다. 그는 소련의 해체가 임박한 1990년 1월에 자택에서 사망하게 된다. 페체르스키의 죽음은 전세계로 타전되었고 많은 홀로코스트 생존자들이 그의 죽음을 애도했다. 이후 시간이 흐르면서 그의 영웅적 행동은 더욱더 그 가치를 인정받아 폴란드와 러시아 등지에서 그에게 사후 훈장을 추서했다.

소련에서의 페체르스키는 비록 그 영토 밖을 벗어날 수 없었지만 나치 수용소에서 그가 보여줬던 강인한 정신과 의지는 사람들의 몸과 마음을 움직이게 했다. 더 나아가 이러한 정신과 의지가 극악한 가해자에게 할 수 있는 최대의 복수를 성공시켰던 것이다.

3부
전시 성폭력의 피해자

인간의 가장 원초적인 파괴 본능이 드러나는 전쟁터 한가운데에서 참혹한 성적 폭력에 희생된 여성들이 있다. 강제적인 성폭력을 통해 그녀들의 육체는 물론 정신도 완전히 파괴되었다. 하지만 이들은 그 최악의 순간에도 삶을 향한 희망의 끈을 놓지 않았다. 그들은 끝까지 살아남기 위해 이를 악물었고, 결국 생존했다.

8장
죽을 때까지 밝힐 수 없었던 이름,
베를린의 무명 여인

독일의 작가, 저널리스트, 전시 성폭행 피해자 (1911~2001)

8-1. 소련군으로부터 피난 중인 단치히(현 폴란드 그단스크)의 독일 여성들

　　2차 세계대전이 끝난 지 14년 후인 1959년, 한 권의 책이 독일
에서 사회적인 논란을 일으킨다. 독일어권 스위스 지역의 한 출판사
에서 출간한 그 책은 이상하게도 저자 이름이 없었으니, 한 '무명 독
일 여인'이 전쟁 동안의 회고록을 담은 책이었다. 전쟁 기간이라 함
은 2차 세계대전의 종전 전후의 시기였고, 회고록의 주 배경은 그녀

가 거주했던 베를린이었다. 무명의 여인은 이 책을 통해 베를린 전투 및 종전 당시 승자인 소련군이 독일 여성들에게 자행했던 수많은 성폭력을 고발하고 있었다. 책이 나오자마자 독일 사회는 엄청난 충격을 받았고 비평가들의 비난이 쇄도했다. 주된 비난은 이 책이 '독일 여성들의 명예'를 더럽히고 있다는 것이었다. 일부는 저자가 소련군의 만행을 강조하여 반공 분위기에 편승하려 한다고 평가 절하하기도 했다. 이러한 반응 때문인지 독일에서 책은 거의 팔리지 않았고 결국 얼마 지나지 않아 절판되고 만다. 이 무명의 여인은 5년 전에 이 책의 영어판이 미국에서 상당한 성공을 거두었다는 사실과 비교하여 독일에서의 상반된 반응에 상당한 충격을 받았다. 사실 이 주제는 많은 독일인이 잘 알고 있거나 실제로 경험했던 얘기였다. 하지만 전쟁이 끝난 지 14년이 흘렀지만 독일인들은 아직 그 사실을 받아들일 마음의 준비가 되지 않았던 것이다. 대부분의 사람들이 이 주제에 대해 그저 침묵으로 일관하거나 없었던 일로 치부하고 싶어 했다. 저자는 자신의 평생에 다시는 이 책을 출판하지 않으리라 다짐했고 그 결심을 지켰다. 이 책이 다시 세상에 나온 것은 저자의 사후인 2003년의 일이었다.

죽음을 기다리는 도시

인류 역사상 수많은 도시들이 흥망성쇠를 거듭했지만 1940년대의 독일 베를린처럼 양극단을 경험한 곳도 드물 것이다. 1940년 7

월 베를린은 프랑스와 서유럽에서 승리한 자국군의 승전 퍼레이드로 온 도시가 열광의 도가니가 되었다. 시의 중심가인 운터 덴 린덴에는 환희에 넘친 군중들로 가득했고 인생의 정점을 맞은 히틀러가 보무도 당당한 그의 군대를 사열했다. 하지만 불과 5년 후인 1945년 4월 베를린은 전혀 다른 모습으로 바뀌어 있었다. 사람들의 웃음과 활기는 더 이상 보이지 않았고 시내는 포연이 가득한 회색빛의 폐허였다. 사방을 둘러싼 붉은 군대의 포위망에 갇힌 채 도시는 서서히 죽음을 기다리고 있었다.

당시 베를린에는 약 150만 명의 시민과 피난민이 남아 있었다. 대부분이 징병 연령을 벗어난 노약자, 청소년, 여성이었다. 또한 최후의 저항을 펼치는 군인들 외에 국민돌격대Volkssturm란 이름으로 고령자와 10대 청소년들까지 소집되어 의미 없는 싸움을 준비하고 있었다. 대부분의 시민은 시내의 전투를 피해 주로 환기가 잘 안 되는 지하 방공호에 머물러 있었고, 다가오는 소련군을 극도로 두려워하며 어찌할 바를 모르고 있었다. 베를린 시민이 소련군을 극도로 두려워한 이유는 간단했다. 소련은 독일과의 지난 4년간의 전쟁에서 무려 2500만 명 이상의 자국민이 죽거나 학살당하는 엄청난 피해를 입었기 때문이다. 이제 나치의 심장부에 진입하려는 소련군은 복수의 칼을 갈고 있었고 선전을 통해 대놓고 '복수'라는 자신들의 의도를 드러냈다. 소련군은 이미 1944년 10월에 최초로 독일 영토인 동프로이센에 진입하여 자신들이 말하는 '복수'의 의미가 무엇인지 확실히 보여주었다. 소련군은 눈에 띄는 모든 여성을 연령을 가리지 않고 성폭행했으며 반항하면 즉시 사살했다. 결사적으로 자신의 어머니나 딸을 지키려는 독일 남성들 역시 같은 운명을 맞이했다. 살아남은 사람들은 소련군이 독일 여인들을 광장에서 대규모로 유린하는 것을 강제로 지켜보아야 했다. 마치 성경의 계시록에 나오는 지옥이 펼쳐지는 것 같았다. 이러한 상황은 앞서 소련군이 점령한 헝가리의 부다페스트(전투 중 중립국인 스웨덴대사관 직원까지 성폭행당했다)와 오스트리아 빈에서도 펼쳐졌고, 이제 그 지옥이 베를린에서 재현되려 하고 있었다.

8-2. 베를린 공방전 직후 파괴된 브란덴부르크 문 주변

베를린 변호사들에게 난데없이 유언장 집행 업무가 폭증했고 자살용 독약을 구입하려는 시민들 때문에 엄청난 소동이 일기 시작했다. 한때 유럽 대부분을 점령했던 히틀러가 "천년을 갈 것"이라고 자신 있게 얘기하던 제국이 종말을 고하기 직전이었다.

승자의 모습

1945년 4월 16일, 약 250만 명의 소련군이 오데르 강을 건너 베를린으로 진격했다. 독일 수비대는 70만 명 정도였는데 병력 수는 물론 장비나 사기 면에서 쇄도하는 소련군의 상대가 되지 못했다. 4월 24일에 소련군은 베를린 동북쪽과 서남쪽을 돌아 시를 둘러싼 포위망을 완성했고 무차별적인 포탄 세례를 퍼부었다. 이때부터 시내 골목과 건물 하나하나를 빼앗는 치열한 시가전이 전개된다. 4월 29일이 되자 완강하던 히틀러조차 모든 것이 끝났음을 알았고 자신의 최후를 준비하기 시작했다. 히틀러는 다음 날인 4월 30일에 전날 결혼한 신부 에바 브라운과 함께 자살하며 그 생을 마감한다. 5월 1일에는 제국의사당이 점령되며 소련의 적기가 내걸렸고 베를린 수비대장인 헬무트 바이틀링Helmuth Weidling 장군은 독일군에게 모든 저항을 중지하라 명령하고 자신도 소련군에게 항복한다. 살아남은 소련군은 허공으로 마구 총을 쏘아대며 베를린 정복을 기뻐했고 도시의 공식적인 점령에 들어갔다.

많은 베를린 시민은 플래시 라이트를 비추며 방공호로 들어오는 소련군과 마주하면서 점령군들과 처음으로 대면하게 되었다. 이들 중 한 명이 바로 상기한 '무명의 여인'이었다(이하 무명이란 뜻의 영어단어 'Anonym'을 따서 'A'로 통일하겠다). A 역시 다른 사람들과 함께 어두운 방공호 안에 있었는데 그 안에는 평범한 소시민들과 동부에서 건너온 피난민들, 당 간부 가족 그리고 외국인 노동자들까지 온갖 계층의 베를린 시민이 모여 있었다. 모두 긴장하며 상황을 지켜보는 그 순간 방공호 문이 열리며 알 수 없는 언어로 시끄러운 소리가 들려왔다. 독일어가 아닌 러시아어였다! 사람들은 극도로 예민해진 신경을 집중하며 아무 소리도 내지 못하고 있었다. 드디어 몇 명의 누런 카키색 군복을 입은 군인들이 총을 들고 들어와서 사람들이 있음을 감지한 후 플래시로 신원을 확인했다. 플래시 불빛에 노출된 사람들은 너 나 할 것 없이 눈을 가리고 손을 위로 올렸으나 소련군은 젊은 여자들 몇 명을 거칠게 끌고 나갔다. 그들의 목적은 분명해 보였고 끌려가던 여자들의 비명이 들리자 사람들은 패닉에 빠지게 된다. 30대 초반이었던 A는 뒤쪽에 있어서 잘 눈에 띄지 않았는지 끌려가지 않았다.

8-3. 점령 지역에서 독일 여성의 자전거를 빼앗는 소련군 병사

이후 모두들 방공호 밖으로 나왔다. 폐허가 된 거리에는 건물 창문과 베란다마다 저항하지 않겠다는 의미의 흰색 천이 걸려 있었다. 또한 거리 여기저기에서 소련군의 모습이 보였으니, 이들은 모

여서 담배를 피우거나 몇 명은 사람들로부터 시계나 보석 같은 귀중품을 빼앗고 있었다. 너무나 두렵고 혼란스러웠던 A는 이후 다른 건물의 방공호로 숨지만 하필 이곳에서 일단의 소련군에게 발각되어 붙잡히게 된다. 과거 여행을 통해 소련에 체류한 경험으로 러시아어를 구사할 수 있었던 A는 강하게 거부 의사를 밝혔다. 하지만 군인들은 그저 웃을 뿐이었고 A는 가장 피하고 싶었던 끔찍한 상황에 놓이게 된다. 승자는 결코 천사가 아니었다.

끔찍한 기억

소련군들이 떠난 후 A는 방공호에 홀로 남겨졌다. 말도 안 되는 상황에 한동안 멍하니 있었고 하염없이 울음이 터져 나왔지만, 그것도 잠시일 뿐 빨리 다른 곳으로 피신해야 했다. 건물 밖으로 나와 보니 사방에서 여자들이 끌려가고 있었다. 일부는 소리를 질렀지만 소련군은 들은 체도 안 했고 대부분의 여자들이 저항도 포기한 채 축 늘어진 모습으로 끌려갔다. 이를 지켜보던 주변 건물 안 사람들은 자신에게 피해가 올까 대문을 잠가버렸다. 가장 큰 피해를 보았던 것은 거처가 없는 동부에서 온 피난민들과 집이 부서진 사람들이었다. 젊은 여성이나 소녀가 있는 가정들은 필사적으로 여성들을 창고, 지하실, 다락방 등에 숨겼다. 소련군이 예외로 두었던 대상은 성홍열에 걸렸다고 판단된 여성들이었는데, 이를 알아차린 영리한 여인들은 립스틱을 이용해 자신의 얼굴을 붉게 칠했다. 소련군들은 여자들을 끌어내려 하며 "프라우 콤Frau Komm!"(아가씨 이리 와!)이라는 두 마디의 어설픈 독일어로 소리질렀다. 승리한 소련군에게 '파시스트의 소굴'인 베를린은 엄청난 피의 대가를 치르고 점령한 곳이었고, 남아 있는 여자들은 자신들이 즐길 권리가 있는 전리품일 뿐이었다. 문제는 이 생각이 최고 지도자인 스탈린의 생각과 다르지 않았고(스탈린은 실제로 전쟁터에서 온갖 고난을 겪은 군인들이 그럴 수도 있다는 발언을 하여 베오그라드에서의 소련군의 강간에 항의하는 유고슬라비아 공산당 대표를 경악케 했다), 대부분의 소련군 장교도 이들의 행동을 복수의 일종으로 간주하여 방관했다.

A는 징집되어 떠난 출판사 동료의 집에 거주해도 좋다는 허락을 받아 그리로 옮기지만 그 다락방은 많이 부서져 있어 거주가 어려웠다. A는 같은 건물 사람들이 이용하는 방공호에서 다른 과부를 알게 되어 그 집에 함께 거주했다. 그 건물에는 기존에 살던 거주민뿐만 아니라 타지에서 온 피난민 여인들도 함께 있었다. 낮에는 소련군이 주는 배급 빵을 받으러 거리로 나가야 했으며 극도로 조심하며 아파트로 돌아오는 일상이 반복되었다. 진정 무서운 공포는 밤에 찾아왔는데, 술 취한 소련군들이 떼를 지어 아파트를 집집마다 수색했고 맘에 드는 여자들을 차지했다. 5월 8일 저녁에 독일이 항복하자 소련군은 술과 춤으로 기쁨을 마음껏 발산했고, 결국 그 마지막은 힘없는 독일 여자들이 대상이 되었다. A도 이 과정에서 여러 명에게 성폭행을 당했다. 밖에서 지인을 만나면 "어떻게 지내Wie gehts?"라고 묻는 것이 아니라 "얼마나 자주 당했니Wie oft?"라고 물어보는 기가 막힌 일상이 벌어지고 있었다. A는 더 이상 이런 상황을

견딜 수 없었다. 그녀는 인근 소련군 부대에 찾아가 부대장에게 면담을 요청했다. 그리고 장교 계급장을 단 사내에게 상황을 알리고 더 이상 병사들의 비행이 일어나지 않도록 단속을 요구했다. 하지만 A의 절규에 소련군 장교는 냉소적인 미소로 대꾸하며 "내 병사들이 매우 건강하다"라는 조롱 섞인 답변을 던졌다. 베를린의 독일 여성들에게는 더 이상 기댈 곳이 없었다.

8-4. 독일 여성을 희롱하는 소련군 장교

슬라브계 러시아인들과 중앙아시아나 몽골계 소련인들은 '열등인간'이라고 주입받아 자부심이 높던 독일 여성들에게 이러한 상황은 죽음보다 더한 수치로 여겨졌다. 실제로 성폭행 후유증으로 수많은 독일 여성들이 자살했으며, 대부분 집단 성폭행의 충격으로 반쯤 정신이 나간 상태에서 세상을 등지게 된다. 당시 얼마나 많은 독일 여인들이 자살했는지는 지금까지 아무도 그 정확한 숫자를 알지 못한다. 전후 베를린이 실시한 조사에 따르면 성폭행 피해로 상처를 받거나 성병에 걸려 치료를 받아야 했던 시민들의 숫자만 10만 명이었다. 영국 역사가 엔터니 비버에 따르면 독일 전체로는 200만 명이 전쟁 전후에 벌어진 집단 성폭행의 피해자였다고 한다. 전후 1946년에서 1947년 사이 독일 신생아의 3~4% 정도가 소련군의 성폭행으로 태어난 사생아였다.

어느 날 A는 그녀의 아파트에서 한 중년의 병사에게 성폭행당했는데, 이 사람은 A의 얼굴에 침을 뱉으며 그녀의 인간으로서의 존엄을 무너뜨렸다. 그가 떠난 후 A는 구토를 했으며 무너져버린 마음을 다스리지 못한 채 그저 방구석에서 흐느끼며 울고 있었다. 그러던 중 A의 마음 한구석으로부터 조금씩 퍼져 나오는 목소리가 있었다. 반드시 살아남아야 한다는, 작지만 강한 울림이었다. 그렇게 A는 이 지옥 같은 상황에서 살아남기로 굳게 결심하게 된다.

생존을 위하여

정신을 차린 A는 곰곰이 생각해 보았다. 그러고는 어차피 소련군에게 강제로 당할 바에는 여러 명이 아닌 한 명하고만 접촉하는 것이 낫다는 결론을 내렸다. 게다가 그 사람이 지위가 높다면 보호자 역할도 해줄 수 있을 터였다. 생각이 정리되자 A는 용기를 내서 밖으로 나갔고 자신을 보호해 줄 수 있는 그 한 명을 찾기 시작했다. 그녀는 거리에서 '아나톨'이라 불리는 한 중위를 만나게 된다. 그는 큰 키와 덩치의 소유자였는데 거칠고 예의 없던 다른 병사들과 달리 대체로 친절했다. A는 그와 정기적으로 만나기로 약속했고 아나톨은 밤마다 그녀를 찾아왔다. 소련군 사이에서도 암묵적인 규칙이 있었는지 이후 A는 다른 사람에 의해 공격당하지 않았다. 아나톨과 그 일행은 A의 아파트에서 식사와 나름의 파티를 했고 아파트의 여인들과 마치 친구인 양 다양한 대화를 즐겼다. 어떤 소련군은 전쟁 중 자신의 가족이 독일군에게 끌려가거나 학살당한 얘기를 하며 눈물 흘리기도 했고 어떤 이는 음악과 정치에 대해 열변을 토했다. 아주 잠시지만 소련군들과 독일 여인들 간에 인간적인 교감이 흘렀고, 이들이 가지고 오는 음식 덕분에 배고픔에 대한 걱정도 사라지게 된다. 한편 A를 비롯한 모든 여인들의 마음 한구석에는 이러한 소련군의 호의가 과연 '매춘의 대가'인지 고민에 빠지기도 했지만, 사실 당시에는 이러한 생각 자체가 엄청난 사치였다. 이들은 살아남기 위해 최선의 노력을 다하고 있었고 '자신의 자발적 의지'로 소련군 애인을 만든 것이었다. 현실이 그렇지 않을지라도 적어도 그렇게 믿고 싶어 했다. 아니, 믿어야만 했다. 그것만이 이 지옥 같은 상황에서 무너지지 않고 버티는 유일한 방법이었다.

8-5. 베를린 암시장에서 소련군과 독일인들이 거래하는 모습

그러던 어느 날 다른 한 소련군 장교가 찾아왔다. 수줍어 보이는 얼굴에 발을 절고 있던 금발의 장교는 A를 범하는데, 이후 A에게 황당한 제안을 한다. 자신의 상관인 다른 장교와 만나달라는 것이었다. 평시라면 상대방의 뺨을 후려갈길 만한 어처구니없는 얘기였지만 A는 선택지가 많지 않음을 깨닫고 그 제안을 수락했다. 그 상관은 소령이었는데 이전에 마주쳤던 어떤 소련군들보다 A에게 예의 바르게 행동했다. 그 소령은 진심으로 A를 좋아했고 아파트의 모든 독일인과도 좋은 관계를 유지했다. 유부남이었던 그는 소련에서 살아온 얘기를 해줬고 독일 여인들에게 미안함을 느낀다고 사과했다. 어느 순간 A 역시 소령에게 인간적인 연민을 느끼기도 했다. 소령 역시 아나톨과 마찬가지로 많은 음식과 생필품을 가져다주었고 심지어 자신의 병사들에게 A의 아파트를 지키도록 명령했다.

살아남은 자들의 슬픔

8-6. 전후 베를린의 폐허를 치우고 있는 독일 여성들

소령과의 관계가 계속되는 얼마간은 적어도 배고픔과 병사들에 의한 마구잡이 식 공격이 더 이상 발생하지 않았다. 그렇게 몇 주의 시간이 흘렀다. 시내의 잔존 독일 병력도 완전히 소탕되자 소령과 그의 부대도 다른 곳으로 이동하게 된다. 소령은 떠났지만 A는 가장 어려운 시기에 그와 지내면서 보호받을 수 있었고 지옥 같은 시간들을 넘길 수 있었다. 사실 당시 베를린에 A와 같은 사례는 무수히 많았다. 하지만 모두들 이에 대해서는 침묵을 지켰고 이것은 독일인들 서로가 피하고 싶어 하는 주제였다. 중요한 것은 생존했다는 점이었다. 전직 언론인 출신이던 A는 이 모든 것을 담담히 있는 그대로 기록했다.

소련군들이 거주지에서 물러나고 남아 있는 시민들은 빵을 얻기 위해 폐허를 치워야 했다. 대부분이 여성이었던 이들 '폐허 청소부Trümmerfrauen'는 머리 위에 스카프를 질끈 매고 거리의 와륵들을 치우기 시작한다. 노동자 출신부터 프로이센 귀족 가문의 여성들까지 온갖 계층의 독일 여인들이 힘을 모았다. 비록 힘은 들었지만 이들은 서로 격려하고 심지어 자신들이 당한 성폭행에 대해 농담도 해 가며 돌 무더기를 치웠다. 온갖 험한 일들을 당했지만 이들 사이에는 살아남았다는 강한 공감대가 흘렀고, A도 이러한 감정을 공유했던 사람 중 하나였다. 마음속엔 피눈물이 흘렀을지라도 적어도 겉으로는 같이 웃으며 일할 수 있었던 것이다. 이후 베를린에는 미국, 영국 등 서방 연합군 군대들도 들어오며 상황이 호전되었고 부서졌던 식당과 카페도 하나둘 문을 열기 시작했다. 아직 전쟁 전과 비할 바는 아니지만 베를린이란 도시는 그렇게 다시 소생하고 있었다.

그러던 중 A의 마지막 편지를 통해 겨우 거주지를 알게 된 약혼자 게르트가 전선에서 돌아오면서 이들은 몇 년 만에 다시 해후하게 된다. 둘 사이에는 묘한 기류가 흘렀다. 전선에서 온갖 풍파를 겪으며 돌아온 약혼자도 많이 변해 있었지만 A도 예전 같지 않았다. 이러한 A의 모습에 게르트는 "막연하지만 무서운 상상"을 하게 되었고, 어느 날 A는 자신의 일기를 그에게 말없이 건네주었다. 그 안에는 A가 지난 몇 달 동안 여자로서 겪은 도저히 말로 표현할 수 없는 일들이 적나라하게 적혀 있었다. 그날 밤이 되자 게르트는 잠을 이룰 수 없었고 밤새 뒤척이며 고민했다. 다음 날 A가 일어났을 때 그는 더 이상 옆에 있지 않았다. A가 겪은 일은 게르트가 도저히 감당할 수 없는 일이었고, 그는 그렇게 떠나버렸다. A는 차라리 잘된 일이라 스스로 위로했고 오히려 홀가분한 감정을 느꼈다. 그녀는 이후 언론계에서 다시 일자리를 잡아 삶을 이어 나갔다.

이렇게 전후 독일의 수많은 A들이 살아남았지만 엄청난 슬픔을 간직한 채 '영년Stunde Null'(전후 독일의 모든 것이 제로 상태가 된 시점을 일컫는 말)에서 새로운 출발을 하게 된다. 바로 이들이 전후 '라인 강의 기적'의 주역들이다.

끝내 밝힐 수 없었던 이름

1954년, 전술한 바와 같이 A는 자신의 기록을 출판했다. 미국과 영국에서는 반응이 좋았지만 1959년에 나온 독일어판에는 독일 사람들의 비난이 쇄도했다. 해적판으로 복제된 책 일부가 독일에서 유통되기도 했으나 사람들의 관심은 그리 크지 않았고 서서히 잊혔다. 2001년에 사망할 때까지 A는 자신의 이름을 밝히지 않았고 그렇게 모든 것이 끝난 듯했다.

그리고 2003년, 독일에서 한 권의 책이 출간되었다. 제목은 『베를린의 한 여인Eine Frau in Berlin』으로, 바로 A의 책이 재출간된 것이었다. 이 책은 당시 독일 사회에 큰 반향을 불러일으켰다. 전후 자신들의 어머니와 할머니의 끔찍한 생존기를 읽으면서 독일인들은 놀라움을 금치 못했다. 책은 너무나 무서웠던 당시의 상황을 지극히 담담하고 솔직하게 표현했고, 그래서 더욱더 사람들에게 충격을 던져주었다. 책은 19주 동안 독일 베스트셀러 리스트에 올랐고 대문호 귄터 그라스의 작품들과 함께 일반 독일인들을 전쟁의 피해자로 묘사한 작품으로 분류되며 대중에게 회자되었다. 이후 독자들은 이 책의 저자를 궁금해하기 시작했다. 얼마 지나지 않아 사람들의 추적에 의해 저자의 신원이 밝혀지게 된다. 저자는 바로 1945년 당시 34세였던 프리랜서 저널리스트, 마르타 힐러스Marta Hillers였다. 그녀는 서부 독일에 위치한 크레펠트의 유복한 가정에서 태어나 파리 소르본 대학에서 유학하기도 했던 당대의 인텔리 여성이었다. 전쟁 전부터 해외를 대상으로 한 여러 글과 사진을 통해 언론인으로 활동했는데, 전쟁 말기 베를린에 갇히며 감당하기 힘든 경험을 하게 된 것이었다. 시간이 흘러 힐러스는 결혼했고 스위스로 건너가서 정착한 뒤로는 결코 독일로 돌아가지 않았다. 2003년 책의 재출간 때 그녀는 이미 사망한 뒤였으니, 결국 죽을 때까지 자신의 이름을 세상에 알리지 않았다.

8-7. 종전 후 베를린의 임시수용소에서 식사를 준비하는 피난민들

끝나지 않은 이야기

8-8. 알렉산드르 솔제니친

2001년 7월 독일 사회는 한 여인의 죽음으로 술렁인다. 사인은
자살이었는데, 사망자는 독일 통일을 이끈 헬무트 콜Helmut Kohl 수상
의 부인 하넬로레 콜Hannelore Kohl 여사였다. 그녀는 척추에 문제가 있
었고 계속되는 고통을 견디다 못해 수면제를 과다복용하고 죽음을
택한 것이었다. 문제는 그녀가 척추를 다친 이유였으니, 2차 대전
당시 베를린에 거주했던 그녀는 열두 살 때 소련군이 도시를 점령
하자 어머니와 함께 성폭행을 당했고 창문 밖으로 던져졌던 것이다.
콜 여사는 그 사건으로 정신적 트라우마와 척추의 고통을 안고 살
다가 결국 스스로 목숨을 끊었다.

러시아 작가 알렉산드르 솔제니친Aleksandr Solzhenitsyn은 1944년 소

련군이 동프로이센을 공략할 때 포병 장교로 참전했다. 당시 소련군은 거의 광란에 가까운 행동으로 독일 주민들에게 복수했는데, 솔제니친이 소련 체제에 환멸을 느낀 시점이 바로 이러한 복수를 목격한 이후였다. 그는 당시의 처절한 상황을 「프러시아(프로이센)의 밤 *Prussian Nights*」이라는 장편시에 담았다. "모두 소녀에서 여인이 되고 여인은 다시 시체로 변한다"라는 구절은 당시 흉폭했던 상황을 간결하게 전달하고 있다. 솔제니친은 몇 년 뒤 반체제 사범으로 수용소에 갇힐 때 시의 내용을 비누에 몰래 새기고 외워서 작품을 써 나갔다. 그 역시 이때의 복수극을 목격하며 정신적으로 큰 고통을 받았다고 한다.

소련군의 복수는 독일인들의 극심한 공포를 야기했고 많은 사람들이 서부 독일로 피난을 가도록 만들었다. 전후 동독 인구가 서독의 4분의 1 수준이 된 것도 이러한 상황에 영향을 받았다.

비록 A는 죽었지만 2차 대전 이후에도, 그리고 오늘날 우리가 사는 지금 이 세상에도 여전히 제2, 제3의 A가 존재하는 것이 엄연한 현실이다. 왜 이러한 말도 안 되는 일이 반복되어야 하는가? 수많은 답이 있을 수 있겠지만 한 가지 분명한 것은 인간이란 존재가 우리가 아는 것만큼 선하지 않고 무엇보다도 지극히 이기적이라는 점이다. 그것이 우리가 사는 세상의 비극이자 많은 문제의 출발점이다.

9장
살아남을 운명이었던 불굴의 여인,
비비안 불윙클

호주의 간호장교 (1915~2000)

9-1. 비비안 불윙클

1997년에 〈파라다이스 로드_Paradise road_〉라는 제목의 호주-미국 합작 영화가 개봉했다. 그 영화를 관람한 전세계의 많은 사람들이 충격에 빠졌다. 영화는 2차 대전 당시 인도네시아의 일본군 포로수용소에 억류된 유럽계 여성들의 실화를 바탕으로 하고 있다. 이 여성들은 대부분 영국령 싱가포르와 인근에 거주하던 유럽 제국의 엘리트 출신들이었고, 일본군을 피해 탈출하는 과정에서 배가 침몰해 표류하게 된다. 가까스로 인근 인도네시아 섬에 도착한 이들은 곧 일본군에 발견되어 억류되고, 식량과 의약품 등 모든 것이 부족한 극

도의 열악한 상황 속에서 음악과 합창을 통해 생존 의지를 키워 나
갔다. 영화는 일본군의 잔인한 구타나 처벌 등을 담아내며 당시 여
성 포로들의 혹독했던 삶을 여과 없이 조명한다. 당시 이 영화는 일
본군들의 여러 잔인한 행위가 부각되는 가운데 일본에서는 개봉을
금지당했고 아시아인 여성 포로가 가솔린으로 화형당하는 장면이
인종차별적이라는 논란이 일기도 했다. 〈파라다이스 로드〉는 살아
남은 몇몇 포로들의 증언과 회고록을 통해 만들어졌으나 사실 여기
에는 영화조차도 다루지 못했던 몇몇 숨겨진 이야기가 있다. 이것은
인간의 가장 잔혹한 면을 드러내는 사례들이었는데, 지금부터 이야
기하고자 하는 한 여인의 끔찍했던 경험과 관련이 있다.

파괴된 낙원

1942년 2월 초의 싱가포르는 혼란과 무질서 그 자체였다. 두 달
전에 진주만 기습으로 태평양 전쟁을 개시한 일본군은 말레이시아
의 정글을 뚫고 대영제국의 보석 중 하나인 싱가포르로 돌진하고
있었다(또 하나의 보석이었던 홍콩은 전년 크리스마스에 일본군에 의해 점
령되었다). 2월 8일이 되자 극동의 요새는 일본군에 완전히 포위당했
고 수도, 가스와 전기 등 모든 기반 시설이 무너진 가운데 서서히 운
명을 다해가고 있었다. 영국인들의 사교 장소이자 칵테일 '싱가포르
슬링'으로 유명했던 래플스 호텔에서는 더 이상 파티가 열리지 않았
다. 대영제국의 '가장 좋았던 시절Good old days'이 막을 내리려 하고 있

었다. 영연방 소속의 영국과 호주 군인들은 조호르 해협을 넘어 쇄도하는 일본군을 막으려 필사적인 방어를 이어가며 겨우 버티는 중이었다. 한편 싱가포르 인구의 대다수를 차지하는 많은 반일 중국인과 사실상의 지배 계급이었던 영국, 호주 출신의 잔존 백인 민간인들은 극도의 공포에 질렸다. 이들 모두 도시를 탈출하기 위한 배편도 알지 못한 채 패닉 상태가 되어 무작정 항구로 모였다. 백인들은 대부분 농장주나 식민지 관료 또는 군인들의 가족이었는데 본국보다 많은 급여에 넓은 주거 환경과 이국적 풍경에 둘러싸여 여유로운 식민지 생활을 즐기던 터였다. 이들 대부분이 유럽의 지브롤터와 더불어 대영제국의 가장 강력한 요새였던 싱가포르의 방어력을 믿고 잔류했던 사람들이었다. 하지만 영국군의 거포는 남쪽의 먼 바다를 향하고 있었고 일본군은 북쪽에서 공격 중이었다.

민간인들 모두 일본군을 극도로 두려워했는데, 과거 일본군이 중국에서 벌인 여러 학살들이 이미 뉴스를 통해 전파되었기 때문이었다. 더불어 일본군의 홍콩 점령 시 영국 간호사들이 병원에서 강간당했다는 소문이 퍼진 후 많은 여성 민간인들과 여성 간호부대원들도 우선적인 소개 대상이 되었다. 이들 중에는 호주에서 파병 온 여성 간호부대도 있었다. 27세의 비비안 불윙클Vivian Bullwinkel은 그 부대의 일원으로서 2월 12일에 바이너 브룩Vyner Brooke이라는 작은 배에 승선하여 싱가포르 항구를 빠져나가게 된다. 바이너 브룩호는 70미터 길이의 작고 낡은 민간 요트로 긴급히 영국 해군에 징발된 상황이었다. 배 안에는 정원을 3배가량 초과하는 300명 이상의 다양한 사람들이 승선해 있었다. 그중에는 회색 유니폼에 적십자 완장을 찬, 불윙클을 포함한 호주 여성 간호부대원 65명도 있었다. 갑판까지 사람을 가득 태운 배는 극도로 혼란스러운 분위기 속에 싱가포르 항구를 벗어났다. 승선자들이 마지막으로 보았던 싱가포르의 모습은 배에 승선하지 못한 수많은 사람들이 부두에서 서로를 밀치고 아우성치는 가운데 사방에서 검은 연기가 피어 오르는 지옥 같은 장면이었다. 이렇게 그들은 대영제국의 '마지막 낙원'을 탈출했다.

9-2. 싱가포르 식민지배의 상징과 같았던 래플스 호텔

고난이 시작되다

비록 탈출했다고는 하지만 불윙클 일행의 앞에는 수많은 위험이 도사리고 있었다. 일본군은 이미 싱가포르와 인접한 수마트라 섬에도 상륙하여 작전을 개시하고 있었으므로 일본 군함이나 비행기가 언제 나타날지 모르는 긴박한 상황이었다.

9-3. 바이너 브룩호

　출발한 지 이틀 후인 2월 14일, 배는 수마트라와 보르네오 사이
의 방카 섬 인근을 지나가고 있었다. 잠시 티타임을 가지며 여유를
찾고 있던 승객들은 오후 2시경에 선내의 긴급 사이렌 소리에 당황
하기 시작했다. 바로 그토록 우려했던 일본군 중형폭격기 편대의 습
격이었다. 바이너 브룩호에는 1차 대전 때 사용한 두 정의 루이스 경
기관총이 있었는데 이것들이 가용한 대공무기의 전부였다. 사실 이
구식 기관총으로 빠른 적기를 공격한다는 것은 불가능했다. 배는 조
용히 자신의 운명을 기다리는 것 외에는 할 수 있는 것이 없었다. 수
십 발의 폭탄과 기총소사를 받은 후 엔진이 파괴된 바이너 브룩호는
곧 조타 불능이 되었으며 15분 만에 침몰하기 시작했다. 구명조끼가
있건 없건 움직일 수 있는 모든 사람들이 바다로 뛰어내리기 시작
했다. 그나마 다행이었던 것은 열대 바다인지라 수온이 그리 낮지는
않았다는 점이다. 하지만 구명 조끼가 없고 수영을 할 줄 모르던 많
은 사람들이 하나둘 익사하고 있었다. 이때 불윙클은 물이 새어 반
쯤 가라앉은 구명보트를 발견해 과감하게 바다로 뛰어들었다. 이 작

은 구명보트에 열두 명의 간호원(그중 세 명이 부상을 입었다)과 세 명의 민간인 그리고 한 명의 해군 장교가 가까스로 올라탔다. 멀리 육지가 보였지만 기진맥진한 생존자들이 반쯤 가라앉은 보트를 조정하는 건 상당히 무리였다. 이들은 무려 여덟 시간이 경과한 밤 10시경이 되어서야 겨우 방카 섬의 라지 해변에 도착할 수 있었다.

일단 살아남는 데는 성공했지만 음식도 의약품도 없던 일행 앞에 어떤 일이 펼쳐질지 알 수 없었다. 사람들의 상태를 확인한 후 걸을 수 있는 사람들은 멀리 보이는 불빛을 목표로 해안을 걸었다. 이들은 곧 또다른 생존자들을 만날 수 있었고 이런 와중에 다른 생존자 무리들도 속속 해안에 도착했다. 해변에는 100여 명에 달하는 영국 민간인들과 해군 수병들이 있었고, 해군 장교의 지휘하에 세 그룹으로 나누어 음식을 구하기 위해 출발했다. 인근 마을에 있는 사람들은 영국인들에게 간단한 음료를 주었지만 일본군의 보복이 두려워 더 이상의 음식을 주는 것은 거부했다. 마을 사람들의 설명에 따르면 섬 안에는 이미 일본군 선발대가 들어와 있었고 이들이 언제 다시 들이닥칠지 모르는 상황이었다. 라지 해변에 다시 모인 영국인들은 상황이 절망적이라는 것을 인식했고 결국 일본군에 항복하는 것이 최선이라는 결론을 내리게 된다. 해군 장교를 포함한 몇몇이 일본군 본대가 있을 것이라고 생각되는 문톡 지역까지 걸어서 이동한 뒤 정식으로 항복하려 했다. 이후 해변에는 일본군의 공습을 막기 위해 적십자 표시를 펴놓은 상태에서 생존자 일행들이 뒤섞여 있었다. 간호원들의 수장인 아이린 드러먼드Irene Drummond는 식량이 없는 상황에서 어차피 항복할 것이라면 걸을 수 있는 민간인들은 신속하게 문톡으로 이동하자고 제안했다. 하지만 불윙클을 비롯한 호주 간호사들은 부상병들을 남기고 떠날 수 없었고 이들과 함께 해변에 남았다. 이후 영국인 해군 장교가 기진맥진한 표정으로 돌아왔는데, 20여 명의 남루한 카키색 군복을 입은 작은 체구의 병사들과 함께였다. 일본군이었다.

죽음의 해변

9-4. 방카 섬에 있는 학살 추모비

해변에 도착한 일본군은 제식 화기인 99식 소총으로 무장하고 있었으며, 착검을 한 상태여서 총이 더욱 길어 보였다. 이들은 우선 대다수가 군인이었던 남성들과 민간인, 간호사가 섞인 여성들을 분리했다. 부상자를 제외한 남성들은 일본군들이 이끄는 대로 해변을 따라 걸었다. 여러 영국인이 의심스러운 눈초리를 보내며 이동했다. 일본군의 의도가 드러나기까지는 오랜 시간이 걸리지 않았다. 수백

미터를 걸어간 후 여성 일행들이 보이지 않을 즈음 일본군은 사격 자세를 취하며 남성들에게 일제 사격을 개시했고 일부는 총검으로 찌르기 시작했다. 이미 분위기를 감지한 몇몇 군인들이 바닷속으로 달려갔지만 대부분의 사람들은 총을 맞고 무더기로 쓰러졌다.

해변에 남아 있던 여성들은 총소리가 들리는 가운데 극도의 공포와 혼란에 휩싸였다. 여성들은 잠시 후 돌아온 일본군들이 피에 젖은 총검을 바닷물에 씻는 걸 보면서 남성들의 비참한 운명을 알아차리게 되었다. 이후 이 무력하고 불운했던 여성들에게는 전시에 여성에게 발생할 수 있는 최악의 사태가 벌어지게 된다. 해변에는 22명의 호주 간호사들과 1명의 민간인 여성이 있었는데 부상자 몇몇을 제외한 대부분의 여성들이 일본군에게 강제로 유린당하고 말았다. 이중에는 불윙클도 포함되었다. 더러운 욕구를 채운 일본군은 총검을 들고 바다 쪽으로 걸어가라고 여성들에게 지시했다. 서서히 바다로 걸어가면서 물이 허리까지 잠기자 불윙클을 포함한 여성들은 자신들의 운명을 알아차렸다. 이들의 리더인 드러먼드는 결연한 표정으로 동료들을 바라보았고 "여러분 모두가 자랑스럽다!"라고 말한 뒤 용감하게 죽음을 맞이했다. 일본군의 일제 사격이 개시되자 동료들이 하나둘 쓰러져 갔고 불윙클은 좌측 상복부에 통증을 느끼며 바닷속으로 쓰러졌다. 총알은 불윙클의 몸을 관통한 상태였다. 물속에서도 계속 총알이 빗발치듯 날아왔다. 그녀는 고통을 느낄 새도 없이 살기 위해선 죽은 척해야 한다고 본능적으로 느끼고 있었다. 불윙클의 몸이 파도에 흔들리며 서서히 해변으로 떠밀려왔다. 그녀는 숨소리도 내지 않고 가만히 있었다. 어느덧 총소리가 몇었고 약 10분의 시간이 흐르자 어떠한 인기척도 들리지 않았다. 불윙클은 조용히 몸을 일으켜 주변을 둘러보고는 일본군이 떠났다는 것을 알았다. 그녀는 몸을 숨기기 위해 해변에서 벗어나 내륙 쪽의 망그로브 밀림으로 들어가기 시작했다. 다행스럽게도 일본군의 총알은 주요 장기를 간발의 차이로 비켜갔고 이미 관통했기 때문에 생명을 위협할 정도는 아니었다. 정글에 들어온 불윙클은 의식을 잃은 채 이틀을 쓰러져 있었다.

의식을 되찾은 그녀는 이동할 만큼 상태가 호전되었다. 하지만 이 빽빽한 정글 한가운데에서 잠시 어찌할 바를 모르고 있었다. 한 가지 분명한 것은 살아남아야 한다는 내면의 외침이었다. 불윙클은 깨끗한 물을 찾아 이동했고 계속 상처를 치료하던 도중 해변에서 살해당한 줄 알았던 영국군 병참부대 출신의 이등병 세실 킹슬리 Cecil Kingsley를 발견했다. 킹슬리는 부상당한 상태에서 일본군에 의해 총검으로 공격당했지만 끝까지 죽지 않았고 일본군이 떠난 후 불윙클처럼 정글로 도망쳤다. 그녀는 간호사의 손길로 킹슬리의 상처를 돌보아 주며 정글에서 12일을 버텼다. 하지만 음식과 의약품도 없는 이곳에서 더 오래 버틸 수는 없었고, 결국 둘은 일본군 수색대에 발견되어 포로가 되고 만다. 이후 제대로 치료받지 못했던 킹슬리는 부상이 악화되어 며칠 후에 사망했다. 문톡의 임시수용소를 거쳐 수마트라 팔렘방의 수용소로 이송된 불윙클은 다른 해변에서 살아남은 그녀의 호주 동료들과 재회할 수 있었다. 하지만 재회의 기쁨도 잠시, 자신이 목격한 학살에 대해 어떠한 얘기도 입 밖에 낼 수 없었다. 불윙클이 겪은 일들이 조금이라도 알려지는 순간 일본군이 그녀를 죽일 것이라는 것은 너무나도 분명해 보였다. 그렇게 볼윙클은 3년 6개월에 이르는 지옥 같은 포로 생활을 시작하게 된다.

생존을 위한 투쟁

9-5. 팔렘방에 있던 여성포로수용소의 모습

그녀와 함께 수용되었던 사람들은 주로 영국과 네덜란드의 여성 민간인들과 동료인 호주 출신 간호사들이었다. 선망의 근무지였던 해외 식민지에서 주인으로 살던 이들의 처지는 하루아침에 나락으로 떨어졌으니, 우선 식량이 너무나도 부족했다. 수용소에서 배급했던 식재료는 대부분 벌레가 기어다닐 정도로 부패한 쌀과 기타 부식거리였다. 일본군은 마치 돼지우리에 먹이를 주듯이 땅에 식재료를 내동댕이쳤는데 여성들은 한 알이라도 더 건지기 위해 앞다투어 뛰어갔다. 남성 포로들은 육체 노동을 통해 각종 공사에라도 투입되었지만 아무런 쓸모가 없는 여성 포로들은 일본군 입장에서 식량이나 축내는 관심 밖의 하찮은 존재들이었다. 적십자사의 구호품은 창고에 쌓여 있었지만 수용소장은 의도적으로 분배하지 않았다. 여성 포로들은 여러 형태의 모욕을 강요받았는데, 수용소에서 일본군과 마주칠 때는 무조건 90도로 고개를 숙여 인사해야 했다. 또한 맨손으로 화장실 배설물 처리 등에 동원되었고 매일 벌어지는 '텡코'(일본어로 점호라는 뜻)에서 천황이 있는 도쿄 쪽을 향해 인사했고 "일본은 일등이며 영국과 미국은 꼴등"이라는 식의 유치한 구호를 반복적으로 외쳐야 했다. 포로들은 자조 섞인 농담으로 "일본군은 죄수와 여자를 가장 싫어한다"라고 말했다. 자신들이야말로 두 가지 조건을 모두 갖춘 최악의 존재였던 것이다.

하지만 이러한 고통의 시간 가운데에도 삶은 계속되어야 했다. 포로들은 청소, 정리정돈, 취사 등에 나름의 규율을 가지고 루틴을 만들어갔고 네덜란드 수녀들과 더불어 신앙심을 굳게 이어 나갔다. 동시에 몇몇 여성 포로들은 살아남기 위해 음식이나 담배를 대가로 경비병들에게 매춘을 하기도 했다. 일본군은 비열하게도 극한의 상황에 처한 여성 포로들에게 장교들을 위한 클럽의 위안부로 종사하도록 강요했다. 불윙클을 포함한 많은 포로들이 이를 거부했고 굳건한 의지로 끝까지 버티며 무너지지 않았다. 언젠가 불윙클은 호주 출신 동료들에게 자신이 목격했던 '방카 섬의 학살'에 대해 얘기했다. 그녀의 증언을 들은 이들은 모두 경악했고 동시에 이 비밀을 굳게 지켜주리라 다짐했다. 결국 이 약속은 끝까지 지켜졌다.

시간이 흐르면서 포로들은 연합군 비행기가 다시 활동하고 있다는 사실을 알아챘다. 그 횟수가 점점 늘어났기에 막연하게나마 일본군이 밀리고 있음을 느끼고 있었다. 1945년 초에 불윙클을 포함한 수용자들은 팔렘방 서쪽의 루부클링가우 수용소로 이송되는데, 이송 과정에서 병약했던 수십 명이 죽어 나갔다. 사실 이들이 수용되었던 수마트라 섬은 맥아더 장군의 '태평양 섬 건너뛰기Shoe string' 공략 리스트에서 빠졌고, 전쟁이 끝날 때까지 외부와 단절된 채 조용히 남아 있었다. 하지만 1945년 중반이 넘어가자 일본의 패망은 시간 문제였고 결국 동년 8월 15일 연합군에 무조건 항복을 하게 된다.

일본군은 전쟁이 끝났다는 사실을 수용자들에게 바로 알리지 않았다. 수마트라 섬의 오지에 있던 수용소에 종전 소식이 전해진 것은 8월을 넘긴 9월 초였다. 바이너 브룩호에 탑승했던 65명의 호주 간호사들 중 마지막까지 살아남은 이들은 24명뿐이었고, 그중에는 불윙클도 있었다. 이들을 해방했던 영연방군 병사들은 수용소의 열악한 상태와 수용자들의 뼈만 남은 모습을 보고 큰 충격을 받았다. 바로 대규모 해방군을 보낼 수 없었던 연합군은 수용자들의 식량 공급을 위해 항공기로 보급물자를 공수했다. 사실 수용소 안에는 적십자 구호품을 포함한 물자가 많이 쌓여 있었지만 일본군은 끝내 죽어가는 수용자들에게 물자를 공급하지 않았다. 불윙클은 3년 만에 처음으로 분말 우유와 통조림을 먹으면서 해방과 생존의 기쁨을 자축했다. 이후 불윙클은 싱가포르로 이송되어 서서히 기력을 회복했고 호주로 가는 귀국선을 타게 된다. 하지만 그녀의 전쟁은 여기서 끝나지 않았다. 이제부터 정의를 바로 세우기 위해 해야 할 일이 남아 있었다.

미완의 정의

9-6. 도쿄 전범 재판장에서 증언하는 불윙클의 모습

호주로 돌아온 불윙클은 군과 정부 당국에 방카 섬 학살에 대해 증언했다. 그녀의 증언을 들은 호주군과 정부 관계자는 경악할 수밖에 없었다. 특히 일본군에 의한 성폭행 부분이 그러했는데, 이는 살해당한 간호사들의 명예와 관련이 있었고 이미 슬픔에 빠진 유족들을 더욱 비통하게 만들 수 있는 중대한 문제였다. 더구나 1942년 초에 이미 홍콩에서 일본군이 영국 간호사들에게 벌인 만행을 알고 있었던 호주 당국으로서는, 자국 간호사들을 싱가포르에서 늦게 철수시킨 것에 대한 대중의 비난을 피할 수 없을 터였다.

불윙클은 1946년 4월부터 열린 도쿄 전범 재판에 참석하여 방카 섬 학살에 대해 증언하게 된다. 하지만 그녀는 자신이 겪은 참상을 다 말할 수는 없었다. 호주 당국이 숨진 간호사들의 명예와 당국에 대한 비난 등을 고려하여 불윙클에게 성폭행 부분에 대해선 철저히 함구하라고 명령했던 것이다. 그녀는 당국의 지시를 따랐다. 불윙클이 진술했던 성폭행 관련 기록은 보고서에서 잘려 나갔다. 재판에서 밝혀진 사실은 방카 섬 학살 당시 관련되었던 일본군 부대, 보병 229연대 1대대가 후에 과달카날 전투에서 미군에 패하며 부대가 해체됐기에 어느 특정인을 기소할 수 없다는 사실이었다. 1대대장이었던 오리타 유우折田優 소좌는 종전 시 관동군 소속으로 소련군에 의해 포로로 잡혔다. 그는 시베리아에서 수용 생활을 한 뒤 1948년 6월에 일본으로 석방되자마자 신분을 확인한 미군 당국에 의해 체포된다. 전범을 수용한 도쿄의 스가모 형무소에서 복역하던 오리타는 석 달 후인 9월에 감옥에서 자살하고 만다. 이로써 방카 섬 학살에 대한 일본군 피의자들은 사실상 사라졌으며 사건은 이대로 종결되었다. 최종적인 희생자는 60명의 영국과 호주 병사들, 22명의 호주 간호사들과 1명의 민간인 여성 등 총 83명에 달했고, 이들에게 정의 구현은 미완의 과제로 남았다.

호주로 돌아온 불윙클은 1947년에 육군에서 전역을 하고 멜버른의 병원에서 수간호사로 일하게 된다. 그녀는 이곳에서 자신의 직분을 다하는 동시에 방카 섬에서 희생된 동료들을 추모하기 위한 사업에 여생을 바쳤다. 불윙클은 생전에 방카 섬 학살에 대한 상세한 내용을 담은 육성 기록을 남겨놓았으며, 2000년에 85세의 나이로 세상을 떠났다.

시간이 흐른 2017년 이후, 영국과 호주의 언론 및 사학자들이 방카 섬 학살에 대한 '정확한 진실'이 담긴 자료들을 잇달아 발표했다. 많은 사람들이 충격을 받았지만 여전히 가해자를 찾을 수는 없었다. 호주에서는 방카 섬 학살이 벌어진 매년 2월 16일경에 희생자들을 기리는 추모식을 거행한다. 기억하는 것은 중요하다. 호주인들은 학살을 기억하면서 고인들의 비참했던 희생을 생각하고 앞으로 이런 일이 다시는 발생하지 않도록 노력할 것을 함께 다짐한다. 비록 '미완의 정의'였지만 이 모든 것이 불굴의 의지를 가진 한 명의 생존자, 비비안 불윙클을 통해 가능했다.

4부
예기치 못한 운명에
휩쓸리다

자신의 의지와는 다르게 전혀 예상치 못한 운명으로 빨려 들어간 사람들의 이야기다. 비록 고난의 과정에서 살아남았지만 살아 있는 동안 주변으로부터 끊임없이 비난을 받았고 항상 죽음을 생각했다. 이후 순간의 마음가짐에 따라 이들의 운명은 극과 극으로 갈리게 된다.

10장
죄책감에 무너진 비운의 희생양,
찰스 맥베이 3세

미국의 군인 (1898~1968)

10-1. 찰스 맥베이 3세

　어릴 적 길거리에서 보았던 영화 포스터 중에서 가장 기억에 남는 것을 꼽으라면 단연 스티븐 스필버그의 영화 〈죠스*Jaws*〉(1975)를 들고 싶다. 거대한 상어의 아가리가 전면에 등장하고 그 위에서 아무것도 모르고 수영하는 한 여성의 모습이 담긴 포스터는 어린 초등학생의 눈에도 대단히 인상적이었다. 영화에는 해수욕장에 피해를 입힌 상어를 잡기 위해 세 명의 사나이들이 바다로 나서게 된다. 좀처럼 잡히지 않는 상어를 추적하며 지쳐가던 이들은 어느 날 저녁 잠시 배를 멈추고 각자의 다양한 사연들을 쏟아낸다. 그중 한 명이 상어잡이 전문가인 퀸트 선장으로, 그는 이날 대화에서 상당히 끔찍한 얘기를 들려준다. 퀸트 선장은 태평양 전쟁 당시 미 해군 소속이었는데, 어느 날 본인의 전투함이 일본군 어뢰에 공격당해 바로 침몰하게 되었다. 언제 구조될 것이라는 기약도 없이 몇 날 며칠을 바다에 떠다니던 생존자들은 곧 일본군보다 더 가공할 적과 마주친다. 그 적은 바로 상어였다. 퀸트 선장은 많은 동료 수병들이 상어에 물어뜯기다가 죽어갔다고, 당시의 소름 끼치는 상황을 표정 하나 안 바꾸고 묘사한다. 옆에 있는 다른 두 사람은 미동도 못한 채 그의 말을 듣고 있었으나 표정으로 봐서 상당히 기가 질린 모습이었다. 사실 퀸트 선장의 이야기는 실제 역사적 사건에 기반한 설명이었으며 이것을 스필버그 감독이 영화에 차용한 것이었다. 사건과 관련된 전투함의 이름은 미 해군 중순양함 인디애나폴리스호USS Indianapolis로, 그 비극적인 배의 운명만큼이나 기구한 삶을 살았던 한 사람이 있었다. 바로 배의 함장이었던 찰스 맥베이 3세Charles B. McVay III 해군 소장이었다.

역전의 전투함

1945년이 되면서 태평양의 미군은 압도적인 물량 공세로 일본군을 본토로 몰아붙이고 있었다. 하지만 2월에 벌어진 이오지마 전투는 비록 작은 섬에서 벌어졌지만 미군에게 2만 6천 명 이상의 전사상자라는 엄청난 피해를 입혔다. 펠렐리우, 사이판, 이오지마까지 태평양의 지옥과 같은 섬들에서 온갖 전투를 겪어온 역전의 미군에게도 일본인들은 여전히 이해가 안 되는 민족이었다. 일본군은 모든 전투에서 문자 그대로 죽을 때까지 싸웠고 최근에는 필리핀, 오키나와 전투를 거치면서 가미카제 자살특공대들까지 가세했다. 유럽 전선의 독일이 5월 8일에 항복한 상황에서 태평양 미국 육해군의 피해는 날로 증가하고 있었다. 문제는 일본 본토가 아닌 이오지마 같은 변방의 섬에서도 미군 수만 명이 죽거나 다치는 상황이었는데, 1억 명이 옥쇄를 각오한 본토에 상륙한다면 그 피해는 상상도 할 수 없을 터였다. 미군 지휘부는 이미 일본 본토 침공 작전인 '몰락 작전 Operation Downfall'을 입안하고 있었다. 1945년 11월부터 이듬해 3월까지 연합군 180만 명 이상이 규슈, 시코쿠, 혼슈 등에 순차적으로 상륙하여 일본제국을 끝장낸다는 계획이었다. 미군 최고 사령부는 이 정도 병력은 되어야 그나마 일본군을 제압할 수 있으리라 판단했지만 그에 따라 수반되는 수십만 명의 사상자는 당연한 수순이었다. 말이 수십만 명이지 이것은 대통령을 비롯한 미국 정치권에도 엄청난 부담이었다. 희생을 최소화하기 위해 특단의 대책이 필요했다.

10-2. 항해 중인 인디애나폴리스호

인디애나폴리스호의 찰스 맥베이 함장은 미국 아시아 함대 사령관이자 해군 대장이었던 아버지 찰스 맥베이 주니어Charles Butler McVay Jr.의 영향으로 해군사관학교에 입교했고, 1920년 졸업한 이후 해군에서 착실히 경력을 쌓아왔다. 태평양 전쟁이 시작되면서 실력을 인정받았던 맥베이는 워싱턴의 합동참모본부에서 정보 담당관으로 근무하게 된다. 이후 해군으로서 전선에 순환 배치된 그는 1944년 11월부터 전투함에 승선했으니, 그 배가 바로 인디애나폴리스호였다. 인디애나폴리스호는 미 해군의 포틀랜드급 두 번째 중순양함으로 1931년에 취역했는데, 1936년에는 루스벨트 대통령의 남미 순방을 수행하는 등 미 해군의 얼굴 역할을 했던 배였다. 전쟁이 터지자 뉴기니, 알류샨 열도, 마리아나 제도와 필리핀해까지 전 태평양을 누비며 주무장인 8인치 함포로 일본군과 싸워왔다. 제5함대의 사령관인 레이먼드 스프루언스Raymond Spruance 제독이 이 배를 상당히 좋아해서 자신의 기함으로 쓰기도 했다(사실 스프루언스는 유년 시절을 인디애나폴리스에서 성장했고 이 도시에 대단히 애착을 가지고 있었다). 맥베이가 취임한 이후 인디애나폴리스호는 이오지마를 거쳐 오키나와로 이동했으며 3월 24일부터 꼬박 일주일간 상륙을 위한 사전 포격에 참여했다. 그러던 3월 31일 이른 아침에 함은 일본군 Ki-43 하야부사 전투기의 가미카제 공격을 받아, 함미 쪽 갑판을 뚫고 떨어진 폭탄에 의해 프로펠러와 연료 탱크가 큰 손상을 입게 된다. 전투가 한창인지라 수리를 위해선 자력으로 캘리포니아의 마레 섬 조선소까지 이동해야 했고, 이곳에서 수리하며 다음 전투를 위한 재충전에 들어갔다. 그러는 동안 함장 맥베이는 상부로부터 비밀스러운 호출을 받게 된다.

극비 임무를 수행하다

10-3. 로스앨러모스에서 핵실험 도중 생긴 버섯구름

1945년 7월 16일 새벽 5시 29분, 미국 남서부 뉴멕시코주의 로스앨러모스라 불리는 황량한 사막 지대에서 인류 최초의 핵실험이 성공을 거두었다. 맨해튼 프로젝트Manhatton Project라 불린 이 극비 계획은 오펜하이머, 아인슈타인, 엔리코 페르미와 닐스 보어 등 세계적인 천재 과학자들이 총동원된 메가 프로젝트였다. 이들은 나치보다 빠른 시간 안에 원자폭탄을 만들기 위해 불철주야 노력했는데, 5월에 나치가 패망한 이후 이 가공할 폭탄을 사용할 곳은 오직 한 곳 외에는 없었다. 당시 트루먼 대통령은 1945년 4월에 루스벨트 대통령이 서거한 이후 이 폭탄의 존재에 대해 알게 되었고 그 엄청난 위력에 대한 설명을 듣자 최대한 빨리 실험을 성공시키도록 지시한다. 그로서는 다가오는 일본 본토 공략 이전에 이 폭탄을 사용하여 최대한 빨리 전쟁을 끝내고 싶었던 것이다.

　로스앨러모스에서 핵폭탄 실험이 성공하고 수시간 후, 샌프란시스코 항구를 벗어나 태평양으로 나가는 한 척의 군함이 있었다. 그 배는 모든 수리를 다 마친 인디애나폴리스호로, 이상하게도 통상 있어야 할 다른 호위함들의 모습이 보이지 않았다. 인디애나폴리스호는 출항 전에 두 개의 원통형 알루미늄 컨테이너와 나무 상자 하나를 싣게 된다. 이 화물을 위해 육군 장교 두 명이 승선했고 무장경비가 24시간 감시했다. 상자의 내용물에 대해서는 승조원 중 누구도 알지 못했지만 곧 함내에는 이와 관련한 온갖 유언비어가 퍼지게 된다. 몇몇 수병들은 상자의 정체를 두고 내기를 걸었는데 가장 많이 나온 후보는 '최신형 전투기의 엔진'이었다. 내용물이 뭔지 모르는 것은 함장인 맥베이 역시 마찬가지였다. 그는 출발 전 최대한 빠른 속도로 하와이를 거쳐 마리아나 제도 북쪽에 위치한 티니언 섬으로 이동하여 즉시 화물을 하역하도록 지시받았다. 상부의 누구도 내용물에 대해 알려주지 않았고(사실 그들 대부분도 정확히 몰랐다), 보안책임자는 "화물을 빨리 전달할수록 전쟁이 빨리 끝날 수 있다"라는 묘한 말만 남겼다. 문제는 최대한 신속하게 끝내야 할 극비 임무라는 말과 함께 인디애나폴리스호 단독으로 수행해야 한다는 것이었다. 비록 당시 태평양에서 미군이 승기를 잡았다고는 하지만 아직 전쟁이 끝난 것은 아니었다. 대對잠수함용 음파탐지기가 없던 인디애나폴리스호 같은 배들은 바다에서 온갖 위험과 마주칠 수 있었다. 맥베이는 몸집이 큰 1만 톤급 중순양함 혼자 출격하는 것은 위험하다며 호위함을 추가할 것을 여러 차례 요구했지만 모두 기각당했고, 최대한 신속히 임무를 완료하라는 짧은 답변만 받았다. 인디애나폴리스호는 나흘 만에 중간 기착지인 진주만에 도착했는데, 29노트(약 시속 54km)의 기록적인 속도로 이동한 결과였다. 이후 7월 26일에 최종 목적지인 티니언 섬에 무사히 도착했고 군사경찰들이 부두를 통제하는 가운데 하역 작업이 시작되었다. 하역은 대단히 신중하게 진행되었다. 어찌 되었든 온갖 추측과 리스크 속에서도 임무를 완료했고 맥베이 함장으로서는 큰 짐을 던 셈이었다. 인디애나폴리스호는 이후 7월 28일에 괌으로 이동해 제대 일자를 맞은 일부 군인들을 하선시켰다. 다음 목적지는 필리핀 레이테 만으로 일본 본토 전투에 본격적으로 가담하기 전에 잠시 이동해서 훈련할 계획이었다. 이미 특수 임무가 종료된 시점인지라 맥베이는 상부에 다시 호위함 추가를 요청했지만 전선에서 빼낼 구축함 숫자가 부족했던 상황이라 역시 요청을 기각당했다. 인디애나폴리스호는 다시 한번 단독으로 이동해야 했다.

한편 인디애나폴리스호가 운반한 화물에는 당시 사람들에게는 이름조차 생소한 '고농축 우라늄'이 담겨 있었다. 이 생소한 물질이 바로 티니언의 B-29 전략폭격기 부대가 사용할 원자폭탄의 핵심 재료였던 것이다. 이곳에서 조립된 원자폭탄은 리틀 보이Little Boy라고 불렸고 일주일 후인 8월 6일에 일본 히로시마에 투하되어 20만 명 이상이 목숨을 잃게 된다. 당시 맥베이는 전혀 상상도 못했지만 실제로 그는 전쟁을 빨리 끝낼 수 있는 엄청난 화물을 운반한 것이었다.

불의의 일격

10-4. 일본 해군의 I-58 잠수함

태평양의 여름 밤은 고요했다. 일본 해군의 대형 잠수함인 I-58호는 7월 29일에 필리핀 레이테 만 일대를 이동 중이었는데, 지난해 10월에 벌어진 레이테 만 해전에서 일본 해군이 거의 괴멸된 이후 일본군은 잠수함을 제외하고는 제대로 된 활동을 할 수 없었다.

함장인 하시모토 모치츠라橋本以行 중좌는 잠수함 경력만 11년 차인 베테랑으로서 1944년 5월부터 I-58호 잠수함의 함장으로 근무 중이었다. 잠수함에는 일본이 자랑하는 95식 산소 어뢰는 물론 해상의 가미카제 격인 유인 어뢰 가이텐回天 요원까지 탑승했다. 하시모토는 미군 전투함을 잡기 위해 집요하게 이동했으나 별다른 성과를 거두지 못했고 구레 항으로 복귀하게 된다. 1945년 4월 29일 미군의 구레 항 대공습 때 하시모토의 I-58호는 유일하게 살아남은 잠수함이었고 이제는 단순히 생존하는 것도 전과가 되는 암울한 시기가 오고 말았다. 이후 I-58호는 7월 16일에 다시 출격하여(우연히도 인디애나폴리스호가 샌프란시스코에서 출항한 날짜와 같다) 괌과 레이테 만 중간 지점에서 미군 전투함을 눈에 불을 켜고 찾고 있었다. 그리고 7월 30일 자정이 될 무렵, 달빛 속에 미국 전함을 한 척 발견한다. 순간 하시모토는 적선이 미군의 아이다호급 전함이라고 착각했지만 사실 그 배는 인디애나폴리스호였다. 그는 즉시 잠수를 명령하고 적함이 서서히 다가오기를 기다렸다. 인디애나폴리스호의 약 1,500m 앞까지 접근하자 하시모토는 드디어 어뢰 발사 명령을 내린다. 총 여섯 발의 어뢰들이 부채꼴 모양으로 목표물을 향해 쏜살같이 나아갔고 승무원들은 초초하게 타이머를 재기 시작했다.

7월 30일 자정이 되었을 때 인디애나폴리스호는 평온한 항해를 이어가고 있었다. 근무 인원을 제외한 많은 이들이 취침 중이었고 몇몇 수병들은 함내 식당에서 카드를 쳤다. 조용하던 바로 그때 커다란 굉음과 함께 배에 엄청난 충격이 가해졌다. 함교에 있던 인원들이나 자고 있던 수병들 모두 깜짝 놀라 상황을 파악하려 했지만 이미 배 곳곳에 불길과 화염이 솟아오르고 있었다. 일본군의 공격인 것은 확실해 보였고 함장인 맥베이는 즉시 함교로 가서 상황을 살펴보았다. 엔진과 전기 계통에서 연쇄적인 폭발이 일어나고 있었고 이미 우현 쪽부터 물이 급속도로 배에 들어오고 있었다. 맥베이는 빠른 판단으로 구조 무선을 보낸 후 전원 퇴함을 명령했고 그렇게 수백 명의 승무원들이 즉시 배에서 탈출하기 시작했다. 배가 급속도로 기울며 가라앉는 탓에 수병들이 구명정은 물론 구명조끼를 챙길 시간조차 충분치 않았다. 그래도 평소 다양한 상황에 대처하도록 훈련된 해군으로서 총원 1,195명 중 폭발이나 화재로 사망한 300여명을 제외한 900명 가량의 인원이 탈출할 수 있었다. 인디애나폴리스호는 피격 12분 후에 태평양 깊은 바닷속으로 가라앉게 된다. 탈출한 이들 중에는 맥베이 함장도 있었다. 달빛 외에는 잘 보이지도 않는 자정 시간, 폭발과 침몰의 아수라장 속에 구호 장비와 식량 등을 제대로 챙길 수 없는 상황이었다. 살아남은 이들은 여러 개의 작은 구명정에 올라가거나 공간이 넉넉지 않으면 그 옆에 매달려 버텼다. 모든 것이 너무나 갑작스럽게 일어났다. 밤을 새고 동튼 후 바라본 바다는 매우 처참했다. 기름과 피에 범벅이 된 부상병과 전사자를 포함해 수백 명이 사방에 흩어져 있었다. 비록 식수나 먹을 것도 제대로 없었지만 생존자들은 큰 고비는 넘겼고 얼마 안 있어 미군 함선이 오리라 생각하며 먼 바다를 주시했다. 하지만 지금부터 진짜 무서운 시련이 시작되려 하고 있었다.

바다로부터의 공포

생존자들은 서로 뭉쳐 있으면서 그룹을 형성했다. 바다에는 여전히 구명조끼도 입지 않은 채 수시간을 간신히 떠 있는 사람들이 있었고, 이들부터 하나둘 바닷속으로 사라지기 시작했다. 아직까지는 희망을 품고 있던 생존 승무원들에게 서서히 고통이 찾아왔다. 맑은 하늘에서 다가오는 구조기를 기대했지만 첫날 하루 동안 보이는 것은 끝없이 펼쳐진 망망대해뿐이었다. 새벽에 사방을 밝혀주며 밝게 떠오르던 햇볕이 시간이 지날수록 승무원들을 괴롭히기 시작했다. 강한 태양빛이 정면으로 쏟아지면서 피부에 물집을 넘어 화상에 가까운 상처를 입힌 것이다. 탈수로 입이 바짝 마른 상황에서 강렬하게 쏟아지는 태양은 사람들을 서서히 태워갔다. 고통을 참지 못한 병사들은 소금기 강한 바닷물을 마시기 시작했지만 이는 상황을 더욱 악화시킬 뿐으로, 이들은 곧 입에 거품을 물고 부풀어 오른 입술로 극심한 고통을 호소했다. 2~3미터 정도 크기의 작은 구명정에 여러 명이 타다 보니 배에 물이 들어오기 시작했고 일부는 가라앉았다. 시간이 지날수록 허기에 지친 병사들은 탈수와 태양열 탓에 이미 반쯤 정신착란 상태가 되어 서로 싸우기 시작했다. 바다에서는 부상자들의 피 냄새를 맡은 살인자들이 떼를 지어 몰려오고 있었다. 상어였다.

상어들은 이미 전날 밤의 폭발음과 물속에서의 사람들의 움직임 등을 통해 서서히 몰려들었고 움직임 없이 부유하던 시체들을 먼저 공격했다. 시간이 지나면서 점점 더 많은 상어들이 몰려오며 구명조끼 없이 장시간을 버티거나 피 흘리는 수병들을 공격했다. 상어들은 먹잇감이 사방에 있다는 것을 알고 폭주하기 시작했다. 수백 마리의 상어 떼들이 광란의 사냥을 시작했다. 심지어 사람들이 여러 명 올라타 있던 구명정 자체를 공격하기도 했다. 마치 죽은 사람의 눈처럼 생기 없는 눈으로 움직이는 상어의 모습은 생존자들을 극도의 공포로 몰아넣었다. 엄청난 턱을 가진 상어의 악력은 상상을 초월했으니, 수면 아래에 있던 수병들의 하체를 그대로 물어 뜯어 삼켜버렸다. 배고픔이 몰려오는 가운데 운 좋게 스팸 통조림 몇 개를 챙긴 일부 생존자들은 고기 통조림 냄새를 맡고 상어가 몰려오는 통에 이 간절한 식사조차 제대로 할 수 없었다. 밤이 되자 작열하는 태양은 사라졌지만 상어의 위험은 그대로였다. 생존자들은 무리를 지어 상어의 습격을 방어하려고 노력했지만 온몸의 기력이 빠져가는 수병들에게 물속의 살인자를 상대하는 것은 너무나도 어려운 일이었다. 밤이 깊어지자 희미한 달빛 속에 바닷물이 차갑게 식었고 수병들은 몸을 바짝 웅크리고 덜덜 떨며 최대한 체온을 유지하려 했다. 그 와중에 많은 사람들이 정신적으로 무너졌는데, 히스테리 상태에서 침몰한 배에 있는 음식을 찾으러 간다며 잠수하거나 모든 것을 포기하고 스스로 바닷속으로 힘없이 빠지는 이들도 있었다. 반면 희망을 놓지 않는 사람들도 있었다. 이들은 귀환하면 먹고 싶은 음식들을 생각해 보거나 소중한 가족과의 재회를 상상하며 버티고 있었다. 이러한 지옥 같은 생과 사의 사투는 무려 4일 동안 계속되었다.

10-5. 구조되어 병원으로 이송되는 인디애나폴리스호 생존자들

　　인디애나폴리스호의 침몰, 실종 이후 미 해군은 인디애나폴리스호의 무전은 물론 적 전함의 침몰을 보고하는 일본 잠수함의 교신도 확인했지만 이것이 일본군의 계략일 수 있다는 판단으로 즉시 행동에 나서지 않았다(다른 두 개의 무선이 더 있었는데 당직 장교가 무시했고 이는 추후 기밀로 분류되었다). 7월 31일까지 배와 연락이 되지 않자 심상찮은 일이 발생했다는 것이 확실했다. 사태의 심각성을 인지한 미 해군이 구조기들을 파견해 실종자들을 찾기 위해 노력했다. 마침내 8월 2일 오전 11시경, 미 해군의 PV-1 벤추라 수색기와 PBY 카탈리나 비행정이 바다 한가운데 흩어져 있는 생존자들을 발견한다. 수색기들은 즉시 무전으로 이들의 좌표를 보고했고, 벤추라기는 구명정과 송신기를 투하했다. 수상 착륙이 가능한 카탈리나 비행정은 즉시 현장에 착수하여 부상자들을 일단 기체와 날개 위에 태웠다(사실 이런 행동은 비행정 사용 지침에 반하는 것이었다). 몇 시간 후 또다른 비행기들이 현장으로 와 구명정 등을 추가로 투하했다.

해가 지자 마침내 첫 번째 구조선이 도착했다. 구축함인 세실-도일호USS Cecil J. Doyle로, 이후 6척의 각종 함선들이 추가로 도착하면서 철야 구조 작업을 진행한다. 이들은 일본 잠수함의 또다른 공격 위험을 감수한 채 온갖 라이트를 켜고 구조를 진행했는데 이때부터 구름이 끼며 간간이 번개도 치기 시작했다. 세실-도일호는 계속 머물며 93명을 구조했고 마지막으로 비행 불능이 된 카타리나 비행정을 파괴한 후 작업을 마쳤다. 미 해군이 생존자 숫자를 점검한 결과 인디애나폴리스호에 승선했던 총 1,195명 중 316명만이 살아남았다 (이 중 두 명은 8월 중에 사고 후유증으로 사망했다). 이것은 미 해군 역사상 최악의 전투 중 손실이었다! 더구나 희생자 대부분이 적의 공격이 아닌 탈수, 화상, 상어에 의한 사망이란 점에서 더욱 충격적이었다. 생존자 중에는 부상당한 맥베이 함장도 있었으니, 그에게 생존 자체는 불행 중 다행이었지만 지금부터 그에게는 '상어와의 사투' 이상의 힘든 싸움이 남아 있었다.

비참한 최후 그리고 명예 회복

전쟁이 끝나고 석 달이 지난 1945년 11월, 미 해군은 인디애나폴리스호 침몰에 대한 조사와 더불어 맥베이 함장을 대상으로 한 군법회의를 열었다. 그를 기소하는 것에는 여러 이견이 있었다. 태평양함대 사령관인 체스터 니미츠 제독은 문서를 통한 견책 선에서 마무리하고자 했지만 해군 최고지휘관인 어니스트 킹Ernest King 제독의 결정으로 결국 맥베이는 군법정에 서게 된다. 기소된 맥베이의 죄목은 '지그재그 항해'를 하지 않아 함을 적 잠수함으로부터 위험에 빠뜨렸고 퇴함 전파가 제대로 되지 않아 적절한 탈출 시기를 놓쳤다는 것이었다. 법원은 지그재그 항해와 관련해서만 유죄를 선고했다. 비록 절반의 혐의에 대해서만 유죄를 받았지만 맥베이는 이조차도 도저히 받아들일 수 없었다. 일본군 잠수함 함장인 하시모토 중좌가 직접 증인으로 나와 "당시 맥베이 함장이 어떤 조치를 취했든 우리는 그 배를 격침시킬 수 있었다"라고 진술한 부분 역시 무시되었다(적군인 하시모토조차 맥베이가 군사재판에 회부된 상황을 전혀 이해하지 못했다). 더불어 맥베이가 대對잠수함 방어를 위해 필수적인 구축함의 호위를 거듭 요청했다는 사실 역시 인정되지 않았다. 2차 대전 중 수많은 미 해군의 선박이 격침되었지만 함 자체의 손실로 군법회의에 회부된 것은 인디애나폴리스호의 맥베이 함장이 유일했다. 당시 일본이 항복하고 승전 분위기에 한껏 젖어 있던 미국에서 인디애나폴리스호 침몰이라는 미 해군 역사상 최악의 사태는 잔칫집에 재를 뿌리는, 듣기 싫은 비보였다. 해군은 이 사건을 어떻게든 덮고 싶어 했으며, 맥베이는 이 모든 십자가를 짊어져야 할 희생양이 되었던 것이다. 그렇게 맥베이 함장은 온갖 책임과 비난을 홀로 뒤집어쓰게 된다. 비록 1946년에 해군 최고지휘관이 된 니미츠 제독에 의해 침몰 당시의 용감한 행위를 인정받고 현직으로 복귀했지만 주변의 반응은 여전히 냉랭하기만 했다. 사실상 맥베이의 군 경력은 끝난 셈이었다. 그는 해군 소장으로서 본토인 뉴올리언스 해군기지에서 복무하다가 1949년 쓸쓸히 퇴역했다. 그의 퇴역 이후에도 사망한 승조원 가족들의 비난과 원망은 끊임없이 이어졌고 맥베이는 이를 침묵으로 받아들였다.

10-6. 인디애나폴리스호의 침몰에 대해 조사받는 맥베이 함장

1968년 11월 6일, 미국 동부 코네티컷 리치필드의 한 가옥에서 총기 자살 사건이 발생했다. 사망자는 70대 노인 남성으로 콜트 권총을 든 채 뒷문에서 발견되었으니, 그의 이름은 바로 찰스 맥베이 3세였다. 그는 인디애나폴리스호 유족들의 비난에 따른 자괴감과 수년 전 사별한 부인에 대한 그리움으로 노년에 더욱 스트레스를 받으며 살아왔다. 결국 죽음이 지배한 극한의 상황에서도 살아남았던 맥베이 함장은 스스로 생을 마감하고 말았다.

2000년 10월 30일, 미국 의회는 결의안 하나를 통과시켰다. 인디애나폴리스호의 침몰과 관련하여 맥베이 함장이 무죄라는 것을 공식적으로 인정한다는 내용이었다. 최종적으로 클린턴 대통령이 결의안에 서명했고 인디애나폴리스호와 관련된 맥베이 함장의 모든 기록은 사라지게 된다. 이 결의안을 이끈 것은 놀랍게도 당시 열세 살 학생이었던 헌터 스콧Hunter Scott으로, 이 소년은 학교 과제를 하다가 맥베이 함장의 사연을 알게 되었다. 처음에는 단순한 호기심에서 접근했지만 실제 생존자들과 적극적으로 인터뷰까지 하는 과정에서 맥베이가 억울하게 기소되었다는 사실을 확신하게 되었다. 이 확신은 맥베이의 누명을 벗겨줘야 한다는 생각으로 이어졌고, 스콧은 본격적으로 맥베이의 무죄를 위한 홍보 캠페인을 벌였다. 얼마 지나지 않아 스콧의 이야기는 미국 주요 미디어에 노출되어 결국 워싱턴 정치권에까지 알려지게 되었다. 한 소년의 뚝심 있는 노력에 힘입어 1999년 9월, 상원 군사위원회에서 맥베이 함장 사건 관련 청문회가 열렸고 다시 한번 과거에 대한 진실공방이 벌어졌다. 이 과정에서 전혀 예기치 못한 편지 한 통이 미 상원에 전달되었는데, 발신인은 바로 I-58 잠수함 함장이었던 하시모토 중좌였다. 그는 맥베이 함장이 배 침몰에 아무런 죄가 없으며, 군인으로서 함장의 명예를 회복시켜 달라고 미 상원에 간곡히 요청했다. 이 모든 노력이 모여 결국 맥베이는 인디애나폴리스호 침몰 사건에서 무죄로 인정받게 된다. 하시모토 중좌는 마치 마지막 할 일을 다했다는 듯이 결의안이 최종 채택되기 며칠 전에 사망했다.

온갖 역경 속에서 겨우 살아남았지만 죽음보다 못한 자국민들의 냉소적 시선 속에 비참한 최후를 맞이했던 맥베이 함장은, 한때 가장 증오했던 적의 도움으로 명예를 회복할 수 있었다. 그의 인생은 아이러니의 극치였으며, 인간 세상에는 영원한 적도 친구도 없음을 다시 한번 깨닫게 해준다.

11장
태평양 전쟁 제1호 포로,
사카마키 가즈오

일본의 해군장교 (1918~1999)

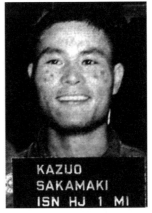

11-1. 사카마키 가즈오

1941년 12월 8일 아침의 하와이는 더 이상 '태평양의 파라다이스'가 아니었다. 전날 일본제국 해군항공대가 진주만을 기습 공격했고, 무방비 상태였던 미 태평양 함대는 엄청난 피해를 입었다. 이미 공격을 마친 일본 함대가 자국으로 기수를 돌려 신나게 귀환하고 있었지만 패닉 상태에 빠진 미군은 상황을 제대로 파악할 수 없었다. 진주만 주변에는 공격받은 전함에서 여전히 검은색 연기가 피어오르고 있었다. 하와이의 전 해안선에 주방위군, 육군, 해병대 소속 병사들이 혹시라도 다시 올지 모르는 일본군 침입에 대비해 경계를 서기 시작했다. 12월 8일 아침에 오아후 섬에 근무하던 주방위군 228연대 소속의 데이비드 아쿠이David Akui 상병이 소대장과 함께 하와이의 가장 큰 해변 중 하나인 와이마날로 일대를 순찰했다. 해변을 순찰한 지 얼마 되지 않았을 때 아쿠이는 해변에 누워 있는 한 사람을 발견하게 된다. 의식을 완전히 잃은 그는 동양인 남자로 짧은 머리에 상의에는 해군 닻 모양이 부착된 카키색 군복을 입고 있었다. 제복과 겉모습으로 판단해 볼 때 기습을 감행했던 일본군의 일원인 것이 확실했다. 아쿠이 상병은 곧장 다른 부대원들을 불러 남자를 후송했다. 치열했던 태평양 전쟁의 제1호 포로가 잡히는 순간이었다.

특공 임무에 선발되다

1941년 중반 이후 아시아의 정세는 문자 그대로 일촉즉발의 상황이었다. 이전 해에 나치가 서유럽을 휩쓰는 가운데 일본은 허수아비가 된 프랑스 식민지인 베트남을 노리기 시작했다. 중립국인 미국도 더 이상 지켜만 볼 수 없는 상황이었고 결국 일본에 가장 중요한 자원인 석유에 대해 금수 조치를 실시한다. 중국과 동남아 일대에 군대를 진주시킨 일본으로서는 석유 없이는 전쟁을 지속할 수 없음이 명백했고 군대를 철수시킬 수도 없었다. 양측 간에 평화를 위한 물밑 협상이 벌어졌지만 타결은 요원한 채 시간만 흘러갔다. 일본군은 어차피 전쟁이 벌어질 것이라면 신속한 선제 공격으로 미국의 기선을 제압하려는 작전을 이미 준비하기 시작했다. 야마모토 이소로쿠 제독이 입안한 이 작전의 핵심은 미국 태평양 함대가 주둔한 하와이 진주만을 제국 연합함대의 항공모함으로 기습하여 미 해군의 숨통을 끊어놓는 데 있었다. 항공모함에서 발진한 해군항공대가 공격의 주력이었지만 일본군은 또 하나의 비밀 무기를 동원한다.

11-2. 진주만 공격을 위해 출격하는 일본 해군항공대 전투기

사카마키 가즈오酒巻和男는 1918년에 시코쿠 섬 동쪽 도쿠시마현에서 서민 집안의 8남매 중 둘째 아들로 태어났다. 한때 교사를 꿈꾸기도 했던 사카마키는 당시 한창 팽창하고 있던 일본제국 해군에 매력을 느껴 1937년 해군사관학교에 진학했다. 그가 졸업하던 1940년에 전 세계는 이미 전쟁의 소용돌이에 휘말린 상태였다. 해군 소위로 임관한 사카마키는 항공모함에서 해군 전투기를 조종하는 파일럿을 지망했고, 조국 일본을 위해 당장이라도 임무를 부여받기를 열망했다. 그리고 그 기회는 생각보다 빨리 다가오게 된다. 일

본 해군 지휘부는 항공기에 의한 공격 외에도 보다 파괴적인 대구경 어뢰 장착이 가능한 소형 특수 잠항정을 투입하기로 결정했다. 잠항정이 미군을 피해 진주만에 침투할 수만 있다면 항공기에 의해 피해를 입은 미국 전함에 추가적인 치명타를 입힐 수 있다고 판단한 것이다. 해군은 이 작전을 위해 10명의 패기 넘치는 젊은 장교와 하사관을 선발했다. 사카마키도 거기에 포함되었는데, 그가 이런 위험한 임무에 선발된 이유에는 그가 죽더라도 집안에 다른 형제가 많다는 점도 있었다. 어찌 됐든 사카마키는 정예 요원으로 선발된 자신을 대단히 자랑스럽게 생각했다.

이들이 탑승하게 될 잠항정은 갑표적甲標的이라고 불리는 길이 24m의 소형급 잠항정이었다. 갑표적은 수중에서 19노트(시속 37km) 속도로 움직였고 보다 큰 모함인 I-24 잠수함에서 발사되었다. 각 잠항정은 2인 1조로 가동되었으며 함 전방에 강력한 파괴력을 지닌 450mm 어뢰를 두 발 장착할 수 있었다. 좁은 실내 환경 탓에 잠수함의 생활은 다른 수상함과 비교했을 때 상당한 인내심과 집중력을 요했다. 하지만 그보다 더 작은 잠항정은 함 내부가 훨씬 더 비좁았기에 탑승자들의 체력과 극도의 인내심을 필요로 했다. 사카마키는 하사관인 이나가키 기요시稻垣淸와 한 팀으로 배치되어 출항 전까지 미츠쿠에 만에서 작전 연습에 부단히 매진했다. 철저한 보안 속에 1941년 11월 중순 이후 연합함대 기동 부대가 하와이를 향해 움직이기 시작했고, 사카마키의 잠항정도 모함과 함께 출발했다. 이제 또 하나의 거대한 전쟁이 태평양에서 시작되려 하고 있었다.

혼란과 실패의 연속

11-3. 진주만에 침투한 일본 잠항정을 격퇴하는 데
공을 세운 미군 구축함 워드함의 승조원들

사카마키 등이 탑승한 갑표적 잠항정 5척은, 진주만 기습이 본격적으로 실시되기 세 시간 반 전인 1941년 12월 7일 새벽 3시 반에 모함에서 출발했다. 승무원들은 결의를 다지기 위해 흰색 무명천에 '필승必勝'이라고 적힌 일장기를 군모 위에 둘렀다. 또한 마치 신성한 의식이라도 치르듯 하얀색 장갑까지 착용했다. 모선을 출발한 잠항정들은 서서히 하와이 바닷속으로 들어가 진주만으로 접근했다. 그중 한 척은 수중에서 잠망경을 올린 채 잠항하던 중 인근을 지나던 미군 수송선 안타레스호USS Antares에 발견된다. 수송선 함장은 즉시 인근에서 초계 임무를 수행하던 구축함 워드USS Ward에 이 사실을 전했다. 워드함 함장은 잠수함의 잠망경 항적이 있는 것을 주의 깊게 관측한 후 적 잠수함이라 판단했다. 그는 함에 장착된 76mm 함포 사격을 명령했고 이후 잠수함에 치명적인 폭뢰 수 발을 투하

한다. 함포와 폭뢰 공격을 받은 일본 잠항정은 잠망경과 선체에 큰 타격을 입어 그대로 침몰했다. 함장은 상황이 예사롭지 않다고 생각해 즉시 태평양함대 사령부에 보고했으나 허즈번드 키멀Husband Kimmel 제독이 지휘하던 본부에서는 별다른 조치를 취하지 않았다. 진주만의 미군에게 천금 같은 시간이 허무하게 흘러가고 있었다.

사카마키는 자신의 잠항정인 HA-19호의 잠망경을 올리며 목표를 향해 전진하고 있었다. 진주만에 도달하기 위해 세 시간 이상을 이동해야 했는데, 얼마 지나지 않아 자이로스코프(선박과 항공기의 평형 측정 기구)에 이상이 생긴 것을 발견했다. 사카마키로서는 큰 임무를 앞두고 재앙 같은 상황이 벌어진 것이었다. 그와 기요시 하사관은 자이로스코프 수리를 위해 갖은 노력을 기울였지만 별다른 성과가 없었다. 사카마키 일행은 천신만고의 노력 끝에 진주만이 있는 오아후 섬 인근까지는 도달할 수 있었으니, 이때가 일본기들의 공습이 막 시작되고 있던 오전 7시경이었다. 사카마키는 잠망경으로 몇 척의 미군 소해정과 구축함을 발견했지만 항공모함과 전함이 최우선 공격 목표라는 상부의 지침에 따라 공격하지 않았다. 이후 정찰을 하며 계속 이동하던 그의 잠항정 하부에 철판 긁히는 소리가 나면서 더 이상 가동할 수 없게 되었다. 잠항정이 산호 위로 올라간 것이다. 산호 위에서 꼼짝 못 하고 있던 사카마키의 잠항정을, 불바다가 된 진주만에서 벗어나던 미군 구축함 헬름USS Helm이 발견해 즉시 포격을 퍼부었다. 미 구축함의 격렬한 포격으로 잠항정이 산호초에서 벗어나게 되지만, 이 과정에서 사카마키가 좁은 선내에 머리를 부딪쳐 정신을 잃게 되었다. 잠시 후 정신을 차린 사카마키가 다시 진주만으로 진입하기 위한 필사적으로 노력했지만 구축함의 포격과 폭뢰가 그의 잠항정 인근을 때리면서 함의 양쪽 어뢰 작동에 문제가 생겼다. 더 이상 임무를 수행할 수 없다고 판단한 사카마키는 모선과의 집결 장소인 남동쪽 방향의 라나이 섬으로 이동하려 했다. 하지만 이미 조종이 어려운 상황인 탓에 사카마키는 최대한 인근 해안에 접근해 상륙하려 했다. 조류에 밀려 이동하던 중 잠항정은 와이마날로 해변 인근의 산호에 다시 한번 좌초하게 된다. 사카마키는 기요시에게 탈출하라고 지시했고(이것이 그가 살아서 기요시를 보았던 마지막 순간이었다), 본인은 배를 자폭하기 위한 마지막 조치로서 시한폭탄을 가동시킨다. 이후 해치를 통해 밖으로 나온 사카마키는 험한 파도와 싸우며 죽을 힘을 다해 뭍으로 헤엄쳤고 그렇게 해변에서 정신을 잃게 되었다. 사카마키는 몰랐지만 일부만 부서진 잠항정은 폭파되지 않았고 산호초에 그대로 걸려 있었다.

미군의 포로가 되다

사카마키가 정신을 차리고 눈을 떴을 때 그는 병원 침대에 누워 있는 자신의 모습을 발견하게 된다. '사카마키 가즈오 소위'는 공식적으로 미군의 포로가 되었다. 그것도 태평양 전쟁의 제1호 포로가 된 것이다! 그가 있던 곳은 호놀룰루 안에 있는 샌즈 섬의 특별 관리 구역으로, 불안하고 복잡한 마음이 사카마키의 온몸을 파고들었다. 일본군의 기준에서 본다면 사카마키는 살아 있으면 안 되는 사람이었다. 그는 '황국의 군인'으로서 목숨을 바쳐 임무를 수행하고 이것이 불가능하다면 자결로라도 끝까지 충성을 다해야 했다. 포로가 된다는 것은 본인뿐만 아니라 가문과 국가에 대한 배반이자 지독한 수치로 여겨졌다. 그를 감시하는 미군 관계자들이나 경비병들은 딱히 구타나 가혹행위 등은 하지 않았지만 사카마키에게는 살아있는 하루하루가 고통이었고, 결국 견디다 못한 그는 정식으로 자살하게 해달라고 미군에 요청한다. 미군 담당자는 사카마키가 정신이 나갔다 생각하며 그저 웃을 뿐이었고 당연히 그의 요청은 받아들여지지 않았다.

11-4. 해변으로 끌어올린 사카마키의 갑표적 잠항정

진주만 기습 이후 몇 달 동안 일본 본토는 자국의 승전보를 통해 그야말로 축제 분위기였다. 야마모토 제독은 "잠자는 사자를 깨웠다"라고 내심 걱정했지만 연이은 일본군의 승리 소식에 이러한 걱정도 잊히고 있었다. 한편 사카마키와 함께 출항했던 5척의 잠항정은 모두 임무에 실패해 침몰하거나 나포되었으니, 10명의 요원들 중 사카마키를 제외한 9명이 전사했다. 일본 당국은 이들을 '아홉 군신軍神'으로 부르며 신문에 대서특필했지만 당연히 사카마키는 그 명단에서 제외되었고, 그의 가족에게는 전투 중 사망했다고 짧게 통보했다. 이후 당국은 그의 가족에게 사카마키가 행방불명되었다고 애매하게 전달했다. 일본 해군은 미군 포로가 된 그의 상황을 정확히 잘 알고 있었지만 비정하게도 전쟁이 끝날 때까지 가족에게조차 그 사실을 숨겼다.

미군 포로로서 사카마키의 처우는 전쟁 중 다른 나라 포로들이 겪어야 했던 비참한 일상과는 차원이 달랐다. 그는 충분한 음식과 휴식을 보장받았고 장교로서 그에 걸맞은 대우를 받았다. 하지만 마음 한구석에는 포로가 되었다는 사실 자체만으로 끊임없이 괴로워했다. 이때 사카마키는 하와이에 있는 일본 거류민 중 그 자신이 러일전쟁 때 러시아군의 포로 생활을 했던 나고 시노부라는 사람을 만나게 된다. 불교에 귀의했던 나고는 사카마키를 비롯한 다른 포로들에게 자신의 포로 경험담을 들려주었고, 절대 삶을 포기하지 말고 어떠한 일이 있어도 끝까지 살아남으라고 강조했다. 시간이 흘러가는 가운데 사카마키는 샌프란시스코, 위스콘신, 테네시, 루이지애나, 텍사스 등 미국 전역의 포로수용소를 옮겨 다닌다. 그는 이 과정에서 적극적으로 영어를 배우며 미국인과 소통하게 되었고, 폐쇄적인 일본과는 다른 미국인의 사고방식과 문화에 깊은 감명을 받았다. 사카마키는 모범적인 포로 생활을 하며 미군 경비병들과도 좋은 관계를 유지했고, 일본인 포로들과 문제가 생기면 통역을 통해 원만히 해결해 주는 완충 역할을 도맡았다. 미군도 그런 그를 존중해 주었고 상호 간에 신뢰를 어느 정도 쌓게 되었다. 어찌 보면 사카마키는 다른 일본군들이 '옥쇄 돌격'이나 '가미카제 특공'으로 무의미하게 죽어 나가는 상황을 피할 수 있었던 행운아였다. 제국 일본의 해군 사관학교를 졸업한 열혈 군국주의자였던 사카마키는 참전과 포로 생활을 통해 어느덧 나름 확고한 신념을 가진 평화주의자로 변모해 있었다.

1945년 8월 15일 일본제국은 미국의 원자폭탄과 소련의 대일전 참전을 통해 더 이상 전쟁을 이어갈 수 없다고 판단해 연합군에 무조건 항복한다. 사카마키를 비롯한 일본군 포로들에게 드디어 고향으로 돌아갈 수 있는 길이 열리게 되었다.

자신을 극복하다

전후 일본으로 향하는 연합군, 특히 미군은 걱정이 컸다. 과거 태평양의 여러 섬과 오키나와, 이오지마 등에서 죽을 때까지(또는 부비트랩을 설치해 죽은 이후까지) 미친 듯이 저항하던 일본군의 모습을 많이 보았기 때문에 단순한 기우는 아니었다. 하지만 미군을 기다리고 있던 것은 지극히도 순종적이고 협조적인 일본인들이었기 때문에 이들은 예상과 다른 모습을 보며 대단히 혼란스러워했다. 한편 1946년 중반에 고향으로 돌아온 사카마키에게는 좀 다른 상황이 펼쳐진다. 이미 그의 신분이 언론에 크게 보도된 터라 물론 그의 가족들은 무척이나 기뻐하며 죽은 줄 알았던 사카마키의 귀향을 반겼다. 동시에 태평양 전쟁 1호 포로로서 주변의 비아냥과 냉랭한 눈총이 존재했던 것도 사실이었다. 심지어 그의 집에 여러 차례 칼이 든 무기명 소포와 함께 "자살로서 국민에게 사죄하라"라는 편지가 전달되는 등 한동안 섬뜩한 협박이 계속되었다. 비록 같은 동포였지만 일본인들이 점령군과 포로 출신을 대하는 태도는 너무나도 달랐다. 전후 일본에서는 식량이 매우 부족했기에 오히려 미군 포로수용소에서 넉넉한 배급을 받았던 사카마키는 이제 다른 모든 일본인처럼 살아남기 위한 투쟁을 벌여야 했다. 그는 닥치는 대로 일거리를 찾기 시작했다.

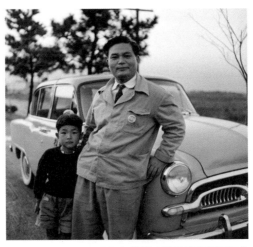

11-5. 도요타 자동차 시절의 사카마키 가즈오

이후 1950년대가 되면서 사카마키는 지인의 소개를 통해 도요타 자동차에 입사하게 된다. 그가 근무하던 때 도요타는 일본 경제의 부흥과 함께 사세를 전 세계로 확장했다. 이때 포로 시절에 배운 사카마키의 영어가 큰 장점이 되었으니, 이 능력 덕분에 해외영업 부서에 근무할 수 있었던 그는 차근차근 경력을 쌓아 나갔다. 사카마키는 1969년부터 도요타의 브라질 법인장으로서 상파울루에서 근무하게 되었고 이곳을 '제2의 고향'이라 부를 정도로 사랑했다. 사카마키는 브라질에 뿌리를 내린 많은 거류 일본인들의 상공회의소 상임이사로 활동하며 활발한 사회 활동을 이어가던 중 69세인 1987년에 공식적으로 은퇴했다.

4년 후인 1991년 중반, 사카마키는 텍사스 프레더릭스버그에 있는 '태평양 전쟁 국립박물관'을 방문했다. 태평양 전쟁을 승리로 이끈 니미츠 제독의 고향이기도 한 이곳에서 그는 자신의 전쟁 관련 경험을 나누고 강연을 했다. 이후 박물관을 돌아보던 사카마키는 검은색으로 도색된 한 전시물을 보고 온몸이 굳어버렸다. 50년 전 그가 진주만을 공격할 때 탔던 갑표적 잠항정이었던 것이다. 미군은 하와이 산호초에 좌초한 잠항정을 예인했고, 이후 미국 전역을 돌며 미국인들의 전쟁 채권 구매를 독려하는 전리품으로 널리 선전되었다. 그리고 이제 태평양의 승자인 니미츠 제독의 고향, 프레더릭스버그에 하나의 비석처럼 자리하고 있었다. 사카마키는 자신의 분신과도 같았던 잠항정을 보고 흘러내리는 눈물을 주체할 수 없었다. 전시물에 손을 대고 마치 아들을 끌어안듯 잠항정을 어루만졌다. 이것이 전쟁 후 잠항정과의 처음이자 마지막 만남이었고, 이후 사카마키는 별다른 대외 활동 없이 칩거하다가 1999년에 아이치현 도요타시에서 81세를 일기로 눈을 감는다.

사카마키의 장남인 기요시는 아버지 사후 자신의 어린 시절을 돌아보았다. 그가 어릴 때에 매년 진주만 기습일인 12월 8일(미국과의 시차로 일본은 7일이 아닌 8일에 기념한다)만 되면 온갖 언론사에서 사카마키에게 인터뷰 요청을 하며 찾아오곤 했다. 하지만 사카마키는 요청을 모두 거절했는데, 어린 시절의 기요시로서는 그 이유를 알지 못했다. 그러던 중 그는 우연히 아버지가 전후에 썼던 비망록 노트를 보게 되었고, 그제서야 세상에서 조롱받으며 수차례 '자살과 생존' 사이에서 갈등하던 아버지의 고통을 읽을 수 있었다. 기요시는 그 기록으로써 세상에서 잊히고 싶었던 아버지의 심정을 조금이나마 이해할 수 있었고, 동시에 자살하지 않았던 아버지에게 큰 고마움을 느꼈다. 그리고 어릴 적부터 의문이었던 자신의 이름에 대한 이유도 처음 알게 되었다. 기요시는 바로 사카마키의 잠항정 전우였던 '이나가키 기요시'에게서 따온 이름이었던 것이다. 사카마키는 전쟁과 관련한 기억을 모두 잊고 싶어 했지만 그 와중에도 먼저 보낸 동료만큼은 잊을 수 없었던 것이다. 더구나 그 이름을 다른 사람도 아닌 자신의 아이에게 붙였다는 것은, 그제서야 전쟁의 모든 기억을 극복할 수 있었다는 자신만의 의지 표현이 아니었을까?

5부
가해자를 용서하다

이들 역시 다른 이들과 마찬가지로 한계 상황에서도 살아남기 위해 포기하지 않았고 할 수 있는 모든 방법을 강구하며 생존했다. 하지만 이들에게는 다른 이들과는 다른 결정적인 차이점이 한 가지 있다. 이들은 최악의 순간을 겪으면서도 결국 그 가해자를 포용하고 용서했으며, 어떤 이는 그렇게 살아남아 최고의 자리까지 올라갔다.

12장
사선을 넘어 백악관까지 간 사나이,
조지 부시

미국의 정치인, 제41대 대통령 (1924~2018)

12-1. 조지 부시

    1988년 2월 8일 미국 공화당의 아이오와 전당대회가 끝나자 당시 현직 부통령이자 당내 대통령 후보 경선에 출마한 조지 부시 George H. W. Bush의 심정은 복잡했다. 역사적으로 아이오와 전당 대회는 향후 후보를 결정하는 데 가장 중요한 리트머스 시험지였다. 문제는 전당대회에서 그가 밥 돌Bob Dole 상원의원과 팻 로버트슨Pat Robertson 전도사에 이어 3위를 차지했다는 사실이었다. 사실 1986년을 내내

뒤흔든 이란-콘트라 반군 스캔들[1]이나 1987년 10월에 증시가 폭락한 블랙 먼데이[2]가 터지는 등 현직 부통령인 부시에게는 악재의 연속이었다. 그는 이런 상황을 타개하기 위해 새로운 전략이 필요했으니, 당시 선거 컨설턴트이자 미디어 전략의 귀재인 로저 에일스Roger Ailes를 고용하게 된다. 에일스는 부시의 장점에 좀더 초점을 맞추는 동시에 상대방의 단점을 부각시키는 미디어 전략을 실행했다. 전략의 일환으로 조지 부시의 성공적인 일대기를 짧게 요약한 광고를 만들어, 젊은 나이에 사업을 일구며 UN 대사와 CIA 국장을 지냈고 전 세계를 돌며 미국을 대표해 온 성공적인 리더 경력을 부각했다. 더불어 2차 세계대전 당시 '미 해군의 최연소 조종사'로 참전하여 조국에 헌신한 부분도 삽입되었는데, 광고 중 바다에 추락한 부시를 미 해군 잠수함이 구조하는 장면이 큰 화제가 되었다. 이 영상으로 부시는 조국을 위해 기꺼이 목숨도 바칠 수 있는 애국자의 이미지를 얻게 되었고, 이것이 훗날 공화당 후보 선출 및 대통령 선거 과정에서 상당히 긍정적인 영향을 끼쳤다. 그렇게 부시는 불리한 상황을 극복해 결국 백악관의 주인이 되었다. 한편 그의 비행기 추락과 구조와 관련하여 당사자인 부시 대통령조차도 잘 몰랐던 사실이 하나 있었다. 그 사실은 전쟁의 가장 참혹하고 잔인한 부분을 담고 있었으니, 내막은 일반인이 상상할 수 없을 정도로 끔찍했다.

1 당시 미국은 중동의 헤즈볼라가 납치한 레바논 내 미국인 인질들을 석방시키고자 협상하고 있었는데, 헤즈볼라는 이란의 영향력이 강하게 작용하는 단체였다. 이러한 상호 관계를 활용하기 위해 비록 적성국이지만 이란에 은밀히 무기 밀매를 추진했고 더 나아가 대對이란 무기판매 대금을 니카라과의 우익 반정부 세력인 콘트라 반군을 지원하는 데 전용했다. 이 사건으로 레이건은 거의 탄핵당할 뻔했다.
2 블랙 먼데이, 즉 검은 월요일은 보통 1987년 10월 19일 뉴욕 월스트리트에서 하루 만에 주가가 22.6%나 빠진 사건을 말한다.

해군 조종사가 되다

12-2. 출동 전 기체에서 비행 자료를 점검하는 조지 부시

　1941년 12월 7일 미국은 일본제국 해군항공대에 의해 하와이 진주만에 불의의 기습을 받는다. 일본의 공식적인 대미 선전포고문은 주미 일본대사관의 타이핑 치는 시간이 늦어짐에 따라 공격 개시 이후에 이뤄졌는데, 이를 통해 미국인들에게 '뒤에서 칼을 찌르는 비열한 일본인'이라는 이미지가 각인되었다. 미국인들은 극도로 분노했고 즉시 수많은 사람들이 일본군과 히틀러의 나치를 쳐부수기 위해 입대하기 시작했다. 이러한 애국적인 분위기 속에 분노를 삭이고 있던 미국인 중 동부의 사립 명문 필립스 아카데미의 재학생인 조지 부시가 있었다. 학생회장이었던 그는 많은 동급생들이 생각했던 것처럼 당장이라도 학업을 중단하고 입대하고 싶었지만, 당시 입대 연령인 18세보다 한 살 어렸기에 조금 더 기다려야 했다. 동부의 최상류층 집안에서 자란 귀한 아들이었지만 부시에게는 1

차 대전에 자원 입대하여 조국을 위해 싸웠던 아버지 프레스콧 부시Prescott Bush와 같은 애국자의 피가 흐르고 있었던 것이다(월가의 투자은행가였던 부시의 아버지는 생전 1차 대전 참전을 가장 자랑스럽게 생각했다고 하며 그의 묘비명에 '군인'이란 한 단어를 추가했다).

해가 바뀌어 1942년이 되었고 일본군은 파죽지세로 동남아와 태평양을 휩쓸었다. 괌, 웨이크 등 미국령 섬들이 일본군의 손에 넘어갔고 5월에는 맥아더의 필리핀마저 점령당했다. 부시는 학업을 마친 후 6월에 생일이 되자마자 입대를 강행한다. 그는 타고난 리더이자 모험가였는데, 의도적으로 해군 중에서도 가장 힘들고 위험했던 해군항공대에 사관 후보생으로 입대했다. 부시는 남부 텍사스의 코퍼스크리스티 해군 기지에서 조종사가 되기 위한 종합적인 훈련을 받게 된다. 그는 모든 부문에서 발군의 자질을 보였고 19세 생일 며칠 전인 1943년 6월 9일에는 드디어 조종사의 상징인 '날개 휘장'을 달며 소위로 임관되었다. 그 당시 부시는 미 해군에서 최연소 조종사 중 한 명이었다. 그는 해군 조종사로서 1944년 초에 태평양 전선에 배치된다. 이때는 일본군의 기세가 서서히 꺾여가고 있었고 그 중심에는 부시가 근무하게 되는 항공모함 중심의 '쾌속 기동부대'가 있었다. 부시가 배속된 항공모함은 샌 재신토USS San Jacinto로 당시 세계 최강의 해군 전투단이었던 미 해군 58기동부대Task Force 58 소속이었고, 마크 미처Mark Mitcher(진주만 공습에 대한 복수의 일환이었던 둘리틀 공습 당시 폭격기를 발진시킨 항모 호넷의 함장이었다) 중장이 지휘했다. 인디펜던스급인 샌 재신토는 항공모함치고는 짧은 190m 정도의 소형급이었고 45대의 전투기를 운용했다. 부시는 이곳에 소속된 뇌격기(어뢰를 투발하여 적의 함선이나 목표물을 공격하는 비행기) 공격대로서 TBM어벤저를 조종했는데, 항공모함이 소형인지라 이착륙 자체가 쉽지 않은 과제였다. 하지만 부시는 특유의 집중력과 부단한 노력으로 이착륙에 잘 적응했고 일본군과의 전투에 본격적으로 나설 준비에 만전을 기하고 있었다.

1944년 중반이 되자 미군은 서서히 북상하여 괌과 사이판 등 마리아나 제도 일대를 공격하기 시작했다. 향후 일본 본토를 공격할 때 중간 보급기지나 폭격기의 비행장으로서 큰 전략적 이점이 있는 섬들이었다. 이때 부시가 속한 항모인 샌 재신토는 58기동부대 일원으로 작전에 참여하게 되는데, 미군 항공모함만 15대가 동원된 어마어마한 규모였다. 미군과 일본군 양측은 마리아나 일대 바다에서 서로의 항공모함을 찾아다니며 결전을 준비했다.

운명의 6월 19일 아침, 일본군은 58기동부대를 공격하기 위해 먼저 출격하지만 우수한 레이더 성능을 통해 미리 진을 치고 있던 미군 비행기에게 호되게 당하고 만다. 이날 하루만 300대 이상의 일본군 전투기가 격추되거나 파괴되는 일방적인 전투가 벌어진다. 일본 해군에게는 더 이상 기억하고 싶지 않은 최악의 날이었다. 한껏 신이 난 미군은 이 일방적인 학살을 '마리아나의 칠면조 사냥'이라고 부르며 미 해군 역사의 자랑스러운 한 페이지로 추가했다.

다음 날인 6월 20일에 미군은 오후 늦게 일본군 함대의 이동 소식을 들었고 지체없이 추적해 공격할 준비를 한다. 문제는 이때가 어두워지기 시작하는 일몰 직전이었다는 점이다. 게다가 일본 함대의 위치가 미군 비행기들의 항속 거리 거의 끝에 있을 정도로 멀리 있었던 것도 문제였다. 하지만 승기를 잡은 미군은 공격을 강행했고 일본 함대의 항공모함, 전함, 보급함 등 다양한 함선들에 막대한 피해를 입힌다. 부시 소위의 뇌격기도 이 공격에 가담했고 의기양양하게 귀환 길에 오르지만 곧 심각한 문제가 발생했다. 이미 한밤중이 된 칠흑 같은 바다에서 연료가 거의 떨어져 갔던 것이다. 이런 암담한 상황에서 항공모함에 무사히 착륙하는 것은 엄청난 기적이 필요했다. 결국 부시의 비행기는 겨우 미군 함대 영역에 도달한 후 바다에 불시착하고 만다. 비록 바다에 떨어졌지만 부시의 기막힌 조종 기술 덕분에 비교적 안전하게 착수해 그와 동료 승무원들은 무사할 수 있었다. 부시 일행 3명은 임시 구명보트에 매달린 채 바다에서 표류했다. 다행히도 한 시간이 지난 후 인근에서 구조 작업을 하던 구축함이 다가왔고, 부시와 같은 운명에 처했던 많은 표류 조종사들을 구조해 낸다. 추락한 부시의 비행기는 결국 바다로 침몰했다. 그와 일행은 5일 정도 구축함에 머문 후 마침내 모함인 샌 재신토로 귀환할 수 있었다. 부시로서는 첫 번째 추락(격추가 아닌)이었는데, 기체의 모든 승무원이 살아남아서 결국 해피엔딩으로 끝나게 되었다. 하지만 앞으로도 이러한 행운이 계속 이어질지는 누구도 장담하지 못했다. 그 운을 확인해 볼 시간이 곧 다가왔다.

사선으로

마리아나 제도 일대를 평정하며 일본 해군에게 결정타를 먹인

미 해군은 다음 목표를 좀 더 북쪽에 있는 일본 섬들로 돌렸다. 그중 하나가 보닌 제도(현재의 일본령 오가사와라 제도)였는데, 일본 본토에서 불과 1,000km 정도 거리에 있는 일련의 섬들이었다. 이곳 섬들은 추후 일본 본토를 공략하거나 폭격할 때 중간 기착지나 추락 조종사들의 구조 및 보급 기지로 유용하게 사용될 수 있었다. 게다가 제도 중 가장 큰 섬인 치치지마父島(문자 그대로 '아버지 섬'이라는 뜻)에는 일본 육해군이 주둔했고 해군 비행장 및 두 개의 산봉우리에 라디오 무선중계 기지까지 갖추고 있었다. 무선 기지가 지나가는 미군 비행기의 동선을 본토에 경고해 주는 역할을 했으므로 미군으로서는 반드시 제거해야 할 중요한 목표였다.

1944년 9월 2일 화창한 아침, 조지 부시 소위는 샌 재신토 갑판에서 그의 58번째 임무를 앞두고 세심하게 기체를 점검했다. 오늘의 목표는 어제 이미 출격했던 치치지마로, 이곳의 일본군 대공 포화는 그동안 산전수전 다 겪었던 부시조차도 인정할 정도로 엄청났다. 일반적으로 그의 어벤저기에는 조종사인 부시와 무선사인 존 딜레이니John Delaney 그리고 후방 기총사수인 레오 나도Leo Nadeau 등 3명이 탑승했는데, 이날은 출격 전에 기총사수가 변경되었다. 변경된 탑승자는 윌리엄 화이트William White 소위로 항모의 정보 장교로서 치치지마를 직접 관찰하고 싶어 했다.

부시는 비록 내색은 안 했지만 출격을 할 때는 항상 마음속 깊은 곳에 두려움을 가지고 있었다. 하지만 일단 조종간을 잡고 비행기가 항모를 박차 오른 다음에는 오직 임무에만 집중했다. 그날 샌 재신토에서는 부시의 비행기인 바버라(그의 애인이자 미래에 미국 영부인이 될 여성의 이름을 따왔다)를 포함한 4대의 어벤저기가 출격했다. 이들은 무선중계 시설 공격을 위해 4기의 500파운드 폭탄을 탑재하고 치치지마로 접근한다. 인근의 프랭클린USS Frankline이나 엔터프라이즈USS Enterprise 등 다른 항공모함에서도 전투기와 폭격기가 투입되어 합동 작전을 펼쳤다. 무선중계 시설에 다가가자 전날과 마찬가지로 엄청난 대공 포화가 쏟아지기 시작했다. 부시는 목표물의 정밀한 타격을 위해 거의 수직으로 급강하했는데, 갑자기 큰 충격과 함께 기체 주위에 검은 연기가 피어올랐다. 비행기가 일본군의 대공 포화에 피탄된 것이었다! 기체가 흔들렸지만 부시는 일말의 망설임도 없이 계속 목표물에 접근했고 마침내 폭탄을 투하했다. 불과 수십 초 남짓한 시간 동안에 벌어진 일이었는데 다시 침착하게 상황을 점검한 부시는 비행기가 점점 추락하고 있다는 것을 알게 되었다. 순간 그는 추락을 하더라도 섬으로부터 최대한 멀리 떨어지겠다고 판단했고 그대로 바다로 나아갔다. 기체의 연기가 점점 승무원들의 호흡을 옥죄었고 이제 비행기를 포기할 순간이 왔다. 부시를 포함한 다른 한 명은 낙하산을 짊어지고 기체를 벗어났다. 몇십 초의 시간이 흐르고 부시는 무사히 바다에 떨어졌다. 하지만 함께 뛰어내린 다른 한 명은 낙하산이 제대로 펼쳐지지 않았고 결국 사망하고 만다. 기체에서 빠져나오지 못한 다른 한 명도 기수가 물에 처박히며 같은 운명을 맞이했다. 너무나도 짧은 순간에 한 비행기에 있던 세 젊은이의 운명이 갈리게 되었다.

부시는 겨우 살아남았지만 동료들의 죽음으로 엄청난 충격을 받았다. 그의 고행은 지금부터 시작이었다. 추락 지점은 섬 해안이

자세히 보일 정도로 멀지 않은 곳이었고, 곧이어 부시가 살아 있음을 감지한 일본군 보트가 그를 향해 달려오기 시작했다. 마침 조류가 해안 쪽으로 치면서 부시는 점점 일본군과 가까워졌다. 하지만 절체절명의 위기에 빠진 부시에게 구원자가 등장했으니, 다름 아닌 같은 공격대 소속의 동료들이었다. 그들의 비행기는 부시의 추락을 알아채고 그를 향해 달려오는 일본군 보트를 향해 기총을 퍼부었다. 미군 비행기의 맹공을 받은 일본군은 물러날 수밖에 없었다. 부시는 잠시 한숨을 돌렸지만 언제 구조될지 모르는 상황에다 이렇게 계속 표류할 수는 없는 노릇이었다. 그렇게 튜브형 구명보트에 몸을 싣고 해파리가 떼로 몰려 다니는 바다에서 두어 시간 이상을 버텼다. 점점 희망이 사라지고 있을 때 멀리서 다가오는 검은 물체가 보였다. 점점 수면 위로 부상하는 그것은 잠수함처럼 보였지만 살짝 보이는 외형만으로는 어느 국적인지 알 수 없었다. 부시는 극도로 긴장했고 자신도 모르게 신께 기도하고 있었다. 잠시 후 잠수함 갑판 위에 몰려든 사람들은 부시를 향해 영어로 소리치며 밧줄을 던졌다. 미군 잠수함이었다!

사실 부시가 추락할 때 동료 비행사들이 그를 일본군으로부터 보호하는 동시에 근처 미군 잠수함에 긴급 연락을 취했다. 당시 가장 근처에 있는 잠수함은 20km 거리에 떨어져 있던 가토급의 핀백 USS Finback이었다. 핀백의 선장은 마침 치치지마 인근에서 대기 중이다가 긴급 연락을 받자마자 부시가 표류하던 위치로 달려갔다. 부시가 잠수함으로 올라갈 때 한 병사가 무비 카메라를 들고 이 장면을 촬영했다. 이 필름이 후에 부시의 대통령 선거전에 사용된 것이다.

12-3. 미군 잠수함에 의해 구조되는 부시의 모습

부시를 구출한 잠수함은 재빠르게 물속으로 들어갔고 함내에서 지친 부시를 위해 식사와 휴식을 제공했다. 부시에게는 꿈만 같은 순간이었지만 아직 그의 시련은 끝난 것이 아니었다. 잠수함 안에는 다른 항공모함 소속으로 비행하다가 격추당해 구조된 다른 조종사들이 있었다. 부시를 포함하여 총 5명에 달했던 조종사들은 서로 동병상련을 느꼈고 잠수함 내에서 순번을 정해 감시 임무에 투입되었다. 때로는 일본군 구축함에 발각되어 폭뢰를 맞는 순간도 있었지만 무사히 벗어났고, 항해 도중 일본군 보급 화물선을 두 척이나 격침하기도 했다. 잠수함은 부시와 다른 조종사들을 미드웨이로 데려다 주었고, 부시는 자신을 구조해 준 잠수함 승조원들과 뜨거운 감사의 인사를 나누며 헤어졌다. 이후 부시는 하와이와 괌을 거쳐 마침내 한 달 만에 모함 샌 재신토로 귀환했다. 운명의 장난으로 탑승이 뒤바뀐 기총사수 레오 나도가 가장 격하게 부시를 환영했다. 부시가 있던 51뇌격기 공격대VT-51에는 16명의 조종사들이 있었는데, 정확히 절반인 8명이 전사했다. 반면 부시는 운이 좋았다. 격추되었음에도 구조된 것은 물론 이 공적으로 수훈비행십자장을 수여받고 이후의 전쟁 과정에서 끝내 살아남았던 것이다. 그렇게 부시는 전쟁 영웅으로서 귀향했고 치치지마를 그의 동료들이 전사했던 비극적인 섬으로만 기억했다. 하지만 그 섬은 훗날 대통령이 된 부시조차도 제대로 알지 못했던 다른 이들의 끔찍한 운명을 숨기고 있었다.

다른 이들의 운명

일본군은 이미 1930년대부터 치치지마를 요새화하기 시작했다. 태평양 전쟁이 격화되고 일본군이 후퇴하면서 치치지마에는 보다 많은 병력이 배치되기 시작했는데, 1944년 중반에는 2만 5천 명의 육해군 병력이 배치되어 있었다. 이곳 일본군 지휘관은 육군의 다치바나 요시오立花芳夫 중장과 해군의 모리 쿠니조森国造 중장이었다. 부대는 육해군 혼성사단으로 편성되었으며 다치바나 중장이 총사령관을 맡았다. 1944년 6월 이후 마리아나 제도를 점령한 미군이 북상하자 치치지마는 남쪽의 이오지마와 함께 일본 본토로 가는 중요한 길목이 되었다. 이러한 전략적 중요성 때문에 부시를 비롯한 수많은 미군 조종사들이 이 섬을 폭격했던 것이다. 하지만 수많은 공격을 이어가면서 차츰 미군도 피해를 입게 되었으니, 1944년부터

1945년 사이에 총 22명의 미군이 치치지마에서 격추되어 전사, 실종 처리되거나 포로가 된 것이다. 포로의 숫자는 총 아홉 명으로 알려져 있는데 만약 부시가 붙잡혔다면 그 숫자는 열 명이 되었을 것이다. 중요한 것은 아홉 명의 포로 중 1944년 6월 중에 일본 본토로 이송된 한 명을 제외한 여덟 명이 모두 처형당했다는 점이다. 전쟁 중 일본군은 연합군 포로를 철저히 학대했고 특히 이곳에서 미군 조종사들의 폭격에 시달리던 치치지마의 일본군이 포로들에게 더욱 심하게 대했을 수 있다. 하지만 포로 전원이 가혹 행위를 넘어 처형까지 당한 것은 이들에게 좀 더 '특별한 사연'이 있었기 때문이다.

그 사건은 주로 1945년 2월에서 3월 사이에 발생했다. 이오지마 전투 하루 전날인 2월 18일에 미군은 치치지마 역시 대대적으로 폭격했고 이 과정에서 미 해군 항공대 소속 다섯 명이 포로로 잡혔다. 이들은 부시와 같은 58기동부대의 에섹스급 항공모함 랜돌프USS Randolph와 베닝턴USS Bennington 소속으로, 부시와 마찬가지로 뇌격기 공격대였다. 다치바나는 포로들을 산하 부대에 분산하여 감시하게 했는데 이때부터 일본군의 가학적인 구타가 시작되었다. 그 과정에서 당일 바로 사망한 병사도 있었고 대부분의 포로들이 일주일에서 한 달 안에 처형당했다. 처형 방식은 극도로 잔인했다. 미군 포로는 수용 초기에 거의 초주검이 될 때까지 구타를 당한 뒤 날카로운 죽창과 총검에 찔리거나 천으로 눈이 가려진 채 일본도에 목이 베여 죽었다. 처형을 맡을 사람은 대개 초급 장교나 부사관 중 검도 유단자 출신들로 선발되었다.

12-4. 치치지마에서 피격된 항모 베닝턴 소속의 뇌격기
조종사는 힘겹게 항모로 귀환할 수 있었다(1945).

　2월 23일 저녁, 치치지마의 일본군 사령부에서는 다치바나를
포함한 고급 장교들의 회식이 있었다. 최전선의 열악한 상황 속에
당연히 술과 먹을거리가 넉넉하지는 않았는데 그때 다치바나가 동
석자들의 귀를 의심케 하는 발언을 한다. 그는 그날 처형당한 미군
이 있다는 사실을 기억했고, 그들의 시체에서 인육을 가져오라고 명
령한 것이다! 당시 치치지마의 일본군은 보급이 힘들어지면서 배급
이 줄기는 했지만 그렇다고 굶어 죽을 상황까지는 아니었다. 그럼
에도 불구하고 다치바나는 군의관을 시켜 미군의 시체를 절단했고
그 인육을 요리하라고 지시했다. 또한 그 자리에 모인 모든 장교들
은 조금이라도 그 인육을 먹으라고 했는데, 인체의 간과 같은 특수
부위를 먹으며 이러한 행위를 통해 적을 이길 수 있을 것이라는 충
격적인 발언도 했다. 다치바나에게 이것은 군인으로서 정신력은 물
론 같은 편으로서 일체감을 고취하는 전투적인 행위였다. 혹시라도

동참하기를 주저하는 장교들은 비난과 함께 구타를 당하기도 했다. 사실 태평양의 여러 섬과 뉴기니의 정글에서 보급이 끊긴 일본군이 연합군(특히 호주군)의 시체를 먹으며 연명했던 사례들이 여럿 있었다. 하지만 치치지마 사건은 기존의 사례들과는 차원이 달랐다. 아무리 온갖 일이 벌어지는 전시였지만 치치지마에서는 단순히 자신들의 입맛과 사기를 달래기 위한 식인 행위가 최고 지휘관들의 주도로 벌어졌던 것이다. 대량 학살이나 포로 학대는 말할 것도 없고 모든 전쟁 범죄 중에서도 단연 최악의 사례였다. 이러한 일들이 2월과 3월 사이에 잇달아 벌어졌고 최종적으로 다섯 명의 미군 포로가 처형된 후 식인의 희생자가 되었다. 이후 전쟁의 초점이 일본 본토로 옮겨가면서 치치지마는 상대적으로 미군의 관심권에서 벗어났고, 6월까지는 월 2~3회 수준의 미군기 폭격이 이어지는 정도였다. 이후 히로시마와 나가사키에 원폭이 투하되며 8월 15일에 일왕 히로히토의 항복 선언으로 전쟁이 끝났지만 일본군은 여전히 치치지마에 주둔하고 있었다. 9월 2일 도쿄 만에 정박 중인 미주리호 함상에서 일본의 항복 조인식이 벌어졌을 때 치치지마에는 미 해병 2사단이 상륙하며 일본군의 무장 해제를 시작한다. 다치바나는 일본군 총사령관으로서 미군에 정식으로 항복했고, 생존한 그의 부하들은 고국으로 돌아갈 날을 기다렸다. 하지만 바로 일본으로 돌아갈 줄 알았던 일본군들 중 다치바나를 포함한 일부는 차일피일 귀환이 미뤄지는데, 그 이유가 곧 밝혀지게 된다.

심판 그리고 남겨진 과제

12-5. 미군에게 항복하는 다치바나 중장

　미군은 치치지마에 상륙한 후 제일 먼저 추락한 조종사들의 생존 여부를 확인했다. 추락한 조종사들 중 포로가 된 소수가 살아 있으리라 생각하고 일본군을 심문했지만 돌아오는 것은 미군 포로들이 모두 미군기의 폭격으로 사망했다는 미심쩍은 대답이었다. 조종사들의 무덤까지 있었지만 허술한 가짜였고, 수상함을 느낀 미군 조사관들은 치치지마 주둔 부대원 중 귀환병들과 한국인 징용자들을 대상으로 탐문 수사를 벌였다. 결국 이러한 노력을 통해 포로들의 운명에 관해 몇 가지 중요한 단서를 얻을 수 있었다. 단서를 종합해 본 바 포로들은 일본군 주장대로 미군 폭격으로 죽은 것이 아니라 일본군에 의해 잔인하게 처형당했을 가능성이 높았다. 시간이 흐르면서 미군은 식인 행위에 대한 내용까지 파악하게 되었고, 결국 다치바나를 비롯한 12명의 일본군 피의자들을 체포해 이들을 전쟁 범죄 혐의로 기소했다.

재판은 1946년 8월부터 괌에서 시작되었다. 최초에는 한 명으로 추정되었던 식인 피해자가 재판 과정에서 더 많이 드러났다. 재판 참석자들은, 단지 식인을 목적으로 복수의 포로들을 처형했다는 일본군 피의자의 진술을 듣고 모두 경악에 빠졌다. 재판관들도 혼란스럽기는 마찬가지였다. '식인 행위'라는 범죄를 처벌할 법적인 근거가 마땅치 않았기 때문이다. 이들은 일단 기소자들을 매장도 제대로 하지 않고 시체를 모욕한 혐의로 재판을 이어갔다. 몇몇 재판관들은 사건의 소름 끼치는 내용을 토대로 혹시 다치바나가 정신병이 있는 것이 아닐까 의심도 했지만 오히려 무서웠던 것은 그가 지극히 정상이었다는 점이다. 당시 미군에서는 재판 결과를 공표하는 것에 상당한 부담을 느껴 최대한 보도를 자제했다. 자식들이 영웅답게 전사한 줄 알고 있던 포로들의 가족에게 미칠 엄청난 고통과 파장도 고려해야 했다. 결과적으로 재판 내용은 괌이나 미국 본토의 일부 언론을 제외하고는 철저히 숨겨졌다.

최종적으로 다치바나는 물론 명령을 실행한 부관 마토바 스에오的場末男 소좌를 비롯해 다섯 명에게 사형이 선고되었다. 해군 사령관 모리 쿠니조는 식인 행위에 참여했지만 사형이 아닌 종신형을 선고받았는데, 수감 중 과거 네덜란드령 동인도(현재의 인도네시아)에서 네덜란드 포로를 학살하고 이를 부하에게 뒤집어씌운 혐의가 추가로 드러나 결국 사형당했다. 다치바나를 비롯한 5인의 사형수들은 괌의 미군 수용소 내에서도 그들의 엽기적인 범죄로 악명이 자

자했고, 이들을 벼르던 간수들에게 지속적으로 구타를 당했다. 차라리 죽는 것이 낫다는 생각이 들 정도로 심한 구타와 학대를 당하던 이들은 결국 교수형을 당하며 죗값을 치르게 된다. 이들 외에 포로들의 장기를 적출한 군의관과 목을 베었던 병사들도 모두 징역형을 받았다.

치치지마 사건은 2003년 미국의 제임스 브래들리James Bradley라는 역사가 겸 작가의 논픽션『플라이 보이스Flyboys』로 세간에 본격적으로 알려지게 되었다. 그는 과거의 재판 기록을 통해 이 가공할 식인 사건의 전모와 전 미국 대통령이었던 '아버지 조지 부시(당시 그의 아들 부시가 43대 대통령으로 재임 중이었다)'가 휘말릴 뻔했다는 점도 밝혔다. 많은 미국인이 처음 들어보는 엽기적인 사실에 놀랐고, 심지어 대통령이었던 부시도 희생자가 될 뻔했다는 사실에 더욱 놀랐다. 부시는 태평양 전쟁 후 일본에 극도의 적개심을 가지고 있었는데, 자신도 일본군의 광기 앞에 쥐도 새도 모르게 사라질 뻔했기 때문이다. 하지만 이 모든 것을 뛰어넘어 부시는 미국의 공직자였고 대통령 재임 시절 일본이 아시아의 최우방 국가임을 명확히 했다. 그는 냉전 종식과 걸프전을 승리로 이끌며 베트남전 패전으로 자존심이 상했던 미국을 다시 세계 유일의 초강대국으로 만들었다. 부시는 아들이 대통령이던 2002년에 치치지마를 다시 방문하여 전사했던 동료들을 정면으로 마주했고 그렇게 자신의 길었던 트라우마를 끝내 내려놓게 되었다.

한편 괌 재판에서 사형당한 다치바나를 비롯한 치치지마의 전범자들은 현지의 무연고 묘지에 묻혔다. 현재 그의 위패는 도쿄의 야스쿠니 신사에 있으며 일반 전몰자는 물론 전범 1,068명과 함께 합사되었다. 오늘날 다양한 목적을 가진 많은 일본인이 야스쿠니 신사를 방문한다. 어떤 이는 사망한 전몰자에 대한 추모나 다시는 과거와 같은 불행한 역사를 되풀이하지 않겠다는 순수한 다짐을 하지만 정반대의 목소리를 내는 사람들도 있다. 그들은 다치바나 같은 이들을 전후 승전국의 일방적 재판으로 처벌된 비운의 희생자로 여긴다. 앞으로도 이러한 논란은 끝이 없을 테고, 거짓이 참으로, 참이 거짓으로 바뀌는 사례도 부지기수일 것이다. 우리가 역사를 제대로 기억하고 보존해야 하는 이유이다.

13장
극한의 고통을 용서로 승화시키다,
에릭 로맥스

영국의 군인, 작가 (1919~2012)

13-1. 에릭 로맥스

영국의 명장 데이비드 린 감독의 아카데미 수상작으로 유명한 〈콰이 강의 다리*The Bridge on the River Kwai*〉는 1957년에 개봉한 전쟁 영화의 걸작이다. 영화의 배경은 태국 정글에 위치한 일본군 포로수용소로, 일본군의 학대와 가혹한 노동 환경 속에서 미국, 영국 등 연합군 포로들이 겪어야 했던 다양한 갈등과 충돌을 그리고 있다. 극 중 영국군의 수장인 니콜슨 대령은 비록 포로이지만 군기를 유지하고 군인으로서 위신을 지키기 위해 최선을 다한다. 최초에 그는 영국군 장교들을 노동에 투입하려는 일본군 사이토 수용소장과 정면으로 충돌하며 갖은 고초를 겪는다. 하지만 건설 막바지에는 다리 건설에 대령 자신은 물론 영국군들의 명예가 걸렸다고 여기고 조기에 다리를 완성하기 위해 전력을 다한다. 처음에는 영국군 장교와 환자들이 노동하는 것도 그토록 반대했지만 이후에는 본인이 직접 지시하는 아이러니도 보여준다. 실물 다리의 세트와 기차까지 동원해서 폭파 장면을 담은 영화는 세계적인 성공과 흥행을 거두지만, 많은 생존 포로들이 있었던 영국과 호주 내 참전용사들의 반응은 상당히 냉담했다. 특히, 극 중 포로들이 태업을 하기 위해 강으로 다이빙하는 장면이나 일본군과의 협상 장면 등에서 비현실적이라는 비난이 들끓었다. 사실 이곳에서 철도를 건설했던 연합군 포로들의 생활 환경은 형언할 수 없이 참혹한 노예 수준이었다. 만연한 굶주림과 전염병 속에 조금만 작업 속도가 느리기만 해도 포로감시원의 '스피도'(스피드의 일본식 발음)라는 소리와 함께 채찍과 몽둥이가 날아왔다. 지금부터 소개하려는 사람도 이곳에서 죽음과 같은 고통을 견디며 겨우 살아남았던 영국인 포로였다. 하지만 그에게는 다른 이들과 구별되는 특별한 점이 한 가지 있었다.

기차를 좋아했던 소년

13-2. 싱가포르에 증원군으로 파견된 호주군(1941)

에릭 서덜랜드 로맥스Eric Sutherland Lomax는 1919년 5월 스코틀랜드의 중심 도시인 에든버러에서 태어났다. 그는 어려서부터 기차를 유달리 좋아했다. 유년 시절 그는 기차를 기다리며 선로 옆이나 역 앞에서 몇 시간씩 시간을 보냈고 기적을 울리며 기차가 다가오면 즐거움에 마구 뛰어다녔다. 자라면서 자전거 타는 법을 익히게 되자 로맥스는 선로를 따라 몇 시간이고 주변 지역을 여행하는 것을 즐기게 된다. 더불어 자신의 철로 여정을 일종의 지도로 만들어 기록하기도 했는데, 이 모든 것이 순수한 취미이자 열정에서 비롯된 행동이었다. 로맥스는 고교 졸업 후 그의 아버지가 근무했던 우체국에 취업하며 사회생활을 시작했다. 처음에는 우편 분류하는 일을 하게 되었는데 곧 우체국에 있던 전신 기계에 큰 관심을 보였다. 그는 우체국에서 일과를 마친 후 따로 시간을 내서 전신 기술을 배웠고 얼마 지나지 않아 전보를 다루는 기사가 되었다. 이때만 해도 전신 기술이 훗날 본인의 운명에 엄청난 영향을 끼칠 것이라고는 꿈에도 생각하지 못했을 것이다.

1939년 유럽에 전쟁의 그림자가 짙게 드리워진 시점, 로맥스는 연인과의 결혼도 미룬 채 입대하게 된다. 그는 직업상 전공을 살려 육군 통신병과에 배치되었다. 1년간의 훈련과 수습 기간을 거친 그는 소위로 임관했고 '자랑스러운 대영제국의 통신장교'로서 해외 파견 근무에 지원했다. 1941년 3월에 영국을 떠난 로맥스는 근무지인 인도로 가는 길에 남아공 케이프타운을 거치게 되었는데, 여전히 기차를 끔찍이 좋아했던 그는 기항 중에 현지의 기차 박물관 등을 몰래 방문했다고 한다. 이후 도착한 북부 인도는 아직 유럽이나 중동과 같은 직접적인 전장터는 아니었던 터라 그는 시간이 날 때면 기차를 타고 인근 지역을 둘러보았다. 하지만 이러한 여유로운 생활도 끝이 다가오고 있었으니, 동남아시아 일대에 대동아공영권을 내세우는 일본제국의 위협이 커지고 있었던 것이다. 그를 포함한 30여 명의 통신부대는 1941년 말에 당대 최강의 요새이자 대영제국의 요충지로 평가받던 싱가포르에 배치된다. 항구에서 그들을 맞았던 군악대는 당대 히트곡인 〈영국이여 영원하라 *There'll always be an England*〉를 연주했다. 하지만 그 영원의 종말이 생각보다 빨리 찾아오게 된다.

일본제국의 포로

13-3. 일본군에 항복하러 가는 영국군

    1940년 6월에 프랑스가 나치에 항복한 이후 일본은 극동의 프랑스령 인도차이나를 호시탐탐 노렸고, 결국 1940년 9월에 무주공산인 프랑스 식민지에 진주한다. 중립국인 미국과 바로 인근에 자국 식민지가 있던 영국, 네덜란드 등이 일본의 행동에 강하게 반대했다. 특히 미국은 일본에 대한 자산 동결과 석유 수출 금지로 압박하며 일본군의 철수를 주장했다. 이후 양측은 협상으로 사태를 해결하고자 했는데 강성 군부의 강한 입김에 따라 사실상 철수가 불가능했던 일본은 비밀리에 기습 공격을 준비하고 있었다.

    1941년 12월 7일 태평양 진주만을 기습한 일본군은 동시에 홍콩과 말레이시아의 영국 식민지에도 공격을 가한다. 비록 서류상이었지만 영국 및 연방군은 10만 명이었고 일본군은 3만 명 정도였으니 영국군으로서는 해볼 만한 승부였다. 더불어 싱가포르 일대의 방어를 위해 해군성에서는 'Z기동부대'를 구성해 영국 최강의 전함인 프린스 오브 웨일스HMS Prince of Wales와 순양전함 리펄스HMS Repulse를 급파했다. 하지만 일본군은 임기응변을 발휘했고 경무장에 자전거를 이용해 정글을 신속하게 이동했다. 또한 장갑이 얇을지라도 영국군은 한 대도 보유하지 못한 전차 150대를 투입하며 영국의 방어진지를 철저히 유린한다. 더불어 F2A 버펄로와 같은 구식 전투기 중심이던 영국군은 이미 일본군에 의해 제공권도 빼앗겼다. 이는 치명적인 결과를 초래했으니, 12월 10일에 영국의 자랑인 전함 프린스 오브 웨일스가 일본 공격기에 의해 침몰하는 경악할 사태가 벌어졌다. 이때부터 영국군은 말레이 전역에서 일방적인 후퇴를 거듭했고 급기야 이듬해 2월 초에는 싱가포르의 좁은 지역으로 몰리며 포위당하는 상황에 직면했다.

1942년 2월 8일에 일본군은 영국군의 숨통을 끊기 위해 최후의 공세를 시작하는데, 영국군의 예상과는 다르게 서부의 맹그로브 습지대로 기습 상륙한다. 2월 13일에는 일본군이 시내의 상수도 저수지를 점령했고 전투는 사실상 끝난 것이나 다름없었다. '말레이의 호랑이'라고 불렸던 일본군의 야마시타 도모유키山下奉文 장군은 영국의 아서 퍼시벌 장군과 시내의 포드자동차 공장 건물에서 항복을 위한 협상에 들어갔다. 우유부단한 퍼시벌은 우물쭈물하며 상황을 모호하게 끌고 갔는데 즉각적인 항복을 바랐던 야마시타가 퍼시벌을 다그쳐 결국 항복을 받아냈다.

이렇게 극동에 있던 '대영제국의 아름다운 보석'이 일본군 손아귀에 넘어가 무려 10만 명의 영국 및 연방군 군인들이 포로 신세가 되었다. 이것은 현재까지 기록된 영국군 역사상 최대의 패배였으며 '불굴의 정치가'인 처칠 수상조차 이때만큼은 겁먹은 표정을 보였다고 전해진다. 영국군 포로들은 무장해제되어 양쪽 길가에 정렬한 채 승자인 야마시타 장군의 사열을 받는 굴욕을 겪어야 했다. 이 포로들 중에는 통신대 장교로서 직접적인 전투에 참여하지 않았던 로맥스와 그의 부대도 포함되어 있었다. 그와 동료들은 송수신기를 파괴하라는 상관의 명령에도 만일을 위해 일부 부품들을 숨기게 된다. 그들은 자신들에게 벌어질 비참한 운명도 모른 채 창이 수용소Changi Prison로 터벅터벅 행진했다.

태국-버마 철도 건설에 투입되다

13-4. 태국-버마 철도 건설에 투입된 연합군 포로들

수용소에 갇힌 초기에 로맥스와 그의 부대원들은 통신 주특기 탓인지 일종의 수리창고에 배치되었고, 이곳에서 일본군의 여러 기

계나 공구를 고치고 관리하는 일을 보조했다. 일본군들도 장비 수리에만 신경 쓰다 보니 영국군 포로들을 특별히 괴롭히지는 않았다. 로맥스 역시 이러한 상황에 적응하며 나름의 포로 생활을 영위하고 있었다. 하지만 운명은 그를 이대로 내버려두지 않았다.

싱가포르와 네덜란드령 동인도제도를 점령한 일본군은 이후 버마(미얀마)로 진격하여 순식간에 영국군을 몰아내고 랑군(양곤)을 점령하게 된다. 일본군의 다음 진군 목표는 누가 보아도 서쪽의 인도라는 것이 분명했는데, 사실 그리 단순한 이동의 문제가 아니었다. 방어하는 영국군을 상대하기 이전에 버마와 인도 사이의 험준한 강과 산맥을 돌파해야 했고 버마 주둔군 자체에 원활한 보급이 필요했다. 보급은 주로 시암(태국)이나 말레이시아 동부에서 말라카 해협을 돌아 인도 방향의 안다만 해로 이어지는 해상 보급로를 이용했다. 하지만 1942년 중반이 지나면서 연합군 잠수함의 위협이 커졌고 보다 안전한 내륙 수송로, 특히 대량 수송이 용이한 철도의 필요성이 대두되기 시작한다. 이런 이유로 일본군은 태국 중부의 반퐁에서 버마 남부의 탄뷰자얏을 연결하는 400km 이상의 철도 건설을 추진하게 되었던 것이다.

1942년 6월, 로맥스를 비롯한 영국군 일행은 통풍도 제대로 안되는 비좁은 화물열차에 태워져 5일을 견뎠고 1,900km 떨어진 태국의 칸차나부리 지역에 도착했다. 이동하는 도중의 숨막힐 듯한 더위와 타는 듯한 갈증은 이후 벌어질 운명에 비하면 시작에 불과했다. 사실 영국군 포로들은 일본군에 붙잡힌 이후 제대로 된 식량과 의약품을 제공받지 못했는데, 예상보다 많은 포로가 잡히면서 사태가 악화되었다. 일본군은 기본적으로 포로가 된 연합군 병사들을 벌레처럼 경멸했다. 일본 군부의 프로파간다에 의해 연합군 병사들은 '귀축영미鬼畜英米'로서 전 세계를 지배하며 불쌍한 피지배인들의 고혈을 빨아먹는 탐욕스러운 인간들로 각인되었다. 더불어 항복을 불명예스럽게 바라보는 일본군의 전통적인 시각이 더해져 연합군 포로들은 더욱더 고초를 겪었다.

로맥스를 비롯한 영국군 포로들은 태국-버마 철도 구간 중에서도 바위산으로 이루어진 지형 때문에 악명 높았던 일명 헬파이어 패스Hellfire pass 주변에 투입되었다. 그나마 로맥스와 몇몇 동료들에게 다행이었던 것은 엔지니어로서 수리 관련 업무를 계속 맡을 수 있게 되었다는 점이다. 하지만 장교들을 포함한 대부분의 포로는 그렇지 못했다. 제네바 협정에 따르면 장교는 포로가 되었을 때 노동에서 배제되도록 규정되지만(영화 〈콰이 강의 다리〉에서 니콜슨 대령이 끝까지 투쟁했던 이유였다) 일본군은 이를 가볍게 무시했다. 포로들은 음식이 극도로 부족한 상황에서 변변한 장비도 없이 바위산을 깎는 중노동을 했으며, 일본군의 이유 없는 구타, 정글의 온갖 해충과 콜레라, 이질 등의 질병에 시달리며 한 달에도 수백 명이 죽어갔다. 최종적으로 6만 명 이상의 서구 연합군 포로들이 투입되었고 이 중 1만 6천여 명이 사망했다고 알려져 있다. 더불어 25만 명이 투입되었던 말레이, 중국 및 인도계 노동자들은 3분의 1인 9만 명 이상이 사망했다. 주변 아시아 식민지의 멀쩡한 기존 철로들도 뜯겨져 왔다. 모든 것이 일본제국이 전쟁을 이어가기 위한 소모품 그 이상도 이하도 아니었던 것이다. 일본제국이 주장했던 대동아공영권의 실체는 태국-버마 철도 건설을 통해 여지없이 그 민낯을 드러냈다.

한때 로맥스가 미친듯이 열광했던 철도가 이제 죽음의 장소로 다가오고 있었다.

죽음의 문턱에서

13-5. 싱가포르 창이 수용소에 있는 연합군 포로들의 모습

로맥스와 그의 동료들은 가혹한 조건 속에서도 살아남기 위해 하루하루 악전고투했다. 동료애와 유머가 그들의 생존 의지를 북돋았다. 그러던 중 로맥스는 철도 매니아의 능력을 활용해 철도 노선의 간이 지도를 제작했고, 이를 수용소 막사 파이프 속에 숨겨놓았다. 또한 그와 동료들은 마침내 자신들의 통신 주특기를 발휘했으니, 바로 몰래 숨겨두었던 부품들을 모아 라디오를 제작한 것이다. 라디오를 통해 전황을 파악하고자 하는 것은 모든 포로들의 바람이

었지만 목숨을 걸어야만 하는 위험천만한 일이었다. 일본군 포로수용소 내 라디오 소지는 즉결처형으로 연결될 수 있는 사안이었기 때문이다. 극심한 위험을 안고 있음에도 불구하고 이들은 부품들을 하나하나 모아 결국 1943년 초에 라디오를 완성하게 된다. 로맥스가 일본군 트럭 뒤에 숨어서 몰래 들은 연합군 뉴스는, 소련군이 독일군을 스탈린그라드에서 몰아냈고 미군이 본격적으로 참전했다는 긍정적인 소식을 전했다. 그들은 철도 공사 현장에서 이 소식을 은밀하게 전파했고, 이를 통해 포로들의 사기가 올라갔다. 하지만 용감한 행동은 그리 오래가지 못했다.

1943년 8월 수용소의 일본군이 포로들을 집합시키고 이들의 물품을 철저하게 검사하다가 침상에 숨겨져 있던 라디오 수신기와 철도 지도를 찾아냈다. 소지자로 지목된 로맥스를 포함해 5명의 포로들이 끌려 나온 가운데 일본군은 자백을 강요했다. 이들은 하루 종일 햇볕에 서 있은 후에 초주검이 될 정도로 몽둥이 구타를 당하는데(이 중 두 명은 구타 중 사망한다), 끝내 로맥스는 자신이 라디오의 소지자이자 이를 제작한 사람이라고 밝혔다. 이후 이어지는 무차별 폭행에 로맥스는 정신을 잃고, 켐페이타이憲兵隊(일본군 헌병대)의 오토바이에 손이 묶인 채 비참하게 취조 장소로 끌려갔다. 당시 그를 돌보았던 네덜란드인 의사에 따르면 로맥스의 전신에 셀 수 없이 많은 타박상이 있었다고 한다.

헌병대의 취조 장소는 낮은 회색 건물 안에 있었다. 어두운 조명 속에서 로맥스는 극도의 불안과 초조감을 감출 길이 없었다. 하지만 그 불안과 초조함조차 헌병대의 끝없는 구타 속에 순식간에 사라져 버렸고 그저 모든 것이 끝났으면 하는 생각만 하게 되었다. 이후 호스를 통한 물고문이 이어지자 코와 입으로 들어오는 물이 반복적으로 그의 숨과 의식을 막아버렸다. 그 와중에 일본인 통역은 그가 어떤 스파이 짓을 했는지, 수용소 안팎의 조력자가 누구인지 밝히라고 죽일 듯이 달려들었다. 사실 그에게 육체적 고통을 가하는 사람들은 따로 있었지만 로맥스의 귀에 들리는 '딱딱한 일본 억양의 영어'는 그의 귓가에 계속해서 남아 있었다. 가혹한 취조가 끝난 후 로맥스는 무릎을 꿇어야 들어갈 수 있는, 마치 짐승 우리와 같은 곳에 갇히게 되었다. 이미 뼈가 여러 군데 부러져 있었고 누운 채로 대소변을 해결해야 했다. 철판이 지붕 역할을 했는데 오후가 되면 내부를 찜통으로 만들었다. 그는 자신의 분비물로 범벅이 된 채 거의 정신을 잃었다. 인간으로서의 존엄 같은 것은 이미 사라진 지 오래였다. 이러한 극악한 고문이 일주일 정도 계속되었다.

이 과정에서 로맥스는 끝까지 스파이 혐의를 부인했으며, 태국 방콕에서 벌어진 군사재판에 넘겨져 5년 형을 선고받게 된다. 이후 그는 다시 싱가포르의 수용소에 죄수로 수감되는데, 그가 겪었던 이전의 시설이나 환경과 비교한다면 이곳은 천국이었다. 싱가포르의 아우트램 로드 감옥Outram Prison과 창이 수용소에서 다시 1년 이상의 시간을 버티던 로맥스는 1945년 8월 15일 일본의 무조건 항복과 함께 종전을 맞게 된다. 그는 마침내 해방되었다.

지워지지 않는 트라우마

13-6. 종전 후 버마에서 전쟁 범죄 혐의로 재판받는 일본군

조국에 돌아온 로맥스가 맞이한 것은 여러 가지 복잡한 상황이었다. 우선 그의 어머니가 전쟁 중 사망했고 아버지는 로맥스가 좋아하지 않는 여성과 재혼했다. 고향에 조용히 안착하고 싶었던 그는 1945년 11월에 전쟁 전에 약혼했던 아그네스와 결혼하게 된다. 하지만 전쟁 영웅으로 귀환해 남들에게는 그저 행복할 것만 같던 생활은 처음부터 난관에 부딪쳤다. 신혼 첫날밤에 로맥스의 등에 있는 수많은 상처를 본 신부는 기절할 것 같았지만 함께 약을 바르는 것으로써 그와의 결혼 생활을 시작했다.

로맥스는 사회에 다시 적응하려 노력했지만 그가 경험했던 과거의 수많은 정신적, 육체적 상처들은 그의 발목을 붙잡았다. 이때 로맥스는 다시 한번 그가 좋아했던 것을 통해 '미래의 가능성'을 발견한다. 그 가능성은 바로 철도였다. 당시 영국 식민지였던 아프리카의 골드코스트(현재의 가나)에 식민지 공무원으로 건너가게 되었고, 그는 이곳에서 1955년까지 철도 부설하는 일에 종사했다. 이후 영국에 돌아온 로맥스는 경영학 등 학업을 이어갔고 대학에서 강의를 하기도 했다. 그의 삶은 영국 중산층으로서 외견상으로는 평범해 보였지만 여전히 그의 마음은 전쟁 때 입은 상처에 대한 증오와 분노로 가득 차 있었다. 그리고 이러한 감정은 그의 가족에게도 영향을 미쳐 대화와 관계를 어려움에 빠뜨렸다. 결국 그는 부인 아그네스와 이혼하게 되었다. 이후 로맥스는 우연히 캐나다 출신의 간호사인 패티 월래스Patti Wallace를 열차에서 만나면서 둘은 첫눈에 사랑에 빠졌고 1983년에 결혼한다. 로맥스는 17세 연하의 아내를 무척이나 사랑했지만 자신 안에 내재된 지독한 트라우마를 감출 수 없었다. 남편의 고통과 극단적인 완고함을 무력하게 지켜보던 패티는 그의 과거를 두루 수소문하게 되었고, 마침내 로맥스를 괴롭히는 고통의 근본적인 원인이 무엇인지, 그리고 그 고통의 중심에 있던 유령 같은 인물이 누구인지도 알게 되었다.

어느 날 로맥스는 전우가 건네준 신문을 통해 한 가지 소식을 접하게 된다. 그 신문 기사는 한 일본인에 대한 것으로, 그는 과거 태국-버마 철도 건설에 통역병으로 참여했다. 그 일본인은 이곳에서 자신 및 동료 일본군의 행위에 대한 반성으로 연합군 포로들의 시신 수습을 도와주고 있으며 이들의 영혼을 달래기 위해 불교 사원도 건설한다고 했다. 로맥스는 신문에 있는 일본인의 사진을 보는 순간 온몸이 굳어버렸으니, 로맥스가 고문당할 때 통역을 전담했던 바로 그 사람이었다. 시간이 지나며 분노로 온몸이 떨렸지만 당장

할 수 있는 일은 아무것도 없었다. 그는 그 일본인의 행위가 지독히
도 위선적이라고 생각했고 그저 분노를 삭이며 침묵할 뿐이었다. 이
를 지켜보던 아내 패티는 더 이상 견딜 수 없었고 마침내 남편을 고
통에서 해방시키기 위해 굳은 결심을 한다.

위대한 용서

13-7. 미얀마 탄뷰자야트, 죽음의 철도 박물관에 있는 태국-버마 철도 시작점 표시

나가세 다카시永瀬隆는 1918년 혼슈에 있는 오카야마현의 쿠라
시키에서 태어났다. 학업을 위해 도쿄로 떠난 뒤 미국 감리교 대학
교에서 영어를 공부했고, 당시 일본인치고는 영어를 자유롭게 구사
했다. 태평양 전쟁이 터지자 영어 회화가 가능했던 나가세가 통역병
으로 차출되어 로맥스가 수용되었던 태국-버마 철도 건설 현장에

서 헌병대 소속 통역병으로 근무했다. 그는 복무하면서 수많은 연합
군 포로들의 심문과 고문에 통역으로 참여했다. 많은 수감자들과 고
문 희생자들을 보았지만 그에게 유독 기억에 남는 한 사람이 있었
다. 영국군 소위로서 라디오 수신기를 소지해 스파이 혐의를 받아
가장 가혹하게 구타, 고문을 당했던 자였다. 그 기억은 가해자인 그
에게도 악몽으로 다가왔다. 전쟁이 끝난 후 영국군의 포로가 된 나
가세는 영어 능력을 적극 이용하여 자신에게 유리한 진술을 했고
끝내 별다른 처벌을 받지 않고 일본으로 돌아올 수 있었다. 고향에
돌아온 그는 불교에 귀의하는 동시에 영어 학원을 운영하면서 생활
을 이어 나갔지만 시간이 지나면서 과거 행적에 대한 막대한 후회
가 밀려왔다. 후회는 반성으로 이어졌다. 나가세는 수십 차례 태국
의 철도 건설 현장에 가서 연합군 포로들에 대한 자신의 행위를 뉘
우치며 인근의 불교 사원 건설을 후원했다. 더불어 1969년에는 영
국 BBC 다큐멘터리 제작에 참여하며 자신과 동료 일본군의 행동을
공개적으로 참회했다.

　　나가세는 어느 날 한 통의 영문 편지를 받게 되었다. 발신인은
영국에 거주하는 한 여성으로 그녀는 편지에서 일본군 포로였던 남
편의 과거를 설명하고 있었다. 그녀는 편지에 동봉한 사진 속 영국
인이 바로 나가세에게 고문을 받은 사람이라고 했다. 편지 발신인은
바로 로맥스의 아내 패티였으며 그녀는 나가세에게 로맥스와 만날
것을 제안했다. 나가세는 패티의 편지에 마치 뒷머리를 가격당한 듯
한 충격을 받았지만 즉각적으로 제안을 수락했고, 그녀에게 감사의
회신을 보냈다. 사실 그의 내면 속에서 유령같이 배회하던 로맥스야

말로 그가 과거 수십 년 동안 찾고자 했던 사람이었던 것이다.

로맥스와 나가세는 악연이 시작된 태국의 철교에서 50년이 넘는 세월을 뚫고 1993년에 재회하게 된다. 처음에 둘은 매우 어색하게 악수했는데, 로맥스와의 만남을 통해 나가세는 "이제야 편히 눈을 감을 수 있게 되었다"라고 나지막이 얘기했다. 나가세의 진심 어린 마음이 전해졌는지 결국 로맥스는 그를 용서했다. 이듬해 도쿄에서 다시 만난 그들은 함께 여행을 하며 친구가 되었고 이 우정은 이들이 죽을 때까지 이어졌다.

에릭 로맥스는 2012년 10월에 93세의 나이로 사망했다. '용서받은 나가세'가 죽은 지 1년 후의 일이었다. 세월이 흐르는 동안 수많은 영국군 전쟁포로들 역시 죽어갔고 상당수는 전쟁 트라우마에 사로잡힌 채 말년까지 고통을 받았다. 로맥스 역시 전쟁포로로서 트라우마에 시달렸지만 그가 죽음을 맞이할 때는 고통에서 해방된 후였다. 그 해방이 자신의 '위대한 용서'에서 출발했다는 점에서 로맥스는 진정한 의미의 구원자이기도 하다. 심지어 그 구원은 스스로는 물론 자신이 가장 증오했던 적에게도 선한 영향력을 미쳤다.

6부
악인의 생존 방법

　세상에는 선인만 있는 것이 아니다. 선인보다 더 많은 악인들이 전쟁에 참여했고 그들은 온갖 악행에도 불구하고 끝내 살아남았다. 그들은 시대의 변화와 흐름을 잘 읽었고 자신들의 악마적 장점을 승자에게 최대한 어필했다. 어떤 이들은 육체와 정신에 문제가 있는 척하며 심판을 피하려 했다. 결국 이 모든 것의 조합으로 이들은 당시 상황에서 최적의 생존 방정식을 완성한다.

14장
리옹의 인간 백정,
클라우스 바르비

독일의 군인, 나치 친위대 장교 (1913~1991)

14-1. 클라우스 바르비

　　1987년 5월에서 7월까지 프랑스 중남부의 리옹에 전 세계의 관심과 이목이 집중되었다. 이러한 관심은 리옹에서 열렸던 한 재판과 관련이 있었는데, 이곳에서 타전되는 뉴스는 연일 세계 언론의 한 페이지를 장식했다. 피고는 머리가 벗겨진 70대의 노인이었다. 프랑스 정부는 보다 많은 사람들이 재판을 참관할 수 있도록 방청객이 700명 이상 참석 가능하게끔 방청석을 개조하기까지 했다. 더불어 이 재판은 프랑스 재판 역사상 최초로 전 과정을 녹화하기도 했다.

재판이 진행될수록 수많은 방청객으로부터 탄식과 강한 분노의 목소리가 터져 나왔고 때로는 눈물을 흘리는 사람들도 많았다. 다양한 사람들이 증인으로 참석했으며, 주요 증언은 과거 피고가 2차 세계대전 중 프랑스인들과 유대인들에게 수행했던 지독히도 잔인한 고문이나 추방, 집단 학살에 대한 내용이었다. 이러한 증언들을 들으며 피고석에 앉아 있는 노인은 별다른 표정의 변화가 없었고 해명하는 답변도 길지 않았다. 드디어 7월 4일, 두 달에 걸친 재판의 최종 결과가 나와 이 74세 노인은 전쟁 중 '반인도 범죄'에 대한 책임을 물어 프랑스 법정 최고형인 종신형을 선고받게 된다. 피고의 이름은 클라우스 바르비Klaus Barbie, 독일 출신이었는데 당시 세계 언론은 그를 '리옹의 도살자Butcher of Lyon'라고 불렀다. 도대체 이 독일인은 어떻게 해서 도살자라는 끔찍한 별명으로 불리게 되었으며, 종전 후 수십 년이 지난 80년대에서야 재판을 받게 되었던 것일까? 이를 알아보기 위해 우리는 20세기 프랑스의 현대사 중 가장 어두웠던 부분을 살펴볼 필요가 있다. 또한 그 이면에는 각 국가의 자국 이익을 위한 추악한 진실이 숨어 있다.

성실한 청년 장교

클라우스 바르비의 초기 인생이야말로 20세기 초 수백만 독일 대중이 겪었던 삶의 전형이었다. 1913년 독일 서부 바트고데스베르크(오늘날 본의 한 지구)에서 초등학교 교사 아버지에게서 태어난 바르비는, 사실 그의 조상이 프랑스 혁명을 피해 독일의 자를란트 지방으로 넘어온 프랑스계 피난민 출신이었다. 하지만 몇 세대를 지나며 그의 가족은 확고한 독일인이 되었으며 열렬한 애국자였던 바르비의 아버지는 1914년 1차 대전이 발발하자 즉시 독일군에 자원 입대했다. 하지만 당시 수백만의 병사들처럼 그의 아버지 역시 기관총 세례를 맞으며 전우들이 무참히 죽는 모습과 비참한 참호 속 생활을 겪고 전쟁의 광기를 온몸으로 체감했다. 바르비의 아버지는 1차 대전 중 가장 참혹했던 서부 전선의 베르됭 전투에서 목에 부상을 입은 채 프랑스군의 포로가 되었다. 그의 아버지는 종전 후 프랑스에 대한 극도의 혐오감과 목의 통증을 안고 귀국했다. 또한 아버지가 함께 가져온 것이 있었으니, 바로 자신의 상처를 달래기 위해 매일 술을 마시면서 얻게 된 알코올중독이었다. 비록 교사로 복직하기는 했지만 밤마다 술로 정신적, 육체적 고통을 잊으려 했던 바르비의 아버지는 어린 아들을 지독히 학대했고, 이런 유년기의 경험이 바르비의 인격 형성에 영향을 미치게 되었다. 바르비의 10대 시절에 독일은 연합군의 점령에 따른 국민들의 좌절감과 극단적인 좌우 대립, 세계 대공황의 여파로 국가의 모든 부문이 찢어질 대로 찢어져 있었다. 이런 상황에서 독일 민족의 부흥과 프라이드 회복을 외치며 모든 문제의 원인을 '음모를 꾸미는 사악한 유대인' 탓으로 돌렸던 나치가 1933년에 집권하게 된다. 나치의 주장은 좌절에 빠져 있던 여러 독일인에게는 상당히 그럴듯하게 다가왔고, 이는 당시 아버지의 사망으로 직업을 구해야 했던 바르비 역시 마찬가지였다. 사실 바르비는 프랑스어 같은 외국어를 구사하는 등 학문에 재능이 있었고 종국적으로 신학 등을 공부해서 학계로 나가기를 원했다. 하지만 그가 마주친 현실은 녹록지 않았다. 당장 생계를 유지해야 했던 20세의 실업자 바르비는 제국노동봉사대RAD: Reichsarbeitsdienst에 참여했으며 이후 1935년 9월에 나치 친위대에 가입하여 보안국SD: Sicherheitsdienst에 배치된다. 베를린 본부에서 집중적인 수사관 교육을 받은 바르비는 곧 상관들에게 그의 성실성과 능력을 인정받았고, 간부 후보생으로 추천되어 지속적으로 교육받았다. 이후 1937년에 정식으로 나치당에 가입한 바르비는 전쟁이 시작된 지 반년이 지난 1940년 4월에 드디어 친위대 소위로 임관했다. 7년 만에 밑바닥 인생에서 제3제국의 엘리트 장교가 되어 삶의 기반을 스스로 일군 것이다.

14-2. 친위대 중위 계급장Obersturmführer을 달고 포즈를 취한 바르비

아버지부터 이어지는 바르비의 성장기는 당시 많은 독일 서민들이 겪었던 이야기다. 1차 대전 참전용사였던 아버지의 힘들어하는 모습 속에 패전 조국의 우울한 현실을 보며 자라난 세대들이 나치의 집권과 더불어 직업을 얻고 권력의 집행자(또는 사냥개)로서 키워지는 일련의 과정이었던 것이다. 여기까지 들으면 당시의 독일 기준에서 마치 '어느 흙수저 청년의 성공기' 정도로 들릴지도 모른다. 하지만 바르비의 소속이 친위대 중에서도 보안국이었던 만큼 앞으로 전개될 그의 이야기는 다른 일반 독일인들과는 상당히 다른 내용으로 가득 차 있었다.

제국의 도살자가 되다

14-3. 리옹의 게슈타포 본부가 위치했던 호텔 테르미누스

1940년 나치가 서유럽 각국을 점령하면서 현지에는 일반 독일

군 병사들은 물론 치안을 유지하고 정보를 파악하는 보안국 인원들 역시 파견되었다. 이들은 수도 및 주요 대도시에 거점을 두고 나치의 적인 현지 반독 단체들의 동향을 파악하거나 이들을 체포하고 관리했다. 바르비 역시 보안국 인원으로 네덜란드가 항복한 직후인 1940년 5월 말에 암스테르담에 파견되었다. 그는 이곳에서 1942년 3월까지 근무했으며, 암스테르담의 유대인 이민 중앙사무소에 소속되어 박멸해야 할 대상인 유대인들은 물론 공산주의자와 프리메이슨(16세기 말 이후 석공 길드에서 탄생한 박애주의 지향의 비밀단체로, 나치는 이들이 비밀결사 및 음모론에 연루되었다고 믿었다)까지 철저히 탄압했다. 저지대인 네덜란드는 숨어 지낼 만한 산이나 숲이 많지 않아서 많은 유대인이 지인의 집이나 비밀 은신처에 숨어 지내게 된다(안네 프랑크 가족도 이런 '은신 유대인'이었다). 바르비는 정기적으로 등록된 유대인들을 호출했고 숨어 있는 유대인들을 찾아냈는데, 결국 이들 모두 독일이나 폴란드에 있는 죽음의 수용소로 추방되었다. 또한 반독일 저항 혐의로 구금된 현지인들을 고문하며 정보를 캐내기 시작했는데 그 고문 과정을 대단히 즐겼다고 한다. 그의 내재된 악마성이 서서히 깨어나기 시작한 것이다.

바르비의 악마성이 깨어난 것과는 별개로 그에 대한 상부의 근무 평가는 대단히 우수했다. 프랑스어 구사능력까지 갖춘 바르비 중위는 마침내 1942년 봄, 프랑스 남동부의 젝스에 배치되며 본격적으로 프랑스 근무를 시작했다. 이후 그는 인근의 디종을 거쳐 1942년 7월부터는 리옹 인근에서 근무했으며 주로 연합군에 정보를 송출하는 비밀 무선기지를 탐색하는 임무를 맡았다. 1942년 11월에 나치가 비시 프랑스를 포함한 프랑스 전역을 점령할 즈음에 바르비는 리옹으로 근무지를 옮기게 되었다. 그는 지역 게슈타포의 수장이 되었는데, 아르누보 양식으로 아름답게 인테리어된 호텔 테르미누스L'hôtel Terminus에 본부를 두고 유대인과 반독 레지스탕스에 대한 압박을 높여 갔다. 압박의 주된 방법은 체포된 용의자들에 대한 고문이었다. 호텔 내부에는 바르비를 위한 별도의 고문실이 있었고 그는 주기적으로 그들을 고문했다. 고문의 첫 단계는 대부분 맨주먹이나 몽둥이를 이용한 일방적인 구타였다. 희생자들이 정신을 잃으면 물을 뿌려 정신을 차리게 한 뒤 손가락 관절을 부러뜨리거나 인두로 몸을 지지는 등 고통을 극대화하는 잔혹한 방법을 사용했다. 때로는 독일산 셰퍼드가 희생자들을 물어 뜯도록 훈련시켰고 개에게 물리는 과정에서 사망하는 사람들도 많았다. 여성 희생자들은 더욱더 가혹한 운명에 내팽개쳐졌다. 바르비 본인에 의해 거듭 강간을 당했던 것이다. 그는 희생자가 고통을 못 이기고 비밀을 누설하거나 극도의 좌절감에 빠져 눈물을 흘리는 모습을 보며 즐거워했다. 희생자들에게 바르비는 지옥에서 온 악마의 화신이었다.

1943년 6월 말, 리옹의 몽뤼크 감옥에 일단의 프랑스 남성들이 끌려온다. 그중 우두머리로 보이는 남성의 이름은 장 물랭Jean Moulin이었는데, 그는 정치적 노선과 이념에 따라 극심한 분열 양상을 보였던 프랑스 내 레지스탕스 운동을 하나로 묶으려 노력했다. 물랭은 레지스탕스 통합과 관련하여 런던의 프랑스 망명정부 수반인 드골로부터 직접 지령을 받았던 거물급 인물이었다. 이러한 물랭을 바르비가 가만히 놓아둘 리 없었다. 물랭은 뜨거운 못에 여러 번 찔리는 과정에서 손톱이 통째로 뽑히게 되었고 손가락이 반복적으로 문틈 사이에 찍히면서 으깨어져 버렸다. 손목에 수갑을 최대한 꽉 채워 묶인 상태에서 압박을 받아 물랭의 손목 뼈가 결국 부러지고 말았다. 쏟아진 안면 구타로 물랭의 얼굴은 알아볼 수 없을 정도로 참혹한 상태였는데 바르비는 다른 수감자들에게 물랭의 끔찍한 얼굴을 보여주며 이들을 극한의 공포에 몰아넣었다. 결국 물랭은 바르비의 극심한 고문의 후유증으로 독일로 이송되는 과정에서 사망한다. 하지만 물랭은 레지스탕스에 해가 되는 발언은 단 한 마디도 하지 않았고 조직의 비밀을 죽을 때까지 지켰다. 그는 관례적으로 사후 100년은 지나야 묻힐 수 있던 프랑스의 위인 묘지인 팡테옹Phanteon에 드골의 지시에 따라 사후 20년 만인 1964년에 안장되었다. 한편 바르비는 거물 레지스탕스인 물랭을 체포한 공로로 일급 철십자훈장을 수훈하게 된다. 그렇게 물랭은 강인하고 꺾이지 않는 레지스탕스의 상징이 되었고 바르비는 무서운 게슈타포이자 끔찍한 살인귀로 각인되었다.

1944년 4월에 바르비는 동부 프랑스 이지외에 있는 한 고아원을 급습했다. 이곳에는 4세부터 17세까지의 유대인 어린이와 청소년들 44명, 이들을 돌보는 성인 7명이 있었다. 이후 이들 대부분은 아우슈비츠 수용소에 보내졌고 가스실에서 살해당했다. 아이들을 돌보던 성인 중 한 명인 레아 펠트브룸Léa Feldblum은 가짜 비유대인 증명서가 있었음에도 불구하고 아이들을 버리고 떠날 수 없어 스스로 신분을 밝히고 아우슈비츠 수용소로 동행했다. 그녀는 수용소에서 기적적으로 살아남아 훗날 바르비의 재판에 증인으로 참석하여 악을 단죄하는 데 동참한다.

이렇게 수많은 악행을 저지르는 가운데 바르비는 1944년 9월에 친위대 대위로 진급했다. 이 과정에서 친위대 수장인 힘러에게 직접 칭찬을 들을 정도로 그는 레지스탕스 토벌에 상당한 공적을 세웠다. 하지만 전쟁에서 독일은 이미 돌이킬 수 없는 패배 상황으로 몰렸고 곧 연합군이 프랑스 전역을 해방하기 시작했다. 바르비는 서부 독일의 뒤셀도르프를 거쳐 에센으로 후퇴했고, 부퍼에서 종전을 맞게 된다. 이제 연합군이 독일을 점령하게 되면서 바르비는 자신이 처할 미래의 운명에 대해 분명한 판단을 하고 있었다. 나치의 최일선에 섰던 '피의 도살자'로서 그는 신속히 도망쳐야 했으니, 과거의 '쫓는 자'에서 이제는 '쫓기는 자'가 된 것이다. 비록 인간 백정의 잔혹한 난도질은 멈추었지만 이미 바르비의 고문과 추방, 학살 등을 통해 1만 4천 명 이상의 사람들이 숨진 뒤였다.

쫓는 자에서 쫓기는 자로

전쟁이 끝났지만 세계는 미국과 소련이라는 초강대국의 부상 속에 전혀 새로운, 또 하나의 전쟁에 직면하게 되었다. 냉전이었다. 이 전쟁에는 당연히 투사가 필요했다. 하지만 냉전에 필요한 투사는 무기를 다루는 군인들보다는 적을 많이 알고 적의 정보를 빼내는 데 익숙한 사람들이었다. 바로 바르비 같은 부류였다. 이들은 주로 나치 게슈타포나 압베어Abwehr, 다시 말해 대외정보국 같은 곳에 근무했는데, 서방 연합군들은 소련과 대적하기 위해 이들의 노하우가 필요했다. 그렇게 바르비는 다시 한번 자신의 기술을 활용할 기회를 잡게 된다(어디서 많이 들어본 이야기 아닌가?).

14-4. 바르비의 도피를 도운 크루노슬라브 드라가노비치 신부

프랑스 당국은 바르비를 잡기 위해 혈안이 되어 있었다. 프랑스 입장에서 바르비는 자국민 만 명 이상을 죽음에 이르게 한 살인마였고 무엇보다도 레지스탕스의 영웅인 장 물랭을 직접 고문해서 죽게 만든 자였다. 하지만 프랑스인들이 바르비의 흔적을 추적하며 그의 존재를 발견했을 때 놀랍게도 바르비는 미국인들의 보호 아래 있었다. 미국인들은 바르비의 대공 첩보 및 정보 수집 능력을 높이 평가했고, 1947년 4월에 그를 육군방첩대CIC의 요원으로 채용한다. 비록 편은 바뀌었지만 바르비는 여전히 유능했다. 그가 프랑스에서 근무할 때 바르비는 프랑스 내 좌익 레지스탕스나 공산당 조직, 구성원에 대해 잘 알고 있었다. 미국은 이런 그에게 독일 남서부의 프

랑스 점령 지구에서 벌어지는 프랑스 정보기관이나 공산당의 활동을 파악케 했다. 또한 미국은 바르비를 통해 프랑스 내에서의 공산당 활동이나 프랑스 공산당이 미국과 영국 점령 지역 내에서 소련을 위해 벌이는 일련의 정보 활동들을 알아낼 수 있었다. 미국 당국자들은 그의 능력에 대단히 만족했고 결국 그를 보호하기로 결정했다. 바르비는 1947년 5월에 프랑스 법원의 궐석재판에서 사형을 선고받는다. 하지만 당시만 해도 공식적으로 그의 행방은 오리무중이었고 설사 프랑스에서 알았다고 한들 미국은 바르비를 넘겨줄 생각이 조금도 없었다. 그는 당시 나치의 많은 인사들처럼 고유의 생존 방식을 만들고 있었다. 하지만 바르비를 인도하라는 요청은 점점 더 거세졌고 그의 정체도 노출되면서 다시 한번 위기를 맞았다.

1951년 점점 조여오는 프랑스 당국의 압박에 놓여 있던 바르비는 독일에서 이탈리아의 밀라노, 로마, 제노바를 거쳐 남미의 아르헨티나로 비밀리에 도망치게 된다. 물론 이 이동에는 바르비의 신변을 보호하던 미국의 암묵적인 동의와 지원이 있었다. 그는 이동 과정에서 '쥐구멍Ratline'이라 불리는 비밀 루트를 이용했다. 나치 전범이나 친파시스트 인사들이 연합군 치하의 유럽에서 주로 남미까지 도망칠 때 이용했던 비밀 루트들을 통칭하는 용어였다. 바르비는 물론 홀로코스트의 집행자인 아돌프 아이히만Adolf Eichmann이나 아우슈비츠의 악마 의사 요제프 맹겔레Josef Mengele 등도 이 쥐구멍 탈출로를 이용했다. 유럽의 엄중한 감시를 피해 남미까지 가는 먼 여정에서 여러 명의 조력자는 필수였는데, 바르비를 도운 사람은 놀랍게도 크로아티아 출신의 가톨릭 신부인 크루노슬라브 드라가노비치Krunoslav

Draganović였다. 그는 크로아티아의 극우 파시스트 단체인 우스타시 Ustaše의 군종 신부 출신으로 2차 대전 종전 후 수많은 파시스트 및 나치 전범들을 프랑코 정부의 스페인이나 남미로 탈출시키는 데 주도적인 역할을 했다. 드라가노비치는 오스트리아 출신의 또다른 신부인 알로이스 후달Alois Hudal과 협력하여 나치 잔당의 탈출을 지원했고, 안전한 숙소나 경비 및 위조 증명서까지 필요한 모든 것을 제공했다. 도망자들이 주로 정착했던 곳은 유럽과 멀리 떨어진 남미 국가들이었고 그중에서도 아르헨티나와 브라질같이 이미 거대한 독일인 커뮤니티가 있는 곳이 1순위였다. 특히 아르헨티나는 대다수 인구가 백인이라 더욱 눈에 띄지 않았고 당시 아르헨티나 대통령인 후안 페론Juan Perón은 나치 잔당의 이용 가치를 고려하여 이들을 기꺼이 받아들였다. 바르비도 이러한 맥락에서 머나먼 아르헨티나까지 오게 되었지만 여기서 머물지 않았고 좀 더 내륙으로 들어갔다.

최종적으로 바르비가 정착한 곳은 내륙국 볼리비아의 안데스 산맥 끝자락에 있는 코차밤바였다. 바르비는 이곳으로 가족까지 데려왔으며, 클라우스 알트만Klaus Altman이라는 가명을 사용하며 해운과 목재 사업으로 돈을 벌기 시작했다. 이후 친나치 성향의 독일인 거주민들과 자주 교류하며 볼리비아에 완벽히 정착하게 된다. 시간이 흐르면서 그는 사업을 확장했고 볼리비아 내 주요 정치, 군부 지도자들과도 친분을 맺게 되는데, 그의 특별한 과거 '경험과 경력'을 통해 볼리비아의 유력자들에게 매우 유용한 정보와 기술을 제공할 수 있었다. 바르비는 훗날 대통령이 된 군부의 실세 레네 바리엔토스 René Barrientos(1964~1966, 1966~1969년 두 차례 대통령 재임) 같은 이들에게 최적의 고문 기술이나 정적에 대한 암살 방법 등을 전수하면서 다시 한번 악마성을 드러냈다. 1966년에는 당시 남미에 혁명을 전파하다 볼리비아에서 사살된 체 게바라Che Guevara의 추적과 죽음에도 개입되었다고 한다. 그는 60년대 중반에 독일 정보부를 위해 '독수리Adler'라는 가명으로 활동하기도 했으니, 독일은 이미 그의 존재를 알고 있었다. 바르비는 1971년에 볼리비아 대통령이 된 우고 반세르Hugo Banzer 시기부터는 아예 대놓고 그의 보좌관으로 활동하며 양지로 나오게 된다. 그의 역할은 이전과 다르지 않았다 효과적인 고문과 반대파 공격 등을 '보좌관'이란 단어로 우아하게 포장했을 뿐이었다. 또한 70년대 후반에 이르자 바르비는 무기 밀매에도 개입했다. 그는 각종 총기나 탄약 등을 밀수하여 콜롬비아의 파블로 에스코바르Pablo Escobar 같은 악명 높은 마약업자들에게 판매했고, 에스코바르의 마약이 안전하게 유통될 수 있도록 지원했다. 도망자였던 바르비는 이제 세상에 무서울 것이 없었고, 더 이상 그를 방해하는 것도 전혀 없었다. 하지만 모든 것에는 시작과 끝이 있는 법이다. 서서히 그에게도 마지막이 다가오고 있었다. 사실 그 종말은 몇 년 전부터 이미 진행되고 있었다.

정의의 심판

1971년에 바르비를 쫓고 있던 프랑스의 나치 사냥꾼 세르주와 베아테 클라스펠트Serge & Beate Klarsfeld 부부는 페루 리마에서 바르비의 흔적을 포착했고, 그가 볼리비아에서 '클라우스 알트만'이란 가명으로 활동 중인 것을 밝혀내 프랑스 언론에 알렸다. 1972년 1월에 베아테는 다른 프랑스 기자와 함께 볼리비아 라파스로 날아가 알트만이 바르비가 맞다는 것을 증명하고자 했다. 결국 볼리비아 내무부 건물 및 안전 가옥에서 인터뷰가 성사되어 바르비는 자신을 잡으러 온 사람들과 마주하게 되었다. 인터뷰 중 프랑스 기자는 과거 바르비가 고문한 사람들의 사진을 보여주며 이 사람들이 기억나느냐고 물었다. 사진을 만지작거리며 쳐다보던 바르비는 자신은 모르는 사람들이라고 대답했지만 사진에 그의 지문이 묻게 되었다. 계속 과거를 부인하던 상황에서 프랑스 기자가 기지를 발휘했다. 리옹에 가본 적이 있는지, 장 물랭을 아는지 프랑스어로 질문한 것이다. 이에 바르비는 즉시 독일어로 '아니다Nein'라고 대답한다. 즉 이 알트만이란 사람은 적어도 프랑스어를 이해한다는 사실이 밝혀졌다. 베아테와 일행은 인터뷰를 마치고 볼리비아 당국의 압수를 우려해 녹화된 테이프를 신속히 빼돌렸다. 결국 이 인터뷰는 프랑스 전파를 타게 되었고, 과거 그에게 고문을 받았던 사람들에 의해 알트만이 곧 바르비라는 사실이 확인된다. 물론 사진에 남은 그의 지문 역시 부인할 수 없는 확실한 증거였다. 곧 프랑스를 비롯한 여러 국가들로부터 국제적인 비난이 쏟아졌다. 하지만 바르비를 보호하고 있던 볼리비아 독재 정권은 프랑스와 볼리비아가 범죄인 인도 조약을 맺고 있지 않다는 점과 이미 바르비의 공소시효가 끝났다는 점을 들어 그의 인도를 강하게 거부했다. 프랑스가 볼리비아 당국을 계속 설득하고 압박했지만 바르비를 데려올 수 없었고, 그렇게 시간이 흐르면서 그의 존재와 사건은 잊혀 갔다. 1973년 4월 브라질 신문 『글로보*O Globo*』에 알트만이 바르비라는 고백성 인터뷰가 실렸다. 이제 그는 더 이상 자신이 바르비라는 것을 부인조차 하지 않았다.

14-5. 바르비를 추적한 세르주와 베아테 클라스펠트 부부
(남편 세르주는 유대인으로 홀로코스트 생존자였다.)

1982년 10월 에르난 실레스 수아소Hernán Siles Zuazo가 군부 독재를 끝내며 볼리비아 대통령으로 당선된다. 볼리비아 국민들은 간만에 들어선 민주 정부에 기뻐했지만 모든 사람들이 그랬던 것은 아니었다. 클라우스 알트만도 그중 한 명으로, 민주 정부가 들어선다는 것은 지금까지 그를 보호했던 세력이 사라지는 것을 의미했다. 동시에 바르비를 인도하라는 프랑스의 압력이 다시 시작되었다. 프랑스는 '개발 원조'라는 당근책도 같이 내밀었다. 이미 대세는 기울었고 볼리비아 정부는 1983년 1월에 라파즈에서 정부에 지불해야 할 물품 대금 1만 불을 갚지 않았다는 것과 이민법을 어겼다는 혐의로 바르비를 체포했다. 바르비는 이후 남미의 프랑스령 기아나를 거쳐 마침내 2월 5일 프랑스로 송환된다. 그는 자신이 수많은 희생자를 투옥하고 고문했던 바로 그 몽뤼크 감옥의 독방에 갇혔다. 이제 최후의 심판이 남아 있었다.

1987년 5월 11일 바르비의 재판이 시작될 때 그의 변호인이었던 자크 베르제Jacques Vergès(전쟁 중 레지스탕스 전사였지만 바르비를 변호하며 많은 비난을 받는다. 그는 유고 전범 재판에서 '발칸의 도살자'인 슬로보단 밀로셰비치를 변호하며 악마의 변호사로 불리게 된다)는 과거 유럽 강대국이 식민지에서 저지른 범죄와 비교하여 바르비가 한 일이 결국 같은 맥락이라는 취지로 변론을 이어갔다. 특히 그는 60년대에 알제리 독립전쟁에서 프랑스군이 저지른 학살, 고문과 바르비의 행위를 비교하기도 했다. 변호인에 대한 고성과 비난으로 재판이 여러 차례 중단되었다. 재판 사흘째가 되자 바르비는 볼리비아 국민인 자신을 구금하는 것은 명백한 불법이며 따라서 프랑스 법정에서 벌이는 재판이나 청문회에 일절 출석하지 않으리라 진술한다. 수많은 증인이 그의 얼굴을 다시 보자 과거의 분노와 공포가 밀려나와 감정을 통제하지 못하기도 했다. 재판은 9주간 진행되었는데, 프랑스어로 얘기한 바르비의 최후 진술은 "나는 레지스탕스와 싸웠고 그 당시는 전쟁 상황이었다. 그리고 지금 전쟁은 끝났다"라는 짧은 자기변명이었다. 결국 바르비는 반인도적인 행위에 대한 죄 등 17개 죄목으로 종신형을 선고받았다. 무려 40년 이상이나 늦은 판결이었지만 결국 정의는 이루어졌다. '리옹의 백정'은 자신이 악행을 저지른 바로 그 리옹의 교도소에서 4년간 수감 생활을 하다가 폐렴 및 전립선암 등으로 투병하던 중 1991년 9월에 77세의 나이로 사망한다.

그의 유해는 외동딸이 그녀의 거주지인 오스트리아로 운반했다.

　비록 인생 말년에 체포되어 그 심판의 의미가 퇴색되기는 했지만 수많은 사람을 극한의 사지로 몰아넣은 '리옹의 백정'은 결국 심판을 받았다. 바르비가 늦은 나이까지 자유롭게 생존할 수 있었던 과정을 살펴보면, 결국 우리가 사용하는 도덕, 정의와 같은 수많은 미사여구와 대의명분은 국가의 이익 앞에서는 아무것도 아니라는 것을 여실히 보여주고 있다. 바르비는 이러한 혼란에 빌붙어 자신의 악마적 재능을 최대한 활용하며 끝까지 살아남았던 것이다.

15장
일본제국의 괴벨스,
오카와 슈메이

일본의 교수, 극우사상가 (1886~1957)

15-1. 오카와 슈메이

1946년 5월 3일 도쿄 이치가야의 구 일본 육군사관학교 대강당 건물에서 엄중한 분위기 속에 대규모 재판이 진행되고 있었다. 여느 때와 같은 일반적인 재판이 아니었으니, 바로 2차 대전 중 일본에 의한 전쟁 범죄를 다루는 극동국제군사재판이었다. 이날은 28명의 A급 전범들에 대한 기소 이유를 공개하는 자리였으며, 'A급 전쟁 범죄'는 '평화에 대한 죄Crimes Against Peace'로서 주로 전쟁을 기획하고 주도한 자들이 관련되었다. 당연히 수많은 일본의 전직 고위 관료와 장성이 피고로 참석했고 이들은 통역을 위한 헤드폰을 낀 채

묵묵히 자신의 죄목을 듣고 있었다. 이때 재판장에서 작은 소란이 벌어졌다. 엷은 하늘색 잠옷 차림에 나막신을 신고 있던 매우 마른 체구의 피고 한 명이 자신 앞에 앉아 있던 다른 피고의 머리를 때린 것이다. 이후 그 마른 남자는 독일어와 영어로 된 전혀 맥락을 알 수 없는 말들을 내뱉기 시작했으며 재판장에 모여 있던 사람들은 당황하면서도 어처구니없는 장면에 웃음을 터뜨렸다. 그 남자 뒤에 서 있던 미군 군사경찰들이 그의 행동을 제지했고 재판장인 호주 출신의 윌리엄 웹Sir William Webb의 지시에 따라 재판은 휴정에 들어갔다. 소동을 야기한 피고는 오카와 슈메이大川周明라는 이름의 대학교수 겸 유명 저술가로, 그가 머리를 때린 사람은 바로 전쟁 중 일본의 총리 대신이었던 도조 히데키東條英機였다. 무거운 재판 분위기 속에서 도조조차도 갑작스러운 상황에 어이가 없었는지 웃음을 터뜨리게 되었다. 사람들이 웃는다고 해서 재판장의 본래 목적이 바뀌는 것은 아니었으니 이후 이곳에서는 수많은 사람들이 사형이나 각종 금고형을 선고받았다. 그런데 이력상 학자에 불과했던 이 오카와라는 인물은 도대체 왜 이런 곳까지 끌려오게 되었으며, 왜 말도 안 되는 행동을 했던 것일까?

제국의 엘리트

오카와 슈메이는 1886년에 일본 혼슈 북부에 위치한 야마가타 현 중에서도 북서쪽 끝에 있는 사카타 시에서 태어났다. 당시 일본은 1854년 메이지유신明治維新 이후 본격적으로 시작된 서구식 근대화를 엄청난 속도로 추진하던 시기였다. 오카와의 조상들은 대대로 의사를 가업으로 삼았는데 나름 존경받는 지역 유지였다. 장남 오카와는 어릴 때부터 머리가 비상하다고 소문이 났고 집안의 가업인 의학보다는 글을 쓰는 것과 영어, 독일어 등 외국어에 관심이 많았다. 총명했던 그는 1907년 일본 제일인 도쿄제국대학 문학부에 진학했고 자신의 관심에 따라 인도철학을 전공하게 된다. 그는 대학교 재학 시절 인도 및 국제 정세와 관련된 다양한 책을 읽었고 다양한 언어도 공부했다. 오카와는 영어, 독일어, 프랑스어, 그리스어와 같은 서양 언어는 물론 아랍어와 심지어 인도유럽어족의 근간인 산스크리트어까지 공부하며 광범위한 외국어 실력을 갖추게 된다. 1911년 병치레로 1년 늦게 대학을 졸업한 후 육군 참모부에서 잠시 독일어 번역 등의 일을 하게 되는데 이때 두 살 많은 젊은 장교 도조 히데키를 알게 되었다(훗날 재판장에서 그의 머리를 때리게 될 줄은 꿈에도 몰랐으리라). 오카와는 1913년에 우연히 영국 식민지 관리 출신인 헨리 코튼Sir Henry Cotton의 저서 『새로운 인도New India』를 읽게 되는데 이 책은 그의 인생에 새로운 방향을 제시했다. 인도 민족주의에 동정적이었던 이 책을 통해 오카와는 신화나 철학으로만 접했던 이상적인 인도를 현재의 비참한 상태에서 바라보게 되었고, 유럽 열강의 인도 및 아시아에 대한 식민주의에 관심을 가지기 시작했다. 이때부터 그는 인도의 독립운동에 대해 보다 심도 깊은 연구를 이어갔다. 이 과정에서 오카와는 영국 총독 암살 시도 실패로 일본에 도피해 있던 라시 비하리 보스Rash Behari Bose(1923년에 일본으로 귀화하며 훗날 영국에

대항하는 투쟁을 지속함)와 헤람바랄 굽타Herambalal Gupta 같은 인도 독립
운동가들과도 인연을 맺고 잠시 자신의 집을 은신처로 제공하기도
한다. 오카와는 이들의 도피와 일본 체류 등을 지원하면서 인도의
사정을 더욱 깊이 이해하게 되었고, 결국 그는 1916년에 『인도 국
민운동의 현황과 기원』이란 첫 번째 저서를 발간했다. 그는 이 책을
통해 인도 국민회의의 활동과 독립운동 근황을 일본 대중에게 널리
알리고자 했다. 또한 오카와는 일련의 과정을 통해 서구 열강에 의
해 피지배 상태에 있는 아시아 여러 민족의 문제에 눈을 뜨게 되었
고, 이 과정에서 자신의 나라인 일본의 역할에 대해서도 고민하기
시작했다.

15-2. 20세기 초의 도쿄제국대학교 모습

1918년에 오카와는 당시 일본 공기업 중 최고였던 남만주철도
회사(약어로 만철)에 입사했다. 이름만 철도회사였을 뿐 영국의 동인
도회사와 같이 대륙 침략을 위한 제국주의 선봉대였다. 일본은 러
일 전쟁 이후 철도 경영의 명분 아래 만주 지역의 다양한 이권에 개

입하려 했으며 여기에는 현지의 이권과 일본 거류민 보호를 위한 군대가 필수였다. 오카와는 초대 만철 총재였던 고토 신페이後藤新平(대만총독부 민정장관이었으며 사실상 대만에 대한 식민지 정책을 주도했다)가 오카와의 인도 관련 논문과 책을 보고 매우 긍정적으로 평가한 것이 계기가 되어 입사 추천을 받게 되었다. 그는 도쿄에 있는 만철의 동아시아경제조사국에서 편집과장으로 근무했다. 이름만 보면 단순 조사 업무를 하는 곳 같아 보이지만 사실 조사국은 만주, 중국 및 러시아의 시장, 경제, 자원과 각종 정보를 수집하고 분석하는, 일본제국의 대륙 진출 본산이자 일종의 두뇌 역할을 하는 곳이었다. 오카와를 비롯한 그의 동료들은 제국 내 최고의 엘리트들이었다. 오카와는 이곳에서 『동아東亞』 같은 월간지를 비롯해 다양한 조사 간행물들을 발간했는데, 정확한 정보와 분석으로 당시 일본 엘리트층에서 상당한 호평을 받게 된다. 그는 만철에서 대륙 진출의 최선봉에서 벌어지는 일들을 직접 조사, 기획할 수 있었고 이때부터 본격적으로 일본제국이 주도하는 동아시아의 찬란한 미래를 꿈꾸기 시작했다.

범아시아주의 사상의 정립

만철 입사 후 오카와는 종종 중국으로 출장이나 여행을 떠나곤 했다. 1920년 8월에 그는 상하이를 방문했는데, 이곳에서 같은 일본 출신의 사상가인 기타 잇키北一輝를 만나게 된다. 기타는 일본에서 사회운동가로 활동하며 개혁을 모색하던 중 1911년 말부터 중국에서 시작된 신해혁명에 관심을 갖고 그 한가운데로 뛰어들었으며, 이후 상하이의 일본인 병원에서 근무하던 중 오카와를 만나게 된 것이다. 오카와와 기타는 이틀에 걸친 짧았지만 강렬했던 만남을 통해 생각을 교환하고 다양한 사회 문제에 대해 토론했다. 서로에게 강한 인상을 받은 둘은 이후 계속 교류했고, 오카와는 기타에게 일본으로 귀국해 자신과 함께 '국가를 개조하는 사회 운동'을 하자고 권유했다. 결국 기타는 1920년 말에 귀국해 이듬해 1월 오카와와 함께 유존사猶存社라는 단체를 결성하게 된다. 유존사는 일본이라는 나라를 개조하여 천황제 아래의 국가사회주의 체제로 나아가게 하려는 목적을 가진 극우 단체였다. 이들은 당대 일본의 문제로 1차 대전 이후 재벌에 대한 지나친 자본 집중, 이에 따른 빈부격차의 확대 및 화족(귀족)과 같은 특권 계급의 존재 등을 들었다. 특기할 만한 것은 문제에 대한 이들의 해결 방안이었으니, 바로 무기와 군대를 동원한 군사 혁명이었다. 또한 이를 위해서는 강력한 카리스마를 가진 지도자가 필요하다고 보았고 일본 사회에서 이 역할은 천황이 맡게 될 것이었다. 즉 천황의 강력한 권위와 군대를 이용해 구체제의 모순과 불합리한 모든 것들을 쓸어버리고 일본을 다시 세우고자 했다. 또한 이를 통해 정화된 일본은 보다 강력해진 국력을 바탕으로 구미 세력과 대결하며 이들의 지배를 받는 아시아 제민족들을 해방시켜야 한다는 것이 이들이 생각하는 '국가 개조'의 핵심이었다. 유존사는 불과 3년 만인 1923년에 해체되었고 오카와와 기타는 서로 불신하며 더 이상 교류하지 않게 되었다. 문제는 이들이 뿌린 사상이 일본

내 사방으로 흘러 들어갔으며 극단적 추종자들이 생겨나기 시작했다는 것이다. 당대의 금융 재벌이었던 야스다 젠지로安田善次郎(그의 기부로 도쿄대학의 그 유명한 야스다 강당이 지어졌다)는 빈민 숙소에 대한 기부를 거부했다는 이유로 1921년 9월 기타의 추종자인 극우 변호사에 의해 무참히 살해당했다.

15-3. 한때 오카와의 사상적 동반자였던 기타 잇키

한편 오카와는 유존사 활동을 하는 동시에 다쿠쇼쿠 대학교에서 겸임교수로서 다양한 청중을 대상으로 근대 역사와 서양의 식민지배에 대해 강연했다. 그는 '동양과 서양 문명의 이분법'에 기초한 역사의 흐름을 강변했으며 양측의 대결 과정에서 아시아의 단결을 통한 범아시아주의를 강조했다. 또한 다가올 미래에 아시아의 패권을 놓고 일본과 미국으로 대표되는 서구 국가들 사이에 '거대한 문명의 충돌'이 있으리라 예견했다. 그는 일본이야말로 서구의 지배아래 신음하던 아시아를 해방시킬 수 있는 중심이라고 강력히 주장했다. 동시에 튀르키예의 아타튀르크Mustafa Kemal Atatürk나 인도의 간디 Mahatma Gandhi는 서구에 대항하는 아시아의 대표적인 투사라고 극찬했다. 오카와의 강연은 책으로 정리되어 일본인들 사이에 널리 퍼지기도 했다. 1922년에 발간한 『아시아 재건의 문제』나 1924년의 『아시아, 유럽 그리고 일본』 같은 저서는 범아시아주의자로서 그의 주장을 잘 보여주고 있었다. 1929년에 오카와는 10년간 몸담고 있던 동아시아경제조사국의 수장이 되었는데, 이는 그가 일본의 대외 정책에 좀 더 직접적으로 관여하고 목소리를 내게 되었다는 것을 의미했다. 일본의 '다이쇼 데모크라시(다이쇼 천황 치하 1910년대와 20년대 중반까지 일어난 자유주의와 민주주의 사조)'하의 리버럴하고 국제적인 세계관을 가진 사람들과 대칭되는 범아시아주의의 대표 주자로서 오카와는 그 어느 곳보다 만주가 일본의 국익에 가장 중요하다고 생각했다. 일본은 이미 조선과 대만을 강제 병합하여 지배하고 있었고 대륙으로 본격적으로 나아가기 위한 다음 관문이 바로 만주였던 것이다. 머지않아 일본의 본격적인 만주 및 대륙 진출이 가시화되는데, 이것은 그동안 근대화의 스승이자 1차 대전의 동맹국이었던 서구 국가들과의 본격적인 결별, 더 나아가서는 대결을 의미했다. 이 과정에서 지금까지 학문적, 사상적으로만 일본인들에게 영향을 미쳤던 오카와의 행보는 점점 더 과격해지기 시작했다.

군국주의로 가는 길

15-4. 2.26 사건 당시 부대로 귀대하는 쿠데타군

　1930년 1월부터 4월까지 런던에서 이루어진 런던 해군 군축 조약은 이전에 맺었던 워싱턴 군축 조약(1921~1922)의 미합의 사항들을 결론내기 위해 열렸다. 조약의 결과 당대의 '빅3' 해군국이었던 미국, 영국, 일본은 순양함, 구축함 등의 보조함 수를 각각 10, 10, 7의 비율로 제한하게 되었다. 서구 열강 대비 70% 수준의 적은 보유 비율을 할당받은 것에 대해 일본인들, 특히 군부의 분노가 하늘로 치솟았다. 더불어 이 조약에 서명한 내각을 두고 '천황의 통수권에 대한 반역'을 저질렀다는 인식('내각'은 군 통수권이 없는데 이와 관련된 사안을 마음대로 결정했다는 인식)이 군부와 오카와 같은 이들을 중심으로 퍼져 나갔다.

　1931년 9월 18일 만주의 류타오후를 지나던 만철의 침로가 폭파되는 사건이 일어난다. 이후 다른 열차들이 침로를 바로 통과할 정도로 대단히 경미한 폭발이었으나 일본은 이것이 동북 군벌 장쉐량張學良 군대의 소행이며 일본에 대한 악의적 공격이라고 주장하면서 만주 침략을 개시한다. 놀랍게도 이 폭발은 관동군 사령관 혼조 시게루本庄繁와 오카와와 친분이 두터웠던 정보 담당 이타가키 세이시로板垣征四郎, 작전 참모 이시와라 간지石原莞爾 등이 벌인 자작극이었다. 문제는 일본 본국 정부의 허가조차 받지 않은 채 3인이 독자적으로 벌인 어처구니없는 도발이었다는 점이다. 한편 동북 군벌 장쉐량은 일본의 계략에 말려들어 전면전으로 확전될 경우 자신의 승산이 거의 없다는 것을 잘 알고 있었으므로 휘하 군대에게 저항하지 말라고 명령했다. 9월 21일에는 만주의 일본군을 지원하기 위해 조선에 주둔하던 '혼성 39여단' 병력들이 조-만 국경을 넘어 압록강을 건넜는데 이 역시 본국의 허가 없이 벌인 믿기 어려운 일이었다. 결국 장쉐량 휘하에 있던 30만의 중국 병력은 제대로 된 저항 한번 하지 못한 채 3만 명 미만의 일본군에 무너졌고 만주 전역이 순식간에 일본군에 점령당했다. 일본 군부의 행동이 임계점을 넘어서고 있었고 일본이라는 폭주기관차는 점점 더 속도를 내기 시작했다. 이러한 가운데 국제연맹은 만주에 조사단을 파견해 실태를 파악하고 중국과 일본을 중재하려 했다. 영국 관료인 빅터 불워리턴Victor Bulwer-Lytton이 이끌던 조사단은 1932년 초에 만주에서 조사를 실시했다. 이런 가운데 일본은 1932년 3월에 허수아비 국가인 만주국 건국을 지원했으며, 불워리턴의 조사단은 일본의 행위를 침략으로 규정하고 남만주의 철도 주변에 배치된 일본군이 즉시 철수해야 한다는 결의안을 채택했다. 일본은 연맹 결의안에 단호히 반대했고 1933년 3월 27일에 오카와가 '서구 식민지배의 도구'로 보았던 국제연맹에서 공식적으로 탈퇴하게 된다. 일본의 국제연맹 탈퇴는 군부는 물론 다수의 평범한 일본인들조차 리버럴한 국제주의자의 시각에서 벗어나 오카와 슈메이가 주장하는 범아시아적인 가치로 돌아서게 되는 이정표가 되었다. 더불어 국제사회에서 국제연맹은 무능력한 단체로 낙인 찍히며 그 존재의 의미를 완전히 잃고 말았다.

만주에서 어지러운 상황이 진행되는 가운데 일본 국내에서도 굵직한 사건들이 벌어지고 있었다. 1929년 10월 미국 월스트리트 붕괴에서 시작된 경제 대공황은 일본에도 엄청난 영향을 미쳤다. 1차 대전 이후의 호황으로 국제적인 점유율을 높이고 있던 일본의 면직물 산업 등 경공업이 순식간에 무너지기 시작했고 일자리를 잃은 국민들의 불만도 고조되었다. 혈기왕성한 젊은 군인들(특히 해군 장교들)은 런던 해군 군축 조약과 이 당시 특명 전권대사로 조인을 이끌었던 와카쓰키 레이지로若槻禮次郞 총리를 극단적으로 증오했고 결국 그를 처단할 계획까지 세웠다. 하지만 1931년 12월에 와카쓰키 총리가 실각했고 보다 우익 성향인 입헌정우회 소속의 이누카이 쓰요시犬養毅가 총리가 된다. 문제는 해군 장교들의 눈에 이누카이가 만주사변에 국제연맹 조사단을 끌어들여 일본에 불리하게 국정을 이끄는 것처럼 보였다는 점이다. 장교들은 이누카이 역시 와카쓰키와 같은 비애국적 정치인이라 생각해 처단해야 할 대상으로 간주했다. 1932년 5월 15일 일요일 아침에 일단의 해군 장교들이 택시 2대로 나누어 이동한 뒤 이누카이 총리의 자택을 습격했다. 식사 중이던 이누카이는 총을 겨누고 자신을 위협하는 장교들에 전혀 놀라지 않았고 오히려 이들과 침착하게 대화를 시도해 설득하려 했다.

하지만 해군 장교들은 처음부터 설득당할 생각이 없었고 마침내 이 누카이 총리를 총으로 살해했다. 이들은 일본 은행과 도쿄 경시청, 변전소 등 주요 거점도 공격 대상으로 삼았으나 모두 장악에 실패했고 결국 어찌할 바를 모르고 우왕좌왕하던 중 헌병대에 자수했다. 돈키호테적이었던 이들의 일탈은 해군 군법회의에서 심판받았지만 이들을 애국자로 여긴 많은 일본인이 탄원서를 제출해 대부분 단기 징역형을 받거나 훈방 조치되었다. 한 나라의 총리가 살해당했음에도 불구하고 아무도 사형을 선고받지 않았던 것이다! '5.15 사건'으로 불리는 이 무계획 테러에 대한 가벼운 판결은 훗날 더 큰 사건의 단초가 된다. 한편 오카와는 당시 이들 장교의 사상적 배후였으며, 그는 여기서 머물지 않고 이들에게 권총 다섯 자루와 실탄 및 군자금 등을 제공하며 적극적으로 테러 행위에 가담했다. 오카와는 사건이 벌어진 한 달 뒤에 체포되어 5년 형을 선고받고 수감되었다. 그는 1934년 9월에 잠시 가석방되지만 이듬해에 대법원 판결이 확정되면서 1937년 10월까지 재수감되었다. 오카와가 감옥에 있는 동안 그의 사상적 영향을 받은 군부의 폭주는 그 수위를 점점 높여 갔다. 이번 주인공은 육군 장교들이었다.

　1936년 2월 26일 도쿄에서는 차가운 새벽 공기를 가르며 일단의 군부대들이 이동하기 시작했다. 근위보병 제3연대, 보병 제1, 3연대 및 포병대로 구성된 이들은 국회를 비롯한 도쿄 내 주요 정부기관들을 향했으며, 일부는 정부 내각의 총리 및 주요 대신들을 목표로 했다. 이들의 지휘관들은 소위 황도파皇道派라 불리는 육군 내 파벌 소속으로, 재벌들과 간사한 각료들이 천황의 눈과 귀를 가리며 민중을 핍박해 일본을 잘못된 길로 이끌고 있다고 주장했다. 이들은 천황 주위의 간신들을 제거함으로써 천황이 직접 정치에 개입하는 천황친정天皇親政을 추진하려 했다. 한마디로 천황을 위해 쿠데타를 일으킨 것이다!

쿠데타군은 그들이 천황에 대한 간신으로 여겼던 총리 오카다 게이스케岡田啓介, 내무대신 사이토 마코토斎藤実를 비롯한 정부 각료들을 공격해 일부를 살해했다. 하지만 정작 쿠데타군의 명분이었던 천황 히로히토는 자신이 매우 아끼던 시종장 스즈키 간타로鈴木貫太郎가 반란군의 총격으로 사경을 헤맨다는 소식에 극도로 분노하게 된다. 2월 27일 도쿄에 계엄령이 선포되었고 다음 날인 28일에는 천황의 원대 복귀 명령이 내려졌다. 천황을 위해 무기를 들고 일어났지만 천황이 부대 복귀를 명령하는 어이없는 상황에 결국 반란군은 쿠데타의 동력을 잃어버렸고 진압군에 투항했다. 하사관 이하 일반 병력들은 모두 부대로 복귀했다. 이제 지휘 장교를 중심으로 심판의 시간이 다가왔는데 이전의 5.15 사건과는 차원이 다른 상황이 펼쳐지려 하고 있었다. 20명 이상의 장교들이 체포되었고 그중 16명이 사형 판결을 받았으며, 이들 중 다수가 아이러니하게도 최후의 순간에 "천황폐하 만세"를 외치며 죽어갔다. 더불어 반란군의 정신적인 지주로 간주되던 오카와의 옛 동료 기타 잇키도 체포되었으나 사실 그는 반란에 대해 아무것도 몰랐다. 하지만 황도파에 대한 일소를 원했던 반대 파벌(통제파로, 도조 히데키가 이 파벌 소속이었다)은 이들의 사상적 대부였던 기타 잇키를 총살형에 처한다. 감옥에 있었던 오카와는 차라리 갇혀서 아무것도 할 수 없었던 것이 다행이었다.

그는 1937년 10월에 출소했는데 일본은 이미 7월에 중일전쟁을 도발했고 더 이상 막을 수 없는 '군국주의의 폭주기관차'가 되어 있었다. 오카와 같은 극우 사상가들이 이미 오래전부터 그 기관차의 레일의 방향을 바꾸고 조금씩 윤활유를 뿌려왔던 것이다.

제국의 몰락

오카와는 비록 수감된 전과가 있었지만 출옥 직후인 1938년 초에 도쿄의 호세이 대학교에서 아시아 대륙 연구 학부의 학장으로 임명되었다. 5월에는 그의 경력의 시발점이었던 동아시아경제조사국장 자리에마저 복귀하면서 수감 전 본래 위치로 돌아왔다. 오카와가 이곳에서 발간하는 각종 연구서와 간행물은 여전히 일본 군부와 정치계의 지도층들(그는 고노에 후미마로近衛文麿 총리의 개인적인 고문이기도 했다)에게 정책 결정에 참고하는 고급 자료였다. 오카와는 히틀러의 팽창으로 유럽에서 전쟁이 일어나는 과정에서 유럽은 물론 아시아의 식민지 국가들에게 '힘의 공백'이 생길 것이며, 일본이 이들의 독립을 적극적으로 지원하자고 주장했다. 그는 일본인들이 다가오는 전쟁을 비롯해 아시아의 해방을 위해 미리 준비해야 한다고 생각했고, 만철과 외무부의 지원을 받는 교육기관을 세우게 된다. 2년제 교육과정은 아시아 각국에 정통한 학생들을 양성하는 것을 목적으로 했는데 학비가 무료였으며 과정을 마친 후 현지에 국가별로 파견되어 일본을 위해 봉사하도록 장려되었다. 학생들은 영어와 불어는 물론 힌디어, 말레이어, 태국어 등 아시아 각국의 언어를 하나 이상 배워야 했다. 오카와는 이들이 아시아 각지에 파견되어 현지인과 유대감을 쌓고 친일본적인 분위기를 전파하길 바랐는데, 사실 이들은 일본제국의 일선 선봉대로서 소위 대동아공영권의 전도사 역할을 할 것이었다. 오카와는 아시아 국가들의 범위를 동남아에서 확장하여 서남아의 이슬람 국가들까지 포함했고, 그 자신이 이슬람을 연구하며 미래에 일본과의 제휴 가능성을 구상해 보기도 했다.

1941년 12월 8일(미국 기준으로는 7일) 일본제국 해군항공대가 진주만을 공격하며 미국과의 전쟁을 시작한다. 사실 오카와는 영국을 비롯한 서구 열강과의 대결은 필연적이라고 보았지만 미국과의 전쟁은 어떻게든 피하고 싶었다. 우선 일본과 만주의 미국에 대한 무역 및 투자 의존도가 너무나도 컸기 때문이다. 당장 진주만 공습만 해도 일본의 브레이크 없는 팽창에 대한 미국의 석유 금수 조치부터 그 시작을 찾을 수 있었다. 그는 미국의 힘과 실력을 잘 알고 있어 최대한 충돌을 피하려 했지만 이제 미국은 엄연한 현실의 적국이 되어 있었다. 이제부터 일본의 '사상적 브레인'으로서 오카와는 국민에게 그 전쟁에 정당성을 부여해야 했다. 일본에게 이 전쟁은 "수세기 동안 아시아를 지배해 오며 현지인들의 고혈을 짜온 영국과 미국에 대한 해방 전쟁"이었다. 오카와는 '서구와의 대결'이란 표현 대신에 '영미Anglo-America와의 대결'이란 용어를 선호했는데, 일본의 동맹국에 독일이나 이탈리아 등도 포함되어 있음을 고려한 수사였다.

15-5. 천황 히로히토의 종전 선언에 오열하는 일본인들

　　전쟁 동안 오카와는 그가 애착을 가지고 있던 인도의 독립운동
가들과 이들의 문제에 많은 관심을 가지고 있었다. 그중 인도 독립
운동가 찬드라 보스Chandra Bose는 일본의 지원을 받아 인도국민군Indian
National Army의 수장이 되었으나 이 과정에서 일본인들과 많은 갈등을
겪게 된다. 보스는 독자적인 군대를 구성해 자력으로 하루빨리 본
토의 영국군을 몰아내고자 했지만 이 지점에서 일본과 생각이 달랐
다. 일본군은 인도인들을 영국에 대항하는 선봉에 세워 총알받이로
쓰려고 했다. 오카와는 비록 인도의 독립은 지지하지만 그 중심에는
반드시 일본이 주축이 되어야 한다고 생각했다. 양측 모두 서로를
철저한 이용 수단으로만 바라본 것이다. 이러한 애매한 동거가 지속
되는 가운데 1945년 8월 히로히토의 옥음방송에 따른 일본의 패망
과 함께 전부 일장춘몽이 되었다. 그리고 마침내 일본인들이 '귀축
영미(영국과 미국을 귀신이나 짐승과 다를 바 없다고 부르는 일본의 전시 프
로파간다)'라고 부르며 그렇게도 저주하던 미국과 영국의 지배를 받

아들여야 할 시간이 왔다. 더구나 오카와 같은 엘리트 지식인들은 비록 총을 잡고 싸웠던 것은 아니지만 연합국의 시각에서는 더 무서운 '펜과 마이크'를 잡으며 일본인들의 광신적 저항을 독려했다. 오카와에게 운명의 시간이 다가오고 있었다.

패전국의 지식인? vs. 역사의 죄인?

15-8. 도쿄 전범 재판에서 도조 히데키의 머리를 때린 후 미군 군사경찰에게 제지당하는 오카와 슈메이

오카와는 1945년 12월에 3차 전범 혐의자 59인 중 한 명으로 미군 측에 체포되어 도쿄의 스가모 형무소에 구금된다. 이후 민간인으로서는 유일하게 A급 범죄에 해당하는 '평화에 대한 죄'로 기소당하며 도쿄 전범 재판소에 섰다. 그의 기소 사유는 선동 서적 출판 및 연설, 지극히 배타적인 극우 단체를 구성한 죄 그리고 각종 쿠데

타에 무기를 공급하고 일본을 우경화로 몰아가며 만주사변을 선동한 죄 등이었다. 오카와는 재판이 시작되자 도조 히데키의 뒷머리를 때리거나 헛소리를 하는 등 상당히 불안하고 정상적이지 않은 모습을 보이며 요주의 인물이 되었다. 재판장인 윌리엄 웹은 그를 병원으로 옮겨 건강 상태에 대해 정밀 감정을 의뢰했는데, 의사는 오카와가 "매독 진행에 의한 정신병 상태"라는 다소 황당하고 수치스러운 결과를 알려 주었다. 오카와는 수감 상태에 있던 1947년 4월부터 공식적으로 재판에서 배제되었고 도쿄에 있는 미군 병원으로 옮겨져 계속 치료받는다. 하지만 병원에 있는 동안 이슬람 경전인 코란을 일본어로 완역하는 등 정신병자의 행동이라고 보기에는 어울리지 않는 행보를 이어갔다. 많은 사람들은 그가 살아남기 위해 거짓 정신병 행세를 한다고 의심했다. 하지만 오카와는 A급 전범으로 기소된 28명 중 유일하게 기소가 면제되었고 결국 살아남게 된다(A급 전범자 중 도조 히데키를 비롯한 일곱 명이 교수형을 선고받고 집행되었다). 이후 오카와는 1957년 사망할 때까지 도쿄 남쪽 가나가와 현의 자택에 칩거하며 사실상의 은둔 생활을 이어 나갔다. 죽기 직전 인도의 네루 수상이 방일하여 그와의 면담을 요청했지만 이미 오카와는 위독한 상태여서 둘의 만남은 불발되고 말았다.

오카와 슈메이는 비록 총과 칼로 사람을 직접 죽이지는 않았지만 당대의 엘리트 지식인으로서 자신의 말과 글을 통해 이를 적극적으로 전파하고 선동했다. 그리고 수많은 타인의 피를 뒤로한 채 자신은 영악하게도 살아남았다. 지금도 일본의 일부 우익들은 오카와 같은 사람들의 글과 사상에 심취해 자신들을 승전국의 정의에

희생된 억울한 피해자로 위장하고 있다. 그에 대한 역사의 심판은
아직도 끝나지 않았다.

나가며

아주 오래전 초등학교(내가 다니던 당시는 국민학교였다) 고학년 시절에 '태평양 전쟁' 관련 책을 읽은 적이 있었다. 일본어 원문을 국문 번역한 책이었는데, 안에 수록된 한 장의 사진이 나의 인상을 강렬히 사로잡았다. 그 흑백사진은 마르다 못해 뼈만 남은 참담한 몰골의 영국군 병사가 환하게 웃고 있는 사진이었다. 설명에 따르면 그 병사는 싱가포르의 창이 포로수용소에서 일본군에게 포로로 잡혀 있다가 아군인 영국군에 의해 해방된 병사였다. 그 사진을 본 초등학생 시절의 나는 상당한 충격을 받았다. 사진의 이미지가 몇 날 며칠 머릿속에서 떠나지 않았다. 단순히 '끔찍하다'라는 본능적인 느낌에 더해 어떻게 인간이 저렇게 될 수 있으며 도대체 무슨 일이 있었길래 저 지경에까지 이르게 된 것인지, 강한 의문에 반복해서 휩싸였다. 그리고 나서 알게 된 많은 포로와 민간인 억류자의 운명은 생각보다 끔찍했다.

2차 세계대전 중 약 3천 5백만 명의 사람들이 적군에 의해 포로로 잡히거나 억류당했다. 특히 전투의 규모나 병력 동원이 엄청났던 유럽 동부전선에서 대규모의 포로가 발생했는데, 나치와 소련 모두 상대국 포로를 지극히 가혹하게 대했다. 1941년 6월 독일이 소련을 침공한 후 초기 6개월 동안 독일은 무려 300만 명 이상의 소련군을 포로로 잡았다. 히틀러가 그의 장광설을 집약한 책 『나의 투쟁 *Mein Kampf*』에서 밝혔듯이 나치는 소련인을 인간으로 보지 않았다. 다시 말해 소련군 포로의 처우 및 생존을 별로 신경 쓰지 않는다는 뜻이었고 실제로 그렇게 되었다. 1941년 6월부터 종전까지 나치 및 추축군의 포로가 된 소련군 570만 명 중 무려 58%인 330만 명이 수용 기간 중에 사망하게 된다. 반면 독일군의 포로가 된 미·영 연합군의 사망률은 3.5% 이하였다. 독일군에게는 무엇보다도 포로의 출신이나 인종이 중요했던 것이다. 포로 학대에 관해서는 상대방인 소련군도 만만치 않았다. 이미 '굴라그Gulag'라는 최악의 강제노동수용소 시스템을 운영하던 소련에서 '파시스트의 개'들인 독일군 포로가 죽어 나가는 것은 크게 신경 쓸 일이 아니었던 것이다. 최초로 대규모 독일군 포로가 발생한 스탈린그라드에서 최종적으로 9만 1천 명이 소련군에 투항했으나 종전 후 고향에 돌아간 사람은 불과 5천 명이 안 되었다. 독일군에 의해 온 국토가 초토화된 소련군은 반대로 자신들이 독일에 진군할 때 그동안 쌓아둔 복수를 현실화했다. 자신들을 열등한 노예 민족으로 간주하는 독일인들에게 그 이상으로 갚아주었고, 이때 나치에 의해 지배 민족으로서 프라이드를 주입당했던 독일 여성들이 가장 큰 피해를 보았다. 베를린 동부 트레프토버에 위치한 거대한 소련군 묘지는 소련인들에게는 파시스트와 대항하다 숨진 영웅들의 묘지이지만, 베를린 시민들은 이를 '강간범들의 무덤'이라고 불렀다.

나치에게 유대인들은 소련군보다도 더 증오하는 적이었다. 나치의 선전에 따르면 1차 세계대전의 패배와 이후의 독일제국의 몰락에는 혁명을 전파하려는 공산주의자들과 세상의 돈을 쥐고 흔드는 금권 투기세력이 있었다. 그리고 이 둘을 무기로 배후에서 조종했던 국제적인 유대인들의 음모가 있다고 믿었다. 이 선동이 전후 패배감과 실의에 빠진 독일 국민들 사이를 널리 파고들어 결국 나치가 집권할 수 있었다. 권력을 잡은 나치는 단순히 선전으로 그치지 않았고 그들이 말하는 '최종적 해결'이라는 짧은 단어들을 유대인에게 적용하고자 했다. 하지만 이 단순한 두 단어가 내포하는 것은 결코 간단하지 않았으니, 이것은 실제적인 '유대 민족의 절멸'을 의미하고 있었다. 유대인 및 정치범들의 본격적인 수용을 위해 다하우, 작센하우젠 등의 강제노동수용소가 독일 내에 세워졌다. 더불어 폴란드 점령 이후 아우슈비츠, 소비보르, 트레블링카, 베우제츠 등이 건설되며 단순한 노동수용소에서 '살인을 위한 공장'으로서 본격적인 '생산'을 개시했다. 나치의 적은 유대인들만이 아니었으며 좌익사상가, 동성애자, 집시 등도 나치 기준에서 박멸해야 할 무리였다. 또한 나치의 예술적 기준에 부합하지 않는 전위적이고 퇴폐적인 작가, 화가, 음악가도 박해의 대상이 되었는데 나치는 이들 역시 유대인들과 마찬가지로 제거하려 했다. 눈치가 빠르고 기민했던 사람들은 유럽을 떠나 살아남았지만 그러지 못했던 많은 이들이 나치의 살인수용소에서 생을 마감해야 했다. 전쟁이 끝났을 때 전쟁 전 유럽에 거주하던 유대인 중 거의 3분의 2 이상인 600만여 명이 나치의 홀로코스트에 의해 살해당했다.

전쟁의 회오리는 바다 건너 태평양에서도 몰아쳤다. 1차 대전의 승전국이었던 일본은 여전히 자신들의 위치에 만족하지 못했고 아시아의 다른 영토를 향해 탐욕을 드러내기 시작했다. 하지만 그 땅은 이미 다른 국가들이 점령하고 있었기에 목표를 달성할 유일한 방법은 바로 전쟁이었다. 진주만 공습 이후 초기 6개월 동안 일본군의 진격은 눈부셨다. 그 과정에서 수십만 명의 서구인이 일본제국의 포로가 된다. 당시 많은 서구인이 일본이라는 나라의 국력을 제대로 알지 못했고 그저 '작은 눈에 뭔가 부족한 조그마한 동양인' 정도로 치부했다. 하지만 메이지 유신 이후 탈아입구脫亞入口를 통해 부단히 산업화를 달성했던 일본의 전투력은 상당했다. 계속되는 승리를 통해 일본인들은 한때 자신들이 우러러보았던 서양인들이 그리 대단한 존재가 아니라고 느끼게 되었고, 잡힌 이들을 지극히 가학적으로 대우했다(이 과정에서 포로 감시의 최일선에 있던 조선인과 대만인 군속들이 전후 재판에서 많이 처벌받게 된다). 기존의 지배 민족으로서 아시아인을 대했던 서구인이 이번에는 일본군의 포로가 되어 노예와 같은 생활을 하게 된 것이다. 당시 일본군들의 관점에서 전투에서 패배한 뒤 포로가 된 이들은 부끄러움을 모르는 더러운 구정물 같은 존재이자 죽어 마땅한 자들이었다. 이러한 일본군의 그릇된 선입견은 포로의 지위 고하를 막론하고 적용되었다. 서구 각 제국의 최고 엘리트들조차 겨우 죽지 않을 만큼의 최소 식량 배급으로 살아야 했고 실제로 많은 이들이 죽어 나갔다. 일본군의 포로가 되었던 영국, 미국, 호주, 네덜란드 등 서구 연합군 13만 명 중 27%인 3만 6천여 명이 사망했다.

이렇게 수많은 사람이 살해되고 병들거나 굶어 죽어가는 가운데 고통을 견디지 못하고 스스로 목숨을 끊는 사람들도 있었다. 하지만 극한의 상황에서도 어떻게든 상황을 극복하고 '생존의 의지를 불태우는 사람들'이 있었다. 본문에 소개한 많은 이들이 바로 이러한 부류인데, 이들에게는 책 서두에 잠시 밝혔듯이 몇 가지 공통점을 찾아볼 수 있다.

우선 이들은 자기 자신을 존중하고 사랑했다. 아우슈비츠에서 살아남은 의사 빅터 프랑클Viktor Emil Frankl의 저서『죽음의 수용소에서 Man's Search for Meaning』는 살아남는 사람들의 특징에 대해서 얘기하고 있는데, 그중 대표적인 것이 '자기 자신을 존중한다는 점'이었다. 아우슈비츠의 막사에는 수백 명이 밀집되어 거주했기에 겹겹이 쌓여 있는 다층 침상(제대로 된 매트리스가 없었으니 침대라고 부를 수조차 없었다)에 위생 시설이라고는 사방이 완전히 노출된 변기 몇 개가 전부였다. 막사에는 항상 배설물의 냄새가 진동했고 많은 사람들의 죄수복에도 그 더러운 자국이 묻어 있었다. 지독히도 배고프고 지친 상황 속에서 사람들은 일과가 끝나면 될 대로 되라는 자포자기의 심정으로 침상에 누워버렸다. 다음날 아침이면 여러 명이 죽어 나갔다. 나치는 이런 방식으로 수용자들의 인간 존엄을 무너뜨리려 계획적으로 의도했던 것이다. 하지만 이런 상황 속에서 존엄을 지키려는 사람들이 있었다. 프랑클도 그중의 한 사람으로, 그 열악한 상황 속에서도 그는 몰래 유리 조각을 가지고 면도를 했고 단정한 상태를 유지하려 했다. 그것은 단순한 면도가 아니라 인간으로서 자신의 존엄을 굴복시키려는 나치에 맞선 소리 없는 외침이자 저항이었다. 이러한 저항은 실제로 효과가 있었으니, 의사 출신인 데다 다른 사람들보다 단정하고 건강해 보이는 그가 가스실을 피하고 오래 살아남을 수 있었던 것이다. 호주 출신의 간호사 비비안 불윙클 또한 자신의 존엄을 지키기 위해 행동했다. 그녀는 배고픈 수용자들에게 음식을 미끼로 매춘을 회유하는 일본군에게 결코 굴복하지 않았다. 그녀는 신념과 지조를 지켰고 인간으로서 스스로를 사랑하고 존중했기에 이러한 결정을 내릴 수 있었다. 베를린의 많은 여인들은 생존을 위해 소련군 보호자를 구했다. 적군 점령 아래 지옥과 같은 상황에서 자신들의 인간적인 존엄을 이어가기 위한 최소한의 행동이었다. 세상 어느 누구도 그녀들의 선택을 비난할 수 없다. 남프랑스 빌라 에르벨에 모인 수많은 예술가들은 나치에 쫓기는 가운데 긴장을 누그러뜨리기 위해 종종 파티를 열곤 했다. 사실 이 파티의 보다 근본적인 의미는 인간으로서 자신들의 소중한 삶과 존엄이 여전히 유지되고 있음을 증명해 주는 것이자 그들의 생존에 중요한 의식이었던 것이다. 아사 위기에 처한 레닌그라드 시민들의 인간 존엄을 향한 외침은 쇼스타코비치의 교향곡으로 표출되었다. 교향곡의 강렬하고 우렁찬 드럼 소리를 들으며 레닌그라드 시민들은 생존과 승리를 향한 의지를 불태웠다.

또한 이 생존자들은 다른 누구보다도 자신만의 굳건한 의지와 신념을 가지고 있었다. 비록 나치 독일 공군이었지만 에리히 하르트만에게 그 신념은 조국 독일에 남아 자신을 기다려줄 것이라고 믿었던 아내와 가족에 기반하고 있었다. 서로 편지 한 통 받지 못하는 상황에서도 그의 가족들은 하르트만의 믿음에 한치도 어긋나지 않게 행동해 주었고 결국 살아서 재회할 수 있었다. 일본군에 잡힌 최고위 미군 포로 조너선 웨인라이트 중장도 자신의 존엄을 지키려 했다. 일개 일본군 경비가 인사를 강요했을 때 거부하면 구타가 날아와 어쩔 수 없이 목례를 하기는 했지만 그의 마음 한편에는 강한 증오심이 쌓여 갔다. 그는 이 증오심을 '생존을 위한 에너지'로 활용했고 그렇게 참을 수 없는 것을 참고 견디며 기다렸다. 결국 3년간의 와신상담의 시절을 보낸 웨인라이트는 일본군의 항복 조인식에서 승자의 자리에 설 수 있었다. 비톨트 필레츠키는 조국 폴란드가 해방되고 다시 민주주의 국가로서 역할을 수행하기를 바랐다. 이를 위해 그는 기꺼이 지옥으로 들어가 나치 수용소라는 이 '현세 지옥'에서도 반나치 저항 조직을 구성했고, 폴란드에서 벌어지고 있는 참상을 전세계에 알리기 위해 목숨을 걸었다. 알렉산더 페체르스키는 본인은 물론 다른 많은 이들의 해방과 생존을 위해 역할을 다했으며, 한편으로 무모해 보이는 투쟁을 통해 나치의 만행이 다시 한번 전 세계에 알려질 수 있었다. 모두 강한 의지와 신념이 없었다면 절대로 불가능한 일이었다.

생존이라는 과제를 넘어 더한 것을 이뤄낸 사람들도 있다. 기차를 사랑했던 에릭 로맥스가 대표적인 사례인데, 그는 자신을 고문하는 데 일조하며 극단적인 고통을 안겨주었던 가해자를 용서했다. 그렇게 함으로써 그는 평생을 따라다녔던 트라우마와 작별할 수 있었다. 조지 부시는 전쟁 당시 적군인 일본군을 극단적으로 미워했지만 이후 CIA 국장이나 대통령 등 대외적인 주요 공직에 오르면서 자신의 역할과 책임을 분명히 자각했다. 그는 전임자들과 마찬가지로 일본이라는 나라를 전략적 파트너로써 기꺼이 포용했고 함께 소련을 압박하여 냉전을 종식시켰다. 일본군이었던 사카마키 가즈오는 태평양 전쟁 1호 포로라는, 일본인으로서는 대단히 치욕스러운 타이틀을 가지고 귀국했다. 한때 주변의 비판에 자살을 생각할 정도로 고민했지만 결국 과거의 자신을 보내주며 새로운 삶을 살게 되었다. 반면 승자인 미국 편에 있던 찰스 맥베이는 이를 극복하지 못해 스스로 생을 마감했다.

자신에 대한 사랑이나 강인한 의지와 신념을 갖춘 것은 많은 악인에게도 그대로 적용되었다. 리옹의 도살자였던 클라우스 바르비는 전후 자신의 안녕과 생존을 위해 최선의 노력을 다했고 저 멀리 남미 볼리비아까지 도피해 살아 남았다. 비록 훗날 프랑스에 소환되어 세계의 법정에 서긴 했지만 바르비와 같은 행로를 걸었으면서 잡히지 않은 악인 생존자들은 수도 없이 많다. 오카와 슈메이 같은 이들은 수많은 사람을 자신의 사상으로 무장시켰고 종국에는 일본이라는 국가의 방향타에 영향을 미쳐 전쟁으로 나서게 만들었다. 비록 자신은 깨끗하고 존귀한 학자인 척했지만 결국 전후 전범으로 기소되었고 광인 행세를 하는 기막힌 연기를 통해 살아남았다. 수많은 사람을 죽음으로 내몰았던 이들에게도 자기 자신의 목숨은 그 무엇보다도 소중했던 것이다.

오늘날 세계를 다시 휘감고 있는 전쟁과 폭력의 그림자 속에 과거와 같은 끔찍한 일들이 다시 벌어지지 않을까 두렵다. 우선 그러한 일이 다시는 벌어지지 않기를 바란다. 그 피해가 과거 전쟁의 수준을 까마득히 넘어버릴 것이기 때문이다. 만약 미래 어느 시점에 사람들이 극단의 상황에서 피할 수 없게 되는 순간이 올지라도, 되도록 많은 이들이 자신의 존엄을 지키며 살아남기를 바란다. 인간에게 존엄만큼 소중한 것은 없다.

참고문헌

1장

『타임라이프 제2차 세계대전: 독소의 격전』, 한국일보사, 니콜라스 베델, 1981
『타임라이프 제2차 세계대전: 스칸디나비아 전쟁』, 한국일보사, 존 R. 엘팅, 1981
『독소전쟁사 1941~1945』, 열린책들, 데이비드 M. 글랜츠/조너선 M. 하우스, 남창우/권
  도승/윤시원, 2007
〈Battlefield: Siege of Leningrad〉, https://www.youtube.com/watch?v=wM20hcklIeE
〈Cities at war: How Soviet Leningrad Survived 900 Days Surrounded By Enemies In
  WWII〉, https://www.youtube.com/watch?v=lbz7ZVEuzwY
〈Saving Leningrad(СпастиЛенинград)〉, Universal Pictures Russia(2019), Aleksey Kozlov
TIME: Dmitri Shostakovich (July 20, 1942), https://content.time.com/time/
  covers/0,16641,19420720,00.html
BBC: Shostakovich: The composer who was almost purged, https://www.bbc.com/
  culture/article/20150807-shostakovich-the-composer-who-was-almost-purged

2장

『타임라이프 제2차 세계대전: 독일의 전시생활』, 한국일보사, 찰스 화이팅, 1981
『타임라이프 제2차 세계대전: 나치스 제3제국』, 한국일보사, 로버트 에드윈 허쯔시타인,
  1981
〈구스틀로프(Die Gustloff)〉, ZDF(2008), Joseph Vilsmaier
〈Nacht fiel über Gotenhafen〉, Deutsche Film Hansa(1960), Frank Wisbar
〈National Geographic: The Last Voyage of the Wilhelm Gustloff〉, https://www.youtube.
  com/watch?v=l9SjT9yamSA(wilhelmgustloffmuseu)

<History on Youtube: The greatest maritime disaster in history. The sinking of the Wilhelm Gustloff〉, https://www.youtube.com/watch?v=G7XGCqkZJS4

3장

『타임라이프 제2차 세계대전: 독일 전격전』, 한국일보사, 로버트 위니크, 1981

〈트랜스아틀란틱(Transatlantic)〉, Netflix(2023), Stéphanie Chuat/Véronique Reymond/Mia Meyer

Guardian (영국): Transatlantic review, https://www.theguardian.com/tv-and-radio/2023/apr/07/transatlantic-review-netflix-gillian-jacobs-anna-winger

BBC: The man behind a covert WW2 operation, https://www.bbc.com/culture/article/20230331-the-man-who-saved-2000-artists-and-writers-from-the-nazis

BBC: Degenerate art: Why Hitler hated modernism, https://www.bbc.com/news/magazine-24819441

4장

『타임라이프 제2차 세계대전: 회오리치는 일장기』, 한국일보사, 아도르 지크, 1981

『타임라이프 제2차 세계대전: 필리핀 탈환』, 한국일보사, 라파엘 스타인버그, 1981

『타임라이프 제2차 세계대전: 원폭과 일본 패망』, 한국일보사, 케이스 휠러, 1981

〈Macarthur〉, Univesal(1977), Joseph Sargent

〈American Caesar General Douglas MacArthur〉, https://www.youtube.com/watch?v=lv1hKcp6qII

THE FORGOTTEN SOLDIERS, https://storymaps.arcgis.com/stories/ad83c393463643f5a04f67c64686de0d

〈Rescuing General Jonathan Wainwright〉, https://www.youtube.com/watch?v=-ppBjnhb8PY

5장

『타임라이프 제2차 세계대전: 나치스 제3제국』, 한국일보사, 로버트 에드윈 허쯔시타인, 1981

〈필레츠키 리포트(Pilecki's report)〉, Netflix(2023), Krzysztof Lukaszewicz

〈BBC: The man who volunteered to be imprisoned in Auschwitz〉, https://www.
youtube.com/watch?v=ta4YG51szE4

「WITOLD'S REPORT」, Internet Archivehttps://archive.org/details/
WITOLDREPORT

Sydney Morning Herald: The Polish hero who warned the world about the horrors of
Auschwitz, https://www.smh.com.au/world/europe/the-polish-hero-who-warned-
the-world-about-the-horrors-of-auschwitz-20200127-p53uxh.html

TIME: The Remarkable Story of the Man Who Volunteered to Enter Auschwitz and
Try to Tell the World About It, https://time.com/5635746/the-remarkable-story-
of-the-man-who-volunteered-to-enter-auschwitz-and-tell-the-world-about-it/

MEMORIAL AND MUSEUM AUSCHWITZ-BIRKENAU, https://www.auschwitz.
org/en/

6장

『타임라이프 제2차 세계대전: 유럽항공전』, 한국일보사, 로날드 H. 베일리, 1981

Der Spiegel(독일 시사지): ≫Ein schöner Tod≪ - fürs Vaterland?, https://
www.spiegel.de/politik/ein-schoener-tod-fuers-vaterland-a-
4042af51-0002-0001-0000-000014349673

Süddeutsche Zeitung(독일 신문) Als die Freiheit kam, https://www.sueddeutsche.de/
politik/8-mai-1945-als-die-freiheit-kam-1.2468124

〈Forgotten History: Surviving the Gulag - The Erich Hartmann Story〉, https://www.
youtube.com/watch?v=NvOg4IlH7t0

〈The Legend of Erich Hartmann: The Top Fighter Ace of All Time〉, https://www.
youtube.com/watch?v=yEJB847SVU4

에리히 하르트만의 마지막 인터뷰(MiGFlug), https://migflug.com/jetflights/final-
interview-with-erich-hartmann/

7장

『타임라이프 제2차 세계대전: 나치스 제3제국』, 한국일보사, 로버트 에드윈 허쯔시타인,
1981

〈소비보르 탈출(Escape from Sobibor)〉, iTV/CBS(1987), Jack Gold

BBC: Last known survivor of Sobibor death camp uprising dies aged 96, https://www.bbc.com/news/world-middle-east-48509422

〈World History: "The Beast" of Sobibor Gustav Wagner〉, https://www.youtube.com/watch?v=caElNjm8FS4

〈ARTE: Sobibor Anatomie eines Vernichtungslagers〉, https://www.youtube.com/watch?v=x1dQdOM3_aI

8장

『함락된 도시의 여자: 1945년 봄의 기록』, 도서출판마티, 익명의 여인, 염정용, 2018

『타임라이프 제2차 세계대전: 독일의 전시생활』, 한국일보사, 찰스 화이팅, 1981

『타임라이프 제2차 세계대전: 유럽전의 승리』, 한국일보사, 제럴드 사이먼스, 1981

Die Zeit(독일 신문): Schweigen und schmerzhafte Fragen, https://www.zeit.de/zeit-geschichte/2015/01/vergewaltigung-soldaten-besatzungszone-hilfe

슈피겔(독일 시사지) Es war Selbstmord, https://www.spiegel.de/panorama/hannelore-kohl-ist-tot-es-war-selbstmord-a-143427.html

〈베를린의 한 여인(Eine Frau in Berlin)〉, Constantin Film(2008), Max Färberböck

〈몰락(Der Untergang)〉, Constantin Film(2004), Oliver Hirschbiegel

9장

『타임라이프 제2차 세계대전: 회오리치는 일장기』, 한국일보사, 아도르 지크, 1981

9 News Australia : Australian War Memorial unveils first landmark statue of a woman, https://www.youtube.com/watch?v=00Yence9Js0

BBC: Bangka Island: The WW2 massacre and a 'truth too awful to speak', https://www.bbc.com/news/world-australia-47796046

〈History Council of South Australia HCSA: Vivian Bullwinkel and the Bangka Island Massacre〉, https://www.youtube.com/watch?v=u6_v1VThnSw

〈Paradise road〉, Fox Searchlight Pictures(1997), Bruce Beresford

〈Tenko(TV series)〉, BBC (1981~1984: 총 31부작), Ken Riddington/Vere Lorrimer

Women POWs of Sumatra (1942-1945), https://www.encyclopedia.com/women/encyclopedias-almanacs-transcripts-and-maps/women-pows-sumatra-1942-1945

10장

『타임라이프 제2차 세계대전사: 태평양 해저전』, 한국일보사, 케이스 휠러, 1981
『타임라이프 제2차 세계대전사: 원폭과 일본 패망』, 한국일보사, 케이스 휠러, 1981
〈USS Indianapolis: Men of Courage〉, Saban films(2016), Mario Van Peebles
〈죠스(Jaws)〉, Universal(1975), Steven Allan Spielberg
〈Memoirs Of WWII: USS Indianapolis Survivor Relives Horrifying Experience〉,
　　https://www.youtube.com/watch?v=3MiEAkuRV7I
BBC: Lost WW2 warship USS Indianapolis found after 72 years, https://www.bbc.
　　com/news/world-us-canada-40991326

11장

『타임라이프 제2차 세계대전: 회오리치는 일장기』, 한국일보사, 아도르 지크, 1981
아사히 신문: First Japanese POW taken prisoner at Pearl Harbor honored, https://
　　www.asahi.com/ajw/articles/14498757?msockid=38b698908e2f624534bb8cf38fbc63da
UPI: Captured at Pearl Harbor: First Japanese prisoner remembers, https://www.upi.
　　com/Archives/1981/12/07/Captured-at-Pearl-Harbor-First-Japanese-prisoner-
　　remembers/4973376549200/
〈Big ships!: The Submarine That Could Have Prevented The Attack At Pearl Harbor〉,
　　https://www.youtube.com/watch?v=IJbCWwa1UJk
〈Intrigued mind: America's First Prisoner of War in World War Two〉, https://www.
　　youtube.com/watch?v=JBILfJ_rwj0

12장

『타임라이프 제2차 세계대전: B-29의 일본 폭격』, 한국일보사, 케이스 휠러, 1981
『타임라이프 제2차 세계대전: 일본 본토로의 진격』, 한국일보사, 케이스 휠러, 1981
『플라이보이스』, 자음과모음, 한종현, 2005
How George H.W. Bush survived being shot down during World War II, CBS
Naval History and Heritage Command: George Herbert Walker Bush, https://www.
　　history.navy.mil/research/histories/biographies-list/bios-b/bush-george-h-w.html

⟨U.S Naval Institute: Former President George H. W. Bush on His World War II Experiences⟩, https://www.youtube.com/watch?v=3KTkfqk-Ogw

13장

『타임라이프 제2차 세계대전: 회오리치는 일장기』, 한국일보사, 아도르 지크, 1981
⟨레일웨이맨(Railway man)⟩, Paramount(2013), Jonathan Teplitzky
BBC: Eric Lomax: The Railway Man author dies aged 93, https://www.bbc.com/news/uk-scotland-19878770
⟨journeyman TV: Death Railway Ex-POW Meets The Enemy (Thailand)⟩, https://www.youtube.com/watch?v=hfevifb0H1Y
⟨BBC Timeline: The Nightmarish Construction Of The Burma Trainline⟩, https://www.youtube.com/watch?v=ZdnPX65jAA&t=786s
LA Times: Mass Grave Near the Bridge on the River Kwai Stirs Haunting Memories, https://www.latimes.com/archives/la-xpm-1991-02-24-mn-2643-story.html

14장

『타임라이프 제2차 세계대전: 레지스탕스』, 한국일보사, 러셀 밀러, 1981
BBC: France decorates couple who found Nazi war criminal Klaus Barbie, https://www.bbc.com/news/world-europe-45796063
⟨BBC Timeline: The Married Couple Who Caught The Nazi Butcher Of Lyon⟩, https://www.youtube.com/watch?v=3qsWDNoqhLM
⟨BBC Timeline: The Gestapo Captain Found Hiding In Rural Argentina⟩, https://www.youtube.com/watch?v=hu42C7rinEU
⟨War Stories: The Unrivalled Courage Of The French Resistance⟩, https://www.youtube.com/watch?v=P2NWKvQ5BZM
⟨World War 2 TV: Jean Moulin - Uniting the French Resistance⟩, https://www.youtube.com/watch?v=nqDEtTY-nMk

15장

『타임라이프 제2차 세계대전: 일본의 전시생활』, 한국일보사, 존 R. 엘팅 외, 1981

『타임라이프 제2차 세계대전사: 원폭과 일본 패망』, 한국일보사, 케이스 휠러, 1981

『Profile of Asian Minded Man X』, https://onlinelibrary.wiley.com/doi/epdf/10.1111/
j.1746-1049.1969.tb00976.x, 다케우치 요시미 외, 1969

「Japan's Pan-Asianism And The Legitimacy Of Imperial World Order, 1931-1945 (CEMIL
AYDIN)」, Asia Pacific Journal https://apjjf.org/cemil-aydin/2695/article

⟨Tokyo Trial⟩, Netflix(2016), Don Carmody

「Beyond Victor's Justice? The Tokyo War Crimes Trial Revisited (Yuki Tanaka etc.)」,
https://www.icc-cpi.int/sites/default/files/NR/rdonlyres/A9B8696D-FF7E-4CF0-
90B0-F47C4C2D9EAB/283891/Totanichapter_correctversion.pdf